周蓓 主編

專題史叢書

鹽務署印行
河南人民出版社

中國鹽政沿革史（河東附山西北路、陝甘、新疆）

附：中國鹽政沿革史（長蘆）

本書由兩本書組成。第一本書由鹽務署主持編撰，分省份敘述中國各地方的鹽政沿革歷史，主要敘述的是清代鹽政。第二本書主要記載了河北長蘆鎮及長蘆鹽政的沿革歷史。

圖書在版編目（CIP）數據

中國鹽政沿革史（河東 附山西北路、陝甘、新疆）／
鹽務署印行．—鄭州 ：河南人民出版社，2018. 6
（專題史叢書 ／ 周蓓主編）
ISBN 978－7－215－11492－0

Ⅰ．①中… Ⅱ．①河… Ⅲ．①鹽業史－中國
Ⅳ．①F426.82

中國版本圖書館 CIP 數據核字（2018）第 069405 號

河南人民出版社出版發行
（地址：鄭州市經五路 66 號　郵政編碼：450002　電話：65788036）
新華書店經銷　　北京虎彩文化傳播有限公司印刷
開本　710 毫米×1000 毫米　1／16　印張　14.75
字數　186 千字
2018 年 6 月第 1 版　　2018 年 6 月第 1 次印刷

定價：120.00 圓

出版前言

中國現代學術體系是在晚清西學東漸的大潮中逐步形成的。至民國初建，中央政治權威進一步分散和削弱，加之新文化運動帶給國人思想上的空前解放，新學的啓蒙，新知識分子的產生，民國學術如草長鶯飛，進入一個自由而蓬勃的時代。中國傳統學科乃中國學術之根基與菁華所在，民國學人采用『取今復古，别立新宗』之方法，引入西方的學術觀念，積極改造，使史學、文學等學科向現代學術方向轉型。此外，大力推介西方社會科學的新學科和自然科學，在學習、借鑒乃至移植西方現代學術話語和研究範式的過程中，逐漸建立中國現代學科，使中國的學科門類迅速擴展。一時間，新舊更迭，中西交流，百花齊放，萬壑争流，開創了中國現代學術的源頭。

伴隨知識轉型和研究範式轉换而來的，還有學術著作撰寫方式的創新。中國古代的著作向來以單篇流傳，經後人整理匯編後，方以成册成集的面目出現并持續傳播。直到十九世紀末，東西方的歷史編撰體裁不外乎多卷本的編年體、紀傳體和紀事本末體等，章節體的出現標志着近代西方學術規範的產生和新史學的興起。章節體具有依時間順序，按章節編排；因事立題，分篇綜論；既分門别類，又綜合通貫的特點。以章、節搭建起論述之框架，結構分明，邏輯清晰，較傳統的撰寫體裁容量大、系統性强。它的傳入，使中國現代學術體系從内容到形式被納入了全球化的軌道。民國時期專題史的研究、譯介、編纂、出版恰恰是在這樣的背景下欣欣而發，是學術的實驗場，也是歷史的記録儀。編選『專題史』叢書的初衷正是爲了從一個側面展示中國學術從傳統向現代過渡的歷史進程。

專題史是對一個學科歷史的總結，是學科入門的必備和學科研究的基礎，也是對一個時代艱深新鋭問題的解答，是學術研究的高點。民國專題史著作中，既包含通論某一學科全部或一時代（區域、國别）的變化過程的，又囊括對一時代或一問題作特殊研究的，還有少部分是對某一專題的史料進行收集的。原創與翻譯并重，翻譯的底本大多選擇該學科的代表著作或歐美大學普及教本，兼顧權威性和流行性，其中日本學者的論著占據了相當比重。日本與中國同屬東亞儒家文化圈，他們在接納西方學術思想和研究模式時，已作了某種消化與調適，從思維轉換的角度看，更便于中國借鑒和利用，他們的著作因而被時人廣泛引進。

與當代學術研究日趨專業化、專門化、專家化的『窄化』道路迥乎不同的是，中國傳統學術崇尚『學問主通不主專，貴通人不尚專家』的通識型治學門徑，處于過渡轉型期的民國學術在不同程度上保留了這種特徵。民國學術大師諸學科貫通一脉、上千年縱横捭闔之功力自不待冗言，外交家著倫理政治史、文學家著哲學史、化學家著戰争史等亦不乏其人，民國專題史研究呈現出開放、融通、跨界撰述的特點。與此同時必須看到，自晚清以來，中國的命運就在外侮屢犯、内亂頻仍的窘境中跌宕彷徨，民族存亡仿若命懸一綫。這股以創建學科、總結經驗、解決問題爲指歸的專題史出版風潮背後，包裹着民國學人企望以西學爲工具拯民族于衰微的探索精神，及以學術救亡的愛國之心。梁任公曾言：『史學者，學問之最博大而最切要者也，國民之明鏡也，愛國心之源泉也。』這種位卑未敢忘憂國的歷史使命感和國民意識是今人無法漠視和遺忘的。

『專題史』叢書收録的範圍包括現代各個學科，不僅限于人文社會科學，學科分類以《民國總書目》的分科爲標準，計有哲學、宗教、社會、政治、法律、軍事、經濟、文化、藝術、教育、語言文字、中國文學、外國文學、中國歷史、西方史、自然科學、醫學、工業、交通共19個學科門類。本叢書分輯整理出版，内不分科，單本發行，方便讀者按需索驥。既可作爲大專院校圖書館、學術研究機構館藏之必備資源，也可滿足個人研讀或興趣之收藏。

與目前市場已有的一些專題史叢書相比，這次『專題史』叢書具有規模大、學科全、選本精、原版影印的特點。本叢書選目首重作者的首創、權威和著作影響力，尤其注重選本的稀見性。所謂稀見，即新中國成立後没有再版，且多數圖書館没有收藏，或即便有收藏，也是歸于非公開的珍本之列予以保存，普通讀者難以借閲。部分圖書雖有電子版，但作爲學術研究的經典原著讀本，紙質版本更利于記憶和研究之用。本叢書精揀版本最早、品相最佳的原版圖書作爲底本，因而還具有很高的版本收藏價值。

『專題史』的著作是民國學者對于那個時代諸問題之探究，往往有獨到之處，無論其資料、觀點短長得失如何，要之在中國現代學術史的構建與發展進程中，自有其開宗立論之地位。

中國鹽政沿革史

鹽務署印行

河東

附
山西北路
陝甘
新疆

河東沿革

河東鹽區蓋禹貢冀州之域爲今山西地在黃河東故曰河東河東之名始自戰國秦漢因置河東郡解州鹽池隸於其境故解池之鹽以河[illegible][illegible]冀州爲河內[illegible]職方氏云河內曰冀州說者謂沿禹貢舊制冀州三面距河與雍分界者謂之西河與豫分界者謂之南河與兗分界者謂之東河故周禮職方氏又云河南曰豫州河東曰兗州爾雅釋地云河西曰雍州是則西河之東東河之西南河之北皆冀州境所謂河內也自戰國魏以河近西南河者爲河內近西河者爲河東秦併其地因置河東郡河東之名蓋始於此唐開元中置河東道宋制解州隸陝西路金時仍隸河東元置河東山西道明改爲山西行省由此河東屬於山西以其在太行西面故曰山西以其在黃河東面故曰河東河東即山西也解池之鹽名曰河東河東者鹽池所在地故山西鹽區以河東名稱池在中條山北麓山之南麓爲黃河折流之處浸淫漸漬滋生鹽根因河流陰潛之功也按鹽體因水水曰潤下其味作鹹東南地卑鹽產於海西北地高或產於井或產於池例如四川鹽井有深至百餘丈者河東鹽池濱近黃河鹽之根原實因河流漸漬而成河自山西保德州南流至蒲州南過雷首山折而東向經芮城平陸縣南芮城在春秋時謂之河曲鄭玄詩譜云魏國封域南枕河曲是其地矣黃河南流至中條山復屈而東故有河曲之名中條即雷首山元和郡縣志云雷首一名中條是也中條西起蒲州東接太行南跨芮城平陸北連解州安邑及夏縣聞喜之境河東鹽池介解州安邑間適當中條山北麓其南麓則濱臨黃河唐崔敖謂鹽池乃黃河陰潛之功浸淫中條融爲巨浸又謂海眼通波河源伏脈千里一氣瀦爲廣斥蓋黃河眞源號曰鹽澤史記大宛列傳云于闐之東水皆東流注鹽澤鹽澤潛行地下其南則河源出焉山海經云不周之山東望泑澤河水所潛其源渾渾泡泡水經注云泑澤即蒲昌海亦有鹽澤之稱河水淪於蒲昌又發於西塞之

外出於積石之山凡此所言皆敍河源者也以今地理證之自蒲昌海伏流即至今新疆羅布淖爾在土魯番廳西南天山以南葱嶺以東之水悉匯於此自此伏流至噶達素齊老山復出爲阿爾坦河東流入鄂敦他拉海又東潴爲札凌海又東爲鄂凌海折而南經蒙古爾津土司又東北經積石山南入甘肅界經貴德循化二廳北至蘭州府西南又東北經靖遠中衛縣折而北至靈州寧夏間成一大曲河之西岸循賀蘭山東麓賀蘭山西爲蒙古阿拉善旗吉蘭泰鹽池在焉河之東南花馬等池在焉又北經平羅縣東入蒙古鄂爾多斯界經右翼中旗折而東經右翼後旗左翼後旗折而南至左翼前旗三面距河成一大曲謂之河套套中多鹽池其最大者曰喀喇莽尼池卽所謂青鹽澤也又南入山西界經河曲縣至蒲州凡一千五百里復折而東河水至此又成一大曲爲河東鹽池所在爾雅言河百里一小曲千里一大曲孔安國尚書傳言黃河千里而東千里而南今西北鹽池皆任黃河轉曲之際水性至曲而折鹹性至曲而聚物理固如是也然自蒲州以下雖無鹽池若直隸河南山東三省硝鹽之產盛地多濱黃河陝西鹵泊灘亦在黃河附近則知河流所經關於鹽產又非獨鹽池也

在昔陶唐之世洪水氾濫鹽產已受其害禹平水土滌川障澤於是鹽利復興故河東鹽池古曰鹽澤山海經云景山南望鹽販之澤卽斯池也

禹貢言九澤既陂陂者澤障卽今所謂堤堰也禹治洪水凡洿下之處障之爲澤以瀦其水九州之內無不有澤故曰九澤河東鹽池固冀州之一澤耳國語云澤水之鍾也伯禹陂障九澤鍾水豐物是以民生有財用據此則鹽利之興實在洪水平後山海經所謂鹽販之澤也左傳載韓獻子之言曰澤鹽國之寶也蓋卽指此自漢以來始名鹽池矣

今池東據安邑西據解州周迴百餘里實爲禹之遺迹

方輿紀要載鹽池在解州東三里安邑縣西南二十里蓋一池而介解州安邑之間東至安邑西至解州其地東高於西北高於南中自成池卽禹時所瀦之澤也許愼說文云河東鹽池袤五十一里廣七里周百十六里水經注云池東西七十里南北十七里紫色澄渟潭而不流沈括筆談云池方百二十里久雨未嘗

溢久旱未嘗涸鹽池圖考云今池東西長五十五里南北闊七里周百四十四里由此證之鹽池面積其說各異此則廣狹淺深古今盈縮時有不同者矣其鹽由曬而成發源最古粵稽虞代舜歌南風有云南風之時可以阜財蓋指解池曬鹽而言

胡渭禹貢錐指言解州鹽池密邇帝都洪水為害鹽池用耗昔舜作五絃之琴以歌南風其詩曰南風之時兮可以阜吾民之財兮說者謂池遇南風則結鹽多故曰可以阜財蓋鹽未幾即興也由今論之解池鹽產必資南風南風不時鹽即失利帝舜南風之歌實指池鹽曬鹽之興莫先於此矣今中條山陰有薰風洞一曰鹽風洞每仲夏月應候風出其聲隆隆曬鹽得此一夕鹽成俗謂之曬南風皆因南風歌詞而名也

及周之時池為晉有左傳言郇瑕之地沃饒近盬盬者曬鹽之名稱周禮所云盬鹽是也

左傳成公六年載晉謀去故絳諸大夫皆曰必居郇瑕氏之地沃饒而近盬國利民樂不可失也郇瑕故地即今猗氏縣境水經注云涑水出河東聞喜縣南流經安邑縣又南過解縣又西經郇城又西南經瑕城清一統志云猗氏本晉郇瑕地漢置猗氏縣猗氏東至安邑縣界南至解州界方輿紀要云鹽池在猗氏縣東南是則郇瑕接近鹽池故曰沃饒近盬盬即曬鹽周禮鹽人所共有苦鹽杜子春讀苦為盬謂出鹽直用不涑治者其涑治者為散鹽鹽出於曬則曰盬鹽鹽出於煎則曰散鹽當時解池所產獨名為盬史記貨殖傳云猗頓以盬鹽起索隱注云盬鹽河東大鹽蓋曬鹽形顆與散鹽異故亦曰大鹽然則盬實曬鹽名稱矣

盬與苦聲相類故苦鹽亦曰盬鹽古者煮海之鹽皆曰散鹽惟河東池鹽獨以盬名故鹽池亦謂之盬

爾雅云鹹苦也郭璞注云苦即大鹹服虔左傳注云盬者鹽池土俗裂水沃麻分灌川畦水竭成鹽而味苦號曰鹽田曬盬之名始資是矣是則河東曬鹽開畦引水由來已久春秋時代齊有渠展之鹽燕有遼東之煮皆屬煎鹽即周禮所云散鹽也惟河東曬鹽引池而成謂之盬鹽其時靈州及阿拉善等處亦有鹽池然隸在荒服隸侯服者僅河東鹽池故盬鹽獨河東有之而鹽

池因以鹽名許慎說文云鹽河東鹽池此則以鹽名池唐宋以來稱曰解池此又以地名池矣暨乎戰國池屬於魏其後爲秦所取

史記言秦賦鹽利二十倍於古則其賦入之數亦以河東居多焉史記言魏絳自魏徙治安邑此在春秋時魏武侯二年城安邑此在戰國時至是安邑始爲魏都惠王三十一年以安邑近秦徙都大梁秦孝公十年商鞅圍安邑降之至是安邑爲秦有其後嘗還屬魏及昭襄王十一年齊韓魏趙宋五國共攻秦至鹽氏而還鹽氏者掌鹽池之官因稱氏若周禮敍官稱氏之例是也官居此地故曰鹽氏括地志云鹽氏故城在蒲州安邑縣史記又言秦昭襄王二十一年魏獻安邑至是鹽池遂屬於秦秦自用商鞅之法專川澤之利故秦初鹽賦倍於古昔然其產鹽區域僅止河東迨始皇二十五六年滅燕及齊取有海鹽產區鹽利益廣距取安邑時凡六十四五年是則秦初鹽賦實以河東爲多

漢初封建王侯鹽產之利在諸侯王國者取以自豐河東一郡雖不在封國之列而池鹽稅入亦爲天子之私奉非領於經費者也史記諸侯年表序言漢興封功臣而內地北距山以東盡諸侯地漢獨有河東潁川南陽三郡漢書食貨志言秦賦鹽利漢興循而未改自天子以至封君湯沐邑皆各爲私奉不領於經費按漢初封國至多山澤之利各自收其租稅例如吳王煑海是也河東鹽池不在諸侯王國然稅入爲天子所自取非國家之歲入觀於漢書所載可以證矣武帝時創立鹽法行專賣制凡設郡國鹽官三十有三河東安邑實居首焉漢書地理志云河東郡安邑縣有鹽官又云河東土地平易有鹽鐵之饒按西漢都長安東漢都洛陽均今河東行鹽區其時關中三輔及弘農河南諸郡皆食河東鹽河東鹽池附近都畿故漢時鹽官河東爲首例如今之鹽區先以長蘆也亦越東漢廢除專賣仍設鹽官主在徵稅元和中增設鹽監則專賣之制又嘗行矣後漢

書靈帝本紀載熹平四年遣守宮令之鹽監穿渠爲民興利注云前漢地理志續漢郡國志並無鹽監蒲州安邑西南有監鹽城按東漢行專賣法爲章帝元和年間鹽官當在斯時官居此城故曰監鹽城鹽監之名蓋始於此後漢書章帝本紀載元和三年帝幸安邑觀鹽池則其注重鹽政可知迨及魏初置司鹽都尉故又謂之司鹽城寰宇記載有司鹽城在安邑縣西二十里即今運城也水經注云安邑縣西有監鹽縣故城城南有鹽池池西又有一池爲女鹽澤監鹽縣本司鹽都尉治領兵千餘人守之後罷尉司分猗氏安邑置縣以守之是則晉初曾設監鹽縣旋又廢耳以

永元初因罷專賣更行徵稅建安中依舊置使者監賣鹽專賣之制自此復行三國志魏志衛覬傳云覬與荀彧書言關中人民流入荊州者十餘萬家頃聞本土安寧皆企願思歸而無以自業鹽國之大寶也自亂來放散宜如舊置使者監賣以其値益市犂牛若有歸民以供給之勸耕積粟豐殖關中彧以白魏武魏武從之始遣謁者僕射監鹽官按衛覬河東安邑人生於產鹽之鄉深明專賣之利故創議以爲宜依舊置使監賣是監賣設官固不始於建安而始於章帝之時曰監者蓋於鹽官之上設監以理專賣與近今官督商銷不同論者謂爲督銷所由昉非也觀於以値市犂牛則知確爲官賣矣

魏晉之際循而未改永嘉以來鹽池淪失劉石苻姚相繼據有旋復入於北魏魏晉承漢之後河東行專賣制自漢建安四年至晉永嘉初一百一十餘年矣永嘉二年河東始爲劉淵所據太興四年沒於石趙永和八年又沒於慕容燕太和五年又沒於苻秦太元十二年又沒於西燕十九年又沒於後燕及宋元嘉年間遂爲北魏所取蓋自永嘉迄宋元嘉一百二十餘年爲割據相尋鹽池之利固非晉宋有也

北魏初取河東設官榷鹽以收稅利其後屢罷屢興迄於永熙至隋弛禁而鹽遂無稅矣河東鹽池自永嘉亂後鹽利耗失北魏取河東在始光四年時宋元嘉四年也魏起自北荒蓋有漠南北地魏書道武本紀載天賜三年幸漠南鹽池又至漠中觀天鹽池度漠北之吐鹽池即今蒙古鄂爾多斯及阿拉善等處鹽池

也是時魏都平城爲今大同府然其幸觀鹽池注重鹽產已可概見及得河東設官徵稅疑在神麚以後魏書食貨志言河東郡有鹽池舊立官司以收稅利是時罷之而民有富強者專擅其用貧弱者不得資益延興末復立監司量其貴賤節其賦入公私兼利此則延興以前嘗廢鹽稅矣孝文本紀載太和二十年開鹽池之禁與民共之宣武本紀載景明四年詔收鹽池利入公食貨志云世宗即位政存寬簡復罷鹽禁國用所需別爲條制取足而已甄琛傳亦云世宗踐祚琛爲御史中尉表稱周禮山林川澤有虞衡之官爲之厲禁蓋取之以時故雖置有司實爲民守之也今縣官障護鹽池而收其利是猶專奉口腹不及四體且天下歲貢粟帛四海之有備奉一人軍國之資取給百姓亦何患貧願弛鹽禁詔付八座議可否錄尙書彭城王勰奏琛所言坐談則理高行之則事闕古者取貨山川輕田疇之賦立稅關市助什一之儲取此與彼非利身也所謂集天地之產惠天地之民鹽池之禁爲日已久積而散之以濟國用自行以來典司多怠出入之間事不如法遂令細民怨嗟商販輕議此乃用之者無方非興之者有謬今若罷之恐失前旨詔卒從琛議此則太和罷禁以後又嘗徵稅故至景明初復罷之也食貨志又云自世宗初罷鹽池禁而豪貴之家乘勢占奪近池之民又輙障吝神龜初太師高陽王雍太傅清河王懌奏鹽池天藏資育羣生乃爲繞池之民擅自固護語其障禁倍於官司取與自由貴賤任口請依先朝禁之爲便於是復置鹽官以監校焉此則景明四年徵稅以後又嘗罷禁故至神龜初復設監也長孫稚傳云雍州刺史蕭寶寅反正平民薛修義等屯聚河東分據鹽池攻圍蒲坂以應寶寅稚乃據河東時有詔廢鹽池稅稚上表曰鹽池天產密邇京畿惟應實而守之均贍以理今四境多虞府藏鬱竭略論鹽稅一年之中準絹而言不下三十萬匹今不先討關賊先解河東者非緩長安而急蒲坂蒲坂一陷沒失鹽池三軍乏食昔升平之年無所乏少猶創置鹽官而加典護請依常收稅從之據孝明本紀稚討寶寅爲孝昌三年此則神龜以後又嘗議罷禁矣廢帝本紀載普泰元年罷稅鹽之官食貨志又言神龜後更罷更立至於永熙此則普泰罷禁以後及永熙時又徵稅矣北魏疆域西至流沙北逾大磧今蒙古各處鹽池多爲所有而魏書所載鹽池徵稅獨及河東者豈漠地鹽產聽其自由耶長孫稚謂河東鹽稅

歲入準絹三十萬匹食貨志言太和十九年定每絹一匹準錢二百永安二年每絹匹止錢二百其私市者猶三百卽以官價論之絹三十萬匹準錢止六萬緡雖池鹽銷數不可得考而稅額之輕固可知也抑又言之魏自始光末取有鹽池以迄永熙一百五年間徵收鹽稅屢廢屢興初無常制其中太和十九年遷都洛陽漸圖南略太和二十一年取齊河北五郡兼有南陽新野襄城西汝義陽諸地河東鹽池鎖區益廣永熙以後魏分爲二孝靜遷鄴是爲東魏孝武遷長安是爲西魏其時東魏於滄瀛幽青四州傍海養鹽而河東鹽池隸於西魏仍舊收稅大統中宇文泰輔政欲行周官乃依周禮建六官恭帝三年始命行之掌鹽一職屬天官府隋書食貨志言後周設掌鹽掌四鹽之政令凡鹽鹽形鹽每地爲之禁百姓取皆稅焉鹽鹽卽河東池鹽蓋自西魏大統初至周大象末凡四十七年皆行徵稅法隋沿周制及開皇三年罷鹽池稅由是鹽利公於百姓始爲無稅時代

唐開元初姜師度以鹽池漸涸疏決水道置爲鹽屯公私獲利畦課之制蓋始於此

旋復檢校鹽利依式收稅徵稅之制又始於此

舊唐書姜師度傳云師度有巧思知溝洫所在必穿渠引水以爲民利開元八年改蒲州爲河中府進師度爲河中尹先是安邑鹽池漸涸師度發卒開拓疏決水道置爲鹽屯公私大收其利玉海云姜師度置鹽屯故唐格自開元後遂有畦夫營稱之課按河東池鹽自漢以前已有開畦曬鹽之法畦夫納課實始於唐蓋因鹽屯而起然尙屬畦課初非鹽稅師度傳又云開元九年左拾遺劉彤上言請置鹽官收利以供國用遂令師度與戶部侍郎強循計會食貨志云開元元年河中尹姜師度開置安邑鹽屯公私收利是年劉彤表請檢收鹽利詔令師度強循與諸道按察使檢責海內鹽課其姜師度除蒲州鹽池以外不須檢校今考食貨志所載與列傳年分不同按舊唐書玄宗本紀載開元九年改蒲州爲河中府置中都新唐書地理志云開元八年置中都爲府新唐書地志較爲詳實師度進河中尹當在是時舊唐書則師度傳亦相符合據此則鹽池收稅蓋在開元九年其置鹽屯在開元初舊

唐書食貨志並以為開元元年紀載失實茲特詳之以證唐代徵稅之緣起焉

鹽池有五總曰兩池隸於度支歲得鹽萬斛以供京師詳見新唐書食貨志按新唐書地理志又言河東郡解縣有鹽池安邑縣亦有鹽池與解為兩池池西為解池東為安邑因地而分雖曰兩池實則一池兩池之名自唐始也然食貨志云有五池者蓋兩池之外別有三小池玉海云小池謂之女池唐開元中置女鹽監後以水淡遂廢致之舊唐書昭宗本紀載天復元年朱溫奏請歲加河東貢鹽五池完葺依常供課其時五池蓋有廢者疑即女池元和郡縣志云女鹽池在解縣西北三里鹽味稍苦不及大池鹽俗言此池亢旱鹽即凝結如遂霖雨鹽則不生是則女池之廢當在元和以後又其證也水經注云池西又有一池謂之女鹽澤東西二十五里南北二十里方與紀要云女鹽池在鹽池西北七里據地高阜其鹽淡或苦不可食時或生硝亦名硝池女鹽池西北又有硝池六一曰賈死二曰金井三曰永小四曰熨斗五曰夾凹六曰蘇老據此則唐時小池除女池外賈死等池亦其故池書缺有間莫能詳也要之唐時兩池皆謂大池新唐書地志所載較然明白其三小池為大池之附屬河東鹽法志乃以大池為東池以女池及其餘小池為西池殆失考矣管理池務置判官以主之乾元初鹽法既立江淮之鹽悉屬鹽鐵使而河東之鹽仍隸度支貞元十六年置兩池榷鹽使兩池設使蓋始於此舊唐書食貨志言玄宗以前亦有鹽池使景雲四年蒲州刺史充關內鹽池使刺史職同牧尹是以地方長官兼充鹽使若清以山西巡撫帶領鹽政亦其例也唐自貞觀元年分天下為十道關內一道東至華西抵隴鳳南據商雒北邊沙漠兼有今陝甘山西及蒙古境例如靈鹽宥三州皆有鹽池同華二州亦有鹽產均隸關內蒲州刺史治在蒲州隸河東道鹽池產旺者河東為最故以蒲州刺史兼轄關內鹽池先天二年強循除幽州刺使充鹽池使舊唐書食貨志謂為鹽州鹽池幽州隸河北道循充鹽使實為遙領當時鹽法未興雖設鹽使不過虛、帶使銜鹽池所在設有判官以主池務舊唐書李涵傳言朔方節度使郭子儀奏涵為關內鹽池判官謂鹽州池也郭子儀傳言子儀充朔方節度在天寶十四年則鹽池設官當在開元收稅之後河東鹽池亦宜設官此可比例而知也乾元初年創立鹽法置鹽鐵使總領江淮鹽河東池鹽隸屬度支未設鹽使仍以判官主之崔敖鹽池神祠碑序言貞元十一年職方郎中馮與主河東鹽務度支又以詹事府司直陸位知解縣池大理評事韋縱知安邑池馮領池官之外權陸韋守制使之成算此則判官之外又委池官矣舊唐書食貨志云兩池鹽務官其職視諸道巡院貞元十六年史牟以金部郎中主池務恥同諸院遂奏置權鹽使二十一年鹽鐵度支合爲一使以杜佑兼領佑以度支既稱使其所管不宜更有使名遂奏罷之至元和三年裴均主池務職轉繁劇復以安邑解縣兩池留後爲權鹽使據此則兩池置使自史牟始蓋徵稅以來不設專使隸度支者垂八十年矣

運銷之地爲京兆鳳翔河南河中四府同華陝虢鄭汝澤潞等十五州行鹽分界亦始於此按運銷之法自唐以前無所謂界分也行鹽分界起於唐代權鹽之後唐時南方海鹽以江淮爲大宗北方池鹽以兩池爲大宗寶應大歷間專用權鹽供軍國之用許汝鄭鄧之西皆食兩池鹽度支主之汴滑唐蔡之東皆食海鹽劉晏主之其初劃地權稅其後遂成界分舊唐書食貨志載貞元十六年史牟奏澤潞鄭等州多是末鹽請禁斷從之元和六年度支盧坦奏兩池顆鹽祇許於京畿鳳翔陝虢河中澤潞河南許汝等十五州界內糶貨比來因循兼越興鳳文成果閬六州移牒勘得山南西道果閬兩州鹽本土戶人及巴南諸郡市糶又供當軍士馬倚有懸欠若兼數州自然闕絕請將兩池鹽放入六州界糶貨從之蓋貞元年間海鹽暢銷越及澤潞致占池鹽界分故史牟有禁斷之請元和初年果閬鹽產不敷運銷兩池之鹽因以侵入故盧坦有放行池鹽之請果州卽今西充場區閬州卽今南閬場區當時鹽務隸於山南西院與鳳文成皆果閬行鹽地以今地理證之興鳳爲今陝西漢中府境文成爲今甘肅鞏昌府境果閬爲今四川順慶保寧二府境距河東遼遠盧坦請行池鹽固亦權宜之計也唐時池鹽銷區據唐志所載其隸關內道者曰京兆府曰鳳翔府曰華州曰同州皆今陝西地其隸河南道者曰河南府曰汝州曰陝州曰虢州曰鄭州曰許州曰汴州皆今河南地其隸河東道者曰河

中府曰晉州曰絳州曰澤州曰潞州皆今山西地其隸山南東道者曰商州即今陝西地曰鄧州曰唐州皆今河南地凡四府十五州共領一百六十四縣行鹽區域其廣如此唐柳宗元謂解鹽西出秦隴南過樊鄧北極燕代東逾周宋即指行鹽區域而言證以今日銷區除汴許鄭汝四州行銷蘆鹽外餘則仍爲河東銷鹽地茲特著之庶於行鹽界分沿革源流可得而詳又按新唐書地理志載陝州平陸縣西有鹽倉東有集津倉津謂茅津也知唐時鹽運總匯在於平陸蓋因漕運之便若今日豫岸鹽運赴茅津渡分別轉運運道沿革亦略同焉

元和年間歲納鹽課一百六十萬貫元和郡縣志云河東兩池官置使以領之每歲鹽利收納一百六十萬貫新唐書食貨志云兩池鹽利歲收百五十餘萬緡四方豪商猾賈雜處解縣主以郎中其佐貳皆御史鹽民田園籍於縣而令不得以縣民治之按兩池鹽當乾元以前徵納本色所徵亦輕故曰榷得鹽萬斛乾元以後榷錢法興河東稅率亦如江淮故鹽利徵納以錢計數新唐書食貨志言天寶至德間鹽價甚賤每斗十錢榷法既起鹽價始增貞元年間河中兩池鹽每斗爲錢三百七十順宗時因減鹽價兩池鹽每斗爲錢三百其時榷鹽使已設迨元和間鹽法大壞志言解縣鹽民縣令不得治官商交弊已可概見又按舊唐書代宗本紀載大歷八年韓滉奏安邑鹽池生乳鹽大歷十二年滉言兩池生瑞鹽乃置祠號寶應靈慶池將鎮傳則云大歷時戶部侍郎判度支韓滉言河中鹽池生瑞鹽代宗以秋霖稍多水滐爲患不宜生瑞命鎮馳驛檢行鎮奏與滉同仍上表賀幷請置神祠錫號寶應靈慶池時霖潦瀰月鹽池爲潦水所壞其味多苦滉慮鹽戶減稅詐奏雨不壞池池生瑞鹽鎮庶滉飾詐識者醜之然則榷使未設以前度支之弊又可知矣**然錢多虛估計數非實太和三年詔以百萬爲額無如私鹽盛行課入不充至大中初嚴禁壕籬更立新法鹽課倍入者幾三十年**新唐書食貨志言元和時鹽法大壞多爲虛估率千錢不滿百三十此雖通論諸道而河東鹽榷實估其中舊唐書食貨志云太和三年詔兩池榷課以實錢一百萬貫爲定額其後又詔但取匹段精好不必計舊額錢數是則太和時雖禁虛估更定實

錢額數，然鹽法既壞，稅額不足，故又納取絹匹，不計額錢，蓋其時私鹽盛行，侵礙官課，非獨池鹽漏私，例如華州之櫟陽、同州之朝邑、奉先，亦多硝私。元和郡縣志云：櫟陽縣煮鹽澤周迴二十里，多鹻鹵，苻秦於此煮鹽；奉先縣鹽池澤周迴二十里。新唐書地理志云：朝邑縣小池有鹽，奉先縣有鹵池二，其一生鹽。櫟陽即今臨潼縣境，朝邑即今朝邑，奉先即今蒲城，均屬池鹽銷區，當日硝鹽本在禁例。舊唐書食貨志云：朝邑小池、奉先鹵池並禁斷不榷，是其證矣。文宗本紀載太和二年奉先縣鹵池側近百姓取水柏柴燒灰煎鹽，每灰一石得鹽一十二斤一兩，亂法甚於鹻土，度支奏請禁絕，禁後犯者據灰計鹽，一如兩池鹽法條例科斷，從之。新唐書食貨志云：元和中，盜賣兩池鹽一斗以上杖背，一石者死；盜刮鹻土一斗，比鹽一升。又云：宣宗即位，鹽法益密，戶部侍郎判度支盧弘正以兩池鹽法敝，遣司空輿更立新法，其課倍入，遷榷鹽使。輿以壞鬻者鹽池之隱禁，有盜壞與鬻鹻者皆死。兵部侍郎判度支周墀亦言兩池鹽盜販者，跡其居處，保社按罪；鬻五石，市二石，亭戶盜糶二石，皆死。是兩池之弊，盜於元和，流及會昌，弊猶未息。大中初，司空輿始加整理，其大旨在於注重禁私，防守壕籬。壕籬之法，即後世禁垣所由昉也。舊唐書盧弘正傳云：大中初，弘正以兩池鹽法積弊，課入不充，令判官司空輿至池務檢察，特立新法，大中三年課入加倍，其法至今賴之。食貨志亦言大中時兩池歲納榷利一百二十一萬五千餘貫。然則兩池鹽利自大中以來，比之貞元、元和，榷課日增。迨乾符時黃巢亂起，兵徧天下，池鹽之利擅於藩鎮矣。

乾符以來，兵徧天下，兩池池場擅於藩鎮，初為河中節度使王重榮所有，繼為朱溫所取，而唐由是亡矣。

唐自天寶亂後，藩鎮擧禍，擅地自強，例如淄青、河北鹽利損失凡數十載。河中當興元初，雖李懷光據以叛命，然未幾即平，鹽利固未失也。乾符以後，兩池榷課始為藩鎮擅有。舊唐書僖宗本紀載：光啓元年，田令孜為神策軍使，軍旅既衆，支給不充，舊日兩池榷稅，特罷鹽官以總其事。自黃巢亂離，河中節度王重榮兼領榷務，歲出課鹽三千車以獻。朝廷至是令孜以親軍闕供，計無從出，乃舉舊事，請以兩池榷務歸鹽鐵使，收利贍軍。詔下，重榮上章論訴，河中軍供悉藉鹽課。新唐書食貨志云：重榮擅有池利，歲貢鹽三千車中官田令孜倡議兩池復歸鹽鐵使重榮不奉詔至舉兵反僖宗爲再出而卒不能奪按重榮據河中在廣明元年再傳至王珂凡二十年及天復初遂爲朱溫所滅舊唐書昭宗本紀載天復元年朱溫兼河中節度兩池榷鹽使奏言代領池場請加貢鹽二千車歲貢五千車然河中與關輔相爲表裏自溫據河中唐室益微期年而還洛不六年而唐亡此其所關非徙鹽務已也

後唐同光間改革鹽法注重兩池凡行鹽地各置榷糶折博場院每城坊市官自賣鹽鄉村人戶計口配食嚴越界之禁重治私之罪

按五代之際分裂割據產鹽區域淮南之鹽隸於南唐兩浙之鹽隸於吳越閩鹽隸於王閩粵鹽隸於南漢川鹽隸於西蜀五代所有者惟河南道之青萊棣密四州河北道之滄州即今長蘆山東產區然其銷路祇在河南河北兩道境內至關內一道亦有烏白鹽池其時蕃漢雜處不便商販故鹽產之盛銷區之廣兩池爲最朱梁開國榷鹽之法一依唐舊沿及後唐始行清理鹽法加以變通舊五代史食貨志載唐同光二年詔曰會計之重鹹鹺居先矧彼兩池實有豐利頃自干戈擾攘民庶流離既場務以隳廢致程課之虧失重茲詳理須仗規模將立事以成功在從長而就便宜令河中節度李繼麟兼充制置兩池榷鹽使仍委便制一一條貫五代會要載同光三年定例應食兩池顆鹽州府各置榷糶折博場院應是鄉村許通商興販所有折博並每年人戶蠶鹽不許私帶一斤一兩入城侵奪榷糶課利如違犯者依例科斷又顆末等鹽不許界分參差如有違犯一斤一兩並處極法令攷唐同光初孔謙爲租庸使當朱梁時租庸使兼領天下鹽鐵唐承梁制因而不改謙善聚斂酷加賦稅創立蠶鹽食鹽屋稅鹽諸目凡州城縣鎮郭下合請鹽謂之屋稅鹽鄉村人戶合請鹽謂之蠶鹽凡係散之鹽祇許供食不得貨賣貨賣鹽斤均歸榷院蓋行專賣法也復於城鎮按屋以散鹽於鄉村計口以散鹽名目繁雜科擾實甚迨天成初雖廢租庸使職停諸道鹽使內勾司租庸院官違制徵收者並與除放然蠶鹽等名究未嘗革故五代弊法自後唐始

晉天福初詔開鹽禁許通商天福七年更徵商稅此又一變也

舊五代史晉紀載天

福元年詔在京鹽貨原是官場出糶自今後並不禁斷一任人戶取便糶易洛京管內逐年所配人戶食鹽每斤特與減價錢十文洛京即唐河南府爲池鹽界分先是後唐鹽禁過嚴鹽價日貴故晉初開禁准許通商復減配徵食鹽錢額行之數載百姓便之其後加徵商稅又創過稅住稅名目舊五代史食貨志載天福七年掌賦者欲增財利難於驟改前法奏請重制鹽稅凡往來鹽貨悉稅之此則重稅之弊實自晉始

周顯德間以末鹽界分私鹽過多又令曹宋以西皆食顆鹽池鹽銷路自是益廣其刮鹻煎造者概行禁止此又一變也

舊五代史食貨志載周顯德元年世宗謂侍臣曰末鹽州郡犯私鹽者多於顆鹽界分蓋卑濕之地易爲刮鹻煎造況末鹽煎煉搬運費用倍於顆鹽宜分十餘州令食顆鹽不惟輦運省力兼且少人犯禁自是曹宋以西皆食顆鹽五代會要載顯德二年改立鹽法定例顆鹽地界分內有人刮鹻煎煉鹽貨便即收捉不計斤兩多少依法處死又兩池禁園四面各置場門弓射分擘鹽池居住並在禁園裏面更不別有差遣祇令巡護鹽池此後有人偷盜官鹽一斤一兩出池犯鹽人依例準處極法若是巡檢弓射池場門子巡察不專致有透漏到禁園外被別人捉獲及有糾告兼同行反告官中更不坐罪師告人亦依捉事人支賞應有知情偷盜官鹽之人照犯鹽人一例斷其不知情關連人酌情定罪按池鹽界分自晉天福初准許通商開運間又復禁榷舊五代史晉紀載天福七年行稅鹽法蓋欲絕止商販歸利於官其後鹽禁如故鹽錢亦徵至今爲弊是則能除通商當在天福以後沿漢及周皆行禁榷法兩池舊有壕籬以防漏私周時益加嚴密謂之禁圍禁圍猶禁垣也又以曹宋等處地多鹻鹵所行之鹽爲青棣海鹽成本既貴運費亦重硝私得以乘之因令改行池鹽並嚴硝私之禁蓋自唐同光迄周顯德三十餘年間鹽法凡數變至是始定洎乎宋代仍依周舊焉

自唐開元迄五代末二百五十餘年間鹽法數變遂爲專賣制度越及宋初因而不改然則宋之鹽法源於五代五代之法肇始兩池推行於濱棣諸州兩池區

域殆亦鹽法之先導歟

宋時河東別爲鹻鹽隸永利監曰永利鹽解州兩池隸陝西路則曰解鹽

按宋至道三年分天下爲十五路河東一路轄有鹽產煑鹻而成別自爲區置永利監以領其事名永利鹽即今太汾等處土鹽也解縣安邑兩池隸陝西路解州名曰解鹽解鹽之名蓋始於此

解池墾地爲畦沃以池水水耗鹽成謂之種鹽

宋史食貨志云解州解縣安邑兩池墾地爲畦引池水沃之水耗則鹽成謂之種鹽籍民戶爲畦夫官廩給之復其家募巡邏兵百人目爲護寶都歲二月一日墾畦四月始種八月乃止安邑池每戶歲種鹽千席解池減二十席天聖以來兩池畦戶總三百八十以本州及旁州之民爲之戶歲出夫二人人日給米二升歲給戶錢四萬爲鹽歲百五十二萬六千四百二十九石石五十斤以席計爲六十五萬五千一百二十席席百一十六斤嘉祐時兩池畦戶歲役解河中陝虢慶成民爲之官司旁緣侵剝民以爲苦乃詔三歲一貸中間以積鹽多特罷種鹽一歲或二歲三歲以寬其力又減畦戶之半以傭夫代之五州之民始安按治畦曬鹽自漢己然唐置鹽屯始納畦課唐崔敖云乃滌場圃乃完畚倉畢其場功以謹秋備柳宗元云溝塍畦畹交錯輪囷若稼若圃敞兮匀匀決源灑流交灌互澍若枝若股委屈延布甘鹵密起積雪百里裒斂合集舉而堆之此則唐時種鹽己可概見然其法鹽歸民種及宋改爲官種故有畦夫之籍元明以來更用

設制置解鹽司以領鹽事

宋史職官志云制置解鹽司掌鹽澤之禁令呂祖謙云南方之鹽皆出於海北方之鹽皆出於池解池鹽利專置使以領之玉海云建隆二年以解州刺史周訓兼兩池制置使解鹽制置始見此按唐有諸道鹽鐵使惟於兩池則專設惟鹽使宋有諸道提舉茶鹽司惟於兩池則專設制置司宋之制置司即本於唐之權鹽使當時兩池鹽產既盛銷地亦廣較之諸道條令煩多因地立制故設專司以綜理之

行鹽之地爲三京爲京兆河中鳳翔三府爲濟兗滑

鄭陝虢晉絳濆懷宿亳等六十一州軍宋史食貨志載解州兩池歲種鹽以給本州及三京京東之濟兗曹濮單鄆州廣濟軍京西之滑鄭陳潁汝許孟蔡襄鄧隨唐金房均郢州光化信陽軍陝西之京兆河中鳳翔府同華陝虢耀乾商涇源邠寧儀渭鄜坊丹延環慶秦隴鳳階成州慶成保安鎮戎軍河東之晉絳慈隰州河北之澶懷州淮南之宿亳州三京者宋以大梁爲東京開封府洛陽爲西京河南府歸德爲南京應天府隸於京東京西兩路宋因周制解鹽行銷界分已廣其後令鄆濟宿亳四州改行解鹽又令蔡襄商金等州亦食解鹽自此行銷區益廣文獻通考云鄆濟宿亳舊食末鹽建隆二年以泝流輦運勞費始改食顆鹽蔡襄商等州舊通商食海鹽太平興國初令食解鹽並官賣是其證矣宋時解鹽銷區兼行京東京西陝西河東河北淮南六路凡爲府六爲州五十五爲軍六據宋史地理志共領三百二十一縣以今地理證之例如直隸大名府屬之開州及南樂清豐二縣山東之泰安兗州曹州三府濟寧一州河南之開封歸德陳州懷慶河南南陽汝寧七府許鄭陝汝四州及衛輝府屬之延津封邱滑縣山西之平陽蒲州兩府解絳霍隰四州陝西之西安鳳翔同州漢中興安延安六府乾鄜邠商四州甘肅之平涼慶陽鞏昌三府秦階涇固四州安徽之潁州一府鳳陽府之宿州及靈壁一縣湖北之襄陽鄖陽兩府安陸府屬之鍾祥京山兩縣及德安府屬之隨州今行長蘆山東兩淮河東四區而宋時並爲解鹽界分以今河東引地證之隸山西者惟平陽蒲州兩府解絳霍三州及隰州屬之蒲縣隸陝西者惟西安同州興安三府商乾二州及邠州屬三水淳化二縣隸河南者惟河南南陽二府陝汝二州及許州之襄城二縣雖山西今增澤州潞安二府較之宋代僅及三分之一又宋時解鹽運銷入蜀范祥改鈔以後不復禁止熙寧中亦嘗歲運十萬席並閉卓筒井旋以不便遂復能運自是解鹽始不入蜀是則宋時解鹽行銷雖廣其於運輸之便利固亦未能盡適也

初因周制鹽歸官賣每鹽一斤爲價自四十四至三十四錢分爲三等雍熙二年令邊郡商人於所在納銀折博鹽斤赴京請領交引自是環慶渭原等州行通商

法

文獻通考云陝西緣邊環慶渭原諸州兼食烏白池青白鹽淳化三年陝西轉運鄭文寶請禁止之許商人販解池鹽以資國計詔可淳化四年除其禁宋史鄭文寶傳云文寶建議請禁青白鹽許商人販解鹽於陝西官獲其利而戎益困詔從其請行之數月犯者益衆禁商人販兩池鹽人少販利多取他徑出唐鄧、襄汝間邀善價吏不能禁關隴民無鹽食境上騷擾遂除其禁既而文寶復請禁青白鹽邊民冒法抵死者衆文寶又奏減解州鹽價未滿歲斷課二十萬貫以是貶職梁鼎傳云咸平四年鼎遷度支使時西鄙未寧鼎請陝西禁解池鹽所在官賣議者多言邊民舊食青鹽其價甚賤洎禁青鹽以困夏令商賈入粟運解鹽於緣邊價値與蕃鹽不相遠故蕃部齋鹽至者不能貨賣今若禁解池鹽與內地同價則民必冒禁復市青鹽乃資盜糧也鼎既行即移文禁止鹽商所在約束乖當朝廷聞而止之於是依舊通商按陝西緣邊環慶渭原秦延州保安鎮戎德順軍自宋以前多食烏白池鹽五代之季池爲西夏據有故宋初爲解鹽界分宋沿周制鹽皆禁榷鄭文寶任轉運在淳化三年則知環慶諸州弛禁通商在雍熙間然開禁以後西夏私鹽時復侵入呂祖謙謂解池之鹽有西夏鹽嘗相參雜奪解池利解池鹽味不及西夏西夏價値又賤所以緣邊多盜販西夏鹽所以國家嘗關防西夏鹽入中國界夫欲防外鹽之入要在平內地之價文寶始請嚴法禁止固爲失之繼請減解鹽價以敵夏私則又法之善者觀於咸平年間朝臣所議可以知減價之效矣

端拱二年置折中倉聽商輸粟京師給以鹽引自是蔡襄同華等州亦行通商其行官賣者惟三京二十八州軍

宋史食貨志載端拱二年置折中倉聽商人輸粟京師優其直給以鹽自茲以後鹽禁既開通商者多蔡襄同華諸州改行通商當在此時食貨志又載解鹽通商之地京西則蔡襄鄧隨唐金房均郢州光化信陽軍陝西則京兆鳳翔府同華耀乾商涇原邠寧儀渭鄜坊丹延環慶秦隴鳳階成州保安鎮戎軍及澶州諸縣之在河北者禁榷之地曰三京曰京東之濟兗曹濮單鄆州廣濟軍京西之滑鄭陳潁汝許孟州陝西之河中府解陝虢州慶成軍河東之晉絳慈隰州淮南之宿亳州河北懷州及澶州諸縣之在河南者此其界分陝西河東兩路自河以西皆

行通商自河以東仍行官賣京西河北兩路自河以北皆行通商自河以南仍行官賣至蔡襄商金諸州則以運輸艱阻故亦開禁自文獻通考云蔡襄等州後以運道不通許通商是其證矣

凡通商之在京西者爲南鹽在陝西者爲西鹽官賣地方則爲東鹽各有經界以防侵越而尤重私販之禁

詳見文獻通考按宋時解鹽銷地除西夏私鹽外內地各處復多硝私俵散鹽鹽私入城市亦在禁例宋史食貨志載建隆二年定例禁地賣鹻鹽至三斤者坐死民所受鬻鹽以入城市三十斤以上者上請三年又定賣鹻鹽至十五斤坐死鬻鹽入市百斤以上奏裁乾德以後每詔優寬又載明道初詔廢河中府慶成軍鹻場禁民煑鹽以侵池鹽之利元祐時陝西民多以朴硝私煉成顆謂之倒硝頗與解鹽相亂紹聖三年詔犯者減私鹽法一等坐之此私鹽例禁之嚴也又按解鹽自雍熙端拱間改法以來產額既豐歲入亦旺通考又載至道二年兩池得鹽三十七萬三千五百四十五席此爲最多之數大中祥符九年陝西轉運張象中言兩池現貯鹽三千二百七十六席計三億八千八百八十二萬八千九百二十八斤計值二千一百七十六萬一千八十貫慮有遺利望行條約真宗曰地利之阜此亦至矣過求增羨有時而闕不可許也宋史食貨志載至道三年兩池賣鹽得錢七十二萬八千餘貫乾興元年南鹽售錢歲入祇二十三萬貫視天禧三年數損十萬天聖初計置司因請售南鹽者入錢京師專令入中並邊芻粟增約束中防禁以絕私販之弊久之復詔入錢京師從商人所便夫鹽課虧損雖由私盛然立法不善其弊更甚於私今以宋時東西鹽弊論之宋史李士衡傳載景德間士衡爲度支副使上言關右既弛鹽禁永興同華耀等州猶徵賣鹽年額錢請減十之四詔悉除之玉海載陝西以鹽錢均於部民永興尤多景德元年士衡請減除之蓋通商以後舊額榷錢分配諸州隨稅輸納是既行入中復徵鹽錢此西鹽之弊也至於官賣區域官自搬運水陸轉輸以役法沈括筆談言輦車牛驢以鹽役死者歲以萬計冒禁抵罪者不可勝數此又東鹽之弊也

天聖九年詔三京二十八州軍亦聽商人入錢京師受鹽兩池自是解鹽皆行通商

法宋史食貨志云天聖八年上書者言縣官禁鹽得利微而爲害博兩池積鹽爲阜數莫可較宜聽通商平估以售詔翰林學士盛度御史中丞王隨議更制度因畫通商五利上之曰方禁商時伐木造船兵民輦運不勝疲勞今去其弊一利也陸運既差帖頭又役車戶貧民慨役連歲逋逃今悉罷之二利也船運有沈溺之患綱吏侵盜雜以泥沙硝石其味苦惡疾生重腿今皆得食眞鹽三利也錢幣國之貨泉欲使通流富家藏鏹不出民用益蹙今歲得商人出緡錢六十三萬助經費四利也歲減官兵卒夫僱作之給五利也遂詔三京二十八州軍権法聽商人入錢若金銀京師榷貨務受鹽兩池行之一年視天聖七年增緡錢十五萬其後歲課入減耗玉海云明道九年三司李諮與盛度王隨同議通商法改更新例景祐元年以解池貯鹽可支十九年權停榷鹽寶元二年右司諫韓琦請以新舊二法取其利博者以爲經久之制詔學士宋庠知制誥王堯臣與三司議庠等言新法視舊法歲課損三百六十萬緡按三京二十八州軍行官賣法自建隆初至天聖八年凡七十一年始行通商距南西鹽區域改法之時四十餘年解鹽由是一律通商凡康定初以稅入耗損京師南京及京東州軍淮南宿亳州仍行官賣旋復通商因令京東之兗鄆淮南之宿亳兼食淮鹽自是解鹽界地蓋一變矣文獻通考云三京二十八州軍榷法商賈流行然稅課入官者頗耗宋史食貨志云康定元年詔京師南京及京東州軍淮南宿亳州皆禁如舊未幾復弛榷法並詔三司議通淮南鹽給京東等八州於是兗鄆宿亳皆食淮南鹽按康定初議通江淮鹽利詔商人入芻粟陝西並邊願受東南鹽者加數與之故兗鄆宿亳多食淮鹽然鹽利之入此贏則彼絀加數給鹽法已不統一斯亦當時之弊也慶歷二年京師諸州復禁通商並禁永興同華河中陝虢等處商鹽自是東南鹽地悉行官賣法文獻通考云自元昊反聚兵西邊用度不足因詔入中他貨予券償以池鹽由是羽毛筋角膠漆鐵炭瓦木之屬一切以鹽易之猾商貪賈乘時賕吏爲奸至入椽木二估錢千給鹽一大席爲鹽二百二十斤虛

費池鹽不可勝計鹽值益賤販者不行公私無費朝廷知其弊慶曆二年乃詔復京師榷法凡商人以虛估受券及已受鹽未賣者皆計值輸官斷錢內地州軍民間鹽悉收市入官官爲置場增價出之復禁永興同華耀河中陝虢解絳慶成十一州軍商鹽官自輦運以衙前主之又禁商鹽私入蜀置折博務於永興鳳翔聽人入錢若蜀貨易鹽趨蜀中以售久之東南鹽地悉復禁榷自後量民資厚薄役令輓車轉致諸郡道路糜費役人竭產不能償往往亡匿關內騷然所得鹽利不足以佐縣官之急並邊誘人入中芻粟皆爲虛估騰躍至數倍歲費京師錢幣不可勝數帑藏愈虛按宋史仁宗本紀載慶曆元年弛京東八州鹽禁二年復京師榷鹽法自康定以來三年之中法制屢變當景祐間解鹽存積足支十年供過於求遂額已無限制其後入中他物虛費池鹽官吏因緣致生奸弊弊之既極於是禁商鹽復榷法官自搬運主以衙前宋制舊差鄉戶輦運官物謂之衙前役法擾民衙前爲最而又以鹽運役之弊益滋甚矣陝西並邊州郡仍舊通商然地近西夏青白私鹽盜販者多而內地禁榷之處官自輦運衙前差役民力困竭官賣通商兩法俱弊至慶曆八年從范祥議改行鈔法禁鹽諸州一切通商聽鹽入蜀並邊九州軍入中芻粟概行罷免令入實錢以鹽償之視州軍遠近及所指東南西鹽第優其估東南鹽又聽入錢永興鳳翔河中總計歲入錢數共爲鹽三十七萬五千大席授以要券即池驗券按數而出票鹽之法蓋昉於此延環九州軍改爲特別銷區由官自賣又於京師置都鹽院以平市估自是弛輦運之役峻夏鹽之禁鹽有常價鈔有定數課入增加歲減榷貨務緡錢數百萬商無所悴民安其業行之十年公

私便之

祥見文獻通考按范祥兩次領解鹽事一自慶歷八年至皇祐五年一自嘉祐三年至嘉祐五年先後任事凡有九年宋史食貨志載慶歷間解鹽法弊太常博士范祥關中人也熟其利害嘗謂兩池鹽利甚博而不能稍助邊計者公私侵漁之害也倘一變法歲可省度支緡錢數十百萬乃畫策以獻是時韓琦爲樞密副使與知制誥田況皆請用祥策慶歷四年詔祥馳傳與陝西都轉運使程戢議之戢與祥議不合八年祥復申其說乃以祥爲陝西提點刑獄兼制置解鹽司使推行之舊禁鹽地一切通商聽鹽入蜀盡弛兵民輦運之役又以延慶環渭原保安鎮戎德順地近烏白池奸人私以青白鹽入塞侵利亂法乃募人入中池鹽予券優其估還以池鹽償之以所入鹽官自出賣禁人私售而峻青白鹽之禁又令三京及河中河陽陝虢解晉絳濮慶成廣濟官仍賣鹽須商賈流通乃止以所入緡錢市並邊九州軍芻粟悉貿之貨務錢幣以實中都行之數年黠商貪賈無所僥倖關中之民得安其業公私便之皇祐元年侍御史知雜何郯復言改法非是二年遣三司戶部副使包拯馳視拯還言行之便第請三京及河中等處禁官賣鹽而三司謂京師商賈罕至則鹽貴請得公私並賣餘禁止皆聽之玉海載慶歷二年范宗傑建禁權之議官自輦運民力頗困故祥建言通商皇祐元年陝西漕臣李徼之言通商不便命兩制與祥徼之議率以祥爲是包拯至陝西力主祥議宋史包拯傳言解州鹽法病民拯往經度請一以爲龜鑑主通商販又上言天子當明聽納辨朋黨惜人才是則范祥規畫解鹽其初格於衆議五年之久不克施行迫其既行議者又謂其改法不便非韓琦田況主之於先包拯主之於後祥策幾不得用則以知變法之難也范祥鹽法主在通行鹽鈔而以官賣爲輔例如延環諸州鄰近西夏烏白池外私易入故行官賣河中解晉鄰近產區場私易透故行官賣商京河陽等處地多疄鹵硝私易售故行官賣京師繁盛慮商或罕至鹽價頓貴故亦行官賣然皆以商賈流通爲止立法之初統籌全局計畫已密宋志又載田況爲三司使請久任祥俾專其事祥初言歲入緡錢可得二百三十萬皇祐元年入錢二百二十一萬四年二百一十五萬以四年視慶歷六年增六十八萬視七年增二十萬舊時榷貨務歲出緡錢慶歷二年爲六百四十七萬六年爲四百八十萬至是權貨務錢不復出後雖歲入贏縮不常

皇祐五年猶及百七十八萬，至和元年百六十九萬。時祥已坐他罪貶，遂以至和元年入錢爲歲課定額，量入爲出，可助邊費十分之八。是則祥先領鹽事凡有六年，歲出，既省，歲入增加矣。《志》又載：祥去職後，並邊復聽入芻粟以當實錢，慮估之弊滋長，券値亦從而賤，歲損官課無慮百萬。嘉祐三年，三司使張方平及包拯請復用祥，於是復以祥總鹽事。祥請更禁入芻粟者，其券在嘉祐三年以前，每券別請輪錢一千，然後予以鹽。又言商人持券若鹽賣京師，皆虧失本錢，請置官京師，蓄錢二十萬緡，以待商人至者。若鹽估賤，則官爲售之，券六千，鹽席十千，毋輒增損，所以平其市估，使不得爲輕重。詔以都鹽院兼領，自是稍復舊。未幾祥卒，以轉運副使薛向繼之。及治平二年，歲入百六十七萬。是則祥繼領鹽事凡有三年，乃復優恤商人，平定市估。此又因時而制宜也。大凡改法伊始，貴在維持現狀。《宋志》載祥初以法既通商，恐失州縣徵算，乃計所歷所至，合輸算錢，率以爲入中之數。自是州縣猶算如舊，此其計畫抑又密矣。沈括《筆談》言范祥始爲鈔法，令商人就邊郡入錢四貫八百售一鈔，至解池請鹽二百斤，任其運賣，得錢以實塞下，省數十郡搬運之勞。行之既久，鹽價時有低昂，又於京師置都鹽院，陝西轉運司自遣官主之。京師食鹽斤不足三十五錢則斂而不發，以長下價；過四十，則大發庫鹽，以壓商利，使鹽價有常估，而鈔法有定數，至今以爲利。《宋史·范祥傳》亦言祥曉達財利，建議變鹽法，後人不敢易，稍加損益，輒不便。其爲良法，固可知矣。范祥鹽鈔，卽後世票鹽所由昉，而其法實始於河東，茲特原本史傳，證明行事，畧述其槪，以資證焉。

熙寧中祥法既廢，出鈔過多，芻粟之値未免虛擡，因於永興軍置賣鹽場，繼又罷之，用交子法，遣市易吏行四路請買鹽引，限制鈔額，而溢額如故。

《宋史·食貨志》載：嘉祐六年，薛向繼祥制置解鹽，漸廢祥法。熙寧初，於永興軍置賣鹽場，又以邊費錢十萬緡儲永興軍，爲鹽鈔本，織又增二十萬。四年，罷永興賣鹽場。七年，中書議陝西鹽鈔出多，而鹽益輕，以鈔折兌糧草，有虛擡之患，請用交子法，使其數與現錢相當，可濟緩急。詔以皮公弼、熊本、宋迪分領其事，趙瞻制置。又以內藏錢二百萬緡，由三司遣市易吏行四路請買鹽引，仍令秦鳳、永興鹽鈔歲以百八十萬爲額八年中書奏陝西鹽鈔利害請買鈔本錢有限而出鈔過多買不盡則鈔賤而糴貴故出鈔不可無限然商人欲變易現錢官不爲買即爲兼併所抑則鈔價益賤而邊弊有急鈔不免多出故當置場以市價平之今當定買兩路實賣鹽二百二十萬緡以當用鈔數立額永興路八十一萬五千秦鳳路一百三十八萬五千熙河路五十三萬七千永興軍遣官買鈔歲支轉運司錢十萬緡買西鹽鈔又用市易務賒請法募人賒鈔變易即民間鈔多而滯則轉送解池毀之詔從其請然有司給鈔溢額猶視其故九年乃詔止三司額外出鈔按熙寧初年解鹽鈔出過多鹽輕糴貴鈔價日賤因能永興軍鹽鈔場行交子法文彥博言其不便未幾能之熙寧七年復用交子法交子之法昉於唐之飛錢一交一緡以三年爲一界分界遞換謂之交子即錢鈔也其法創行於蜀是時陝西行使鐵錢兼運勞費故用交子法以便收買鹽鈔四路者慶歷初以西夏爲患分陝西邊郡爲四路曰鄜延治延州曰環慶治慶州曰涇原治渭州曰秦鳳治秦州皆並邊地熙河路者熙寧五年王韶開邊以熙河洮岷通遠五州軍增置熙河路亦爲解鹽銷區永興軍即京兆府也附證於此

東西南三路通商郡邑更行官賣然變革不常亦無一定之制

宋史食貨志云舊制河南北曹濮以西秦鳳以東皆食解鹽自仁宗時解鹽通商官不復榷熙寧中市易司始榷開封曹濮等州八年大理寺丞張景溫提舉出賣解鹽於是開封府界陽武酸棗封邱考城東明白馬中牟陳留長垣胙城韋城滑懷濟單解州河中府等州縣皆官自賣未幾復用商人議以唐鄧襄均房商蔡郢隨金晉絳虢陳許汝潁隰州西京信陽軍通商畿縣及澶曹懷衛濟單解同華陝河中府南京河陽令解鹽司運鹽貨賣鹽價既增民不肯買乃課民買官鹽隨貲富作業爲多少之差買賣私鹽聽人告重給賞以犯人家財給之買官鹽食不盡留經宿者同私鹽法於是民間騷怨鹽鈔舊法每席六緡至是二緡有餘商不入粟邊儲失備陝西轉運使皮公弼極言官賣不便沈括爲三司使言通商歲失官賣錢二十餘萬久之括乃言官賣當罷於是河陽同華解陝河中府陳留雍邱襄邑中牟管城尉氏鄢陵扶溝太康咸平新鄭聽通商其入不及官賣者官復自賣澶懷濟單曹濮南京陽武酸棗封邱考城東明白馬長垣胙城韋城九

縣官賣如故商鹽入京悉賣之市易務民鹽皆買之市易務私與商人為市許告沒其鹽又云初神宗時官賣解鹽京西則通商有沈希顏者為轉運使更行榷法請假常平錢二十萬緡自買解鹽賣之本路民已買解鹽盡買入官措克牟利商旅苦之元祐元年京西始復舊制通商賣然猶官賣元符元年乃罷之永興軍渭州及同華等六州軍官仍自賣鹽據此則當時鹽法官賣通商三十餘年更變無常而官賣之地又復課民買鹽禁法嚴苛抑擾之弊固已極矣

惟時官鹽價增民不肯買乃隨產業高下課民買鹽商旅不行鈔值日賤鹽輕糴貴邊儲失備鹽法至是又弊矣熙寧十年始議收買舊鈔別為印識加納鹽錢更給新引劃一東西鹽價以平鈔法然鈔出之額過於產額故雖設法補救而價卒不能平

宋史食貨志云熙寧十年三司言鹽法之弊由熙河鈔溢額故價賤而芻糧貴又東西南三路通商郡邑榷賣官鹽故商旅不行今鹽法當改官賣當罷請先收舊鈔印識之舊鹽行加納之法官盡買舊鈔其已出鹽約期聽商人自陳準新價增之印鹽席給符驗東南舊法鹽鈔席纔三千五百西鹽鈔席減一千官盡買先令解州場院驗商人鈔書之乃許賣己請鹽立限告賞聽商人自陳東南鹽席加錢二千五百西鹽席加三千為易舊符立期令賣能禁榷官賣及提舉司賣鹽並用新價承買舊鈔商人願對行算請者聽官為印識如法應通商地各舉官一員其鹽席限十日自陳乃令加納錢為印識給新引聽以舊鈔當加納錢皆行之別定官賣鹽地市易司以買鹽亦加納錢先是解鹽分東西西鹽賣有分域又並邊州軍市芻糧給鈔過多故鈔及鹽甚賤官價自分為二因增西價比東鹽以平鈔法歲約增錢十二萬毋復分東西悉廢西鹽約東解池鹽鈔舊以二百二十萬緡為額轉運使皮公弼請增十萬以助邊糴至是又為二百四十二萬商人已請西鹽令加納錢使與新法價平又令京師置七場買東南鹽鈔市易務計為錢五十九萬三千餘緡三司闕錢請頒還其鈔令賣之於西買者其三給錢其七準緣邊鹽價給新引庶得民間舊鈔而新引易於變易公弼又請復范祥舊法平市

價詔假三司錢三十萬緡市鈔於京師元豐四年權陝西轉運使李稷言新法未行鈔之貴賤視出鈔之多寡新法已行鈔有定數起熙寧十年冬盡元豐三年通印給一百七十七萬餘席而鹽池所出總一百一十七萬五千餘席餘鈔五十九萬有餘流布官司其勢不得不賤遂下三司任給五年戶部猶以鈔多難售歲給陝西軍儲鈔二百萬裁其半然鈔多卒不能平價按解鹽鈔當熙寧初出鈔過多因加整理比較實賣鹽斤定立鈔額法非不善而官司未能遵行不免額外出鈔其後增置熙河一路鈔額日溢鈔價愈賤鹽法之弊事關邊儲迨及熙寧末年不得不立法變通始行收買舊鈔別給新鈔劃一鹽價平均市估酌改銷地限定鈔額此其立法又非不善然以池鹽產額較之致溢五十九萬餘席欲求平價其可得乎故自元豐以迄紹聖二十年間鈔法屢變而弊終不能除

元祐初又定延環諸州鹽額仍聽商人入中池鹽算給交引一如范祥舊法文獻通考云元祐元年戶部及陝西制置解鹽司議延慶渭原環鎮戎保安德順八州軍皆官自賣以萬五千五百席爲額聽商入納於八州軍折博務算給交引一如范祥舊法其出賣鹽錢以給轉運司糴買宋史食貨志云元祐元年復范祥舊法仍於京師置場以鹽鈔賣現錢而輸之都鹽院庫過給解鹽額鈔盡歸解鹽司毋更給轉運司他司皆毋得販易雖有專旨聽執奏其已買鈔自解鹽司拘之若民間鈔少或給本路緡錢即上戶部議賣其鈔既而又以商人入納解鹽減年額買鹽費錢二萬七千餘緡增在京買鈔之本入中解鹽並效熙河鈔而價隨事增損以折懷滑州陽武鹽價澹

迨元符間水壞鹽池三京諸州遂得通行京東河北鹽文獻通考云元符元年霖潦池壞崇寧元年乃議修復四年池成凡開二千四百餘畦百官皆賀內侍王仲先者董其役以課額敷溢爲功然議者謂解池灌水盈尺暴以烈日鼓以南風須臾成鹽其利固博苟欲溢額不俟風日之便厚灌以水積水而成味苦不適口宋史食貨志云元符元年水壞解池聽河中府解州小池鹽同華等州土鹽階州石鹽通遠軍岷州官井鹽賣於本路而京東河北鹽亦通行焉三年詔陝西轉運副使兼制置解鹽司馬城提舉措置催促陝西河東木栰辟劍昌開修鹽池崇寧元年解

州南北圍池修治畦眼拍磨布種通得鹽百七十八萬二千七百餘斤解梁東有買延澤綿亘百餘里歲亦得鹽億萬計崇寧四年成按自元符初至崇寧四年凡有八年崇寧四年鹽池已復時蔡京用事大變鹽法仍以解鹽舊地客算東北末鹽乃令解鹽新鈔祇行陝西宋史食貨志云崇寧初言事者以鈔法屢變民聽疑惑公家失輕重之權商旅困往來之費請復范祥舊法謹守而力行之無庸輕改雖可其請未幾蔡京建言京東河北末鹽客運至京及京西袋鹽官錢六千而鹽本不及一千請施行未久收息二百萬緡如通至陝西其利必倍議遣韓敦立等分路提舉及鹽池已復京仍欲舊解鹽地客算東北末鹽令權貨務入納現錢乃令解鹽新鈔祇行陝西按宋京師開封府界諸縣爲今長蘆行鹽地南京歸德諸縣爲今山東行鹽地京西滑鄭陳許等州及河北之澶懷二州亦今長蘆行鹽地即宋時京東河北鹽也崇寧年間行東北鹽較之解鹽本既輕利入復加則知崇寧以前拘守界分屢改鈔法調停於官賣通商而未能變通銷地抑已償矣又令以陝西舊鈔易東南鹽崇寧五年改印解鹽新鈔聽商人赴權貨務換請東南鹽鈔而貼納對帶之法因之以行自是解鹽又一變矣宋史食貨志云崇寧五年詔鈔法用之民信已久飛錢裕國其利甚大比考前後法度頗究利害其別爲號驗給解鹽換請新鈔先以五百萬緡赴陝西河東止給糴買聽商旅赴權貨務換請東南鹽鈔貼輸現錢四分者在舊三分之上五分者在四分之上且帶行舊鈔輸四分者帶五分輸五分者帶六分不願貼輸錢依舊鈔價減二分先是豪商擅利源輕重之柄率減鈔値使並邊糴價增高乃裁限之崇寧四年以鈔價雖患入中州郡復增糴價客商持鈔算請坐邀大利乃詔陝西舊鈔易東南末鹽每百緡用現錢三分舊鈔七分後又詔減落鈔價踰五十者論以法按崇寧初年蔡京更改鈔法置買鈔所於權貨務凡以鈔至者每十分令輸現錢數分名曰貼納換給新鈔仍帶舊鈔數分名曰對帶其法始自淮南至是推行於解鹽並因陝西實錢闕之錢引價賤並邊州郡糧價增高故援淮南之例以解鹽鈔

換請東南鹽鈔食貨志載崇寧四年能永興軍交子務更用錢引本以代鹽鈔而諸路行之不通五年更印改解鹽新鈔又載元符三年陝西能使銅錢而鐵錢重滯難以齎遠交易所通限以十州之地欲無滯礙其可得乎宜弛其禁界凡解鹽地州縣並許通行折二鐵錢自無輕重之患是則錢法已壞實與鹽鈔相關非徒鹽鈔之換請遂可維持於不敝崇寧以來解鹽鈔滯豈無故哉

大觀四年始議解鹽依舊行銷京東河北鹽不得侵越政和二年解鹽銷地復行東北鹽政和七年仍令解鹽依舊行銷蓋自崇寧迄政和末十餘年間鹽法屢改民聽疑惑公家失輕重之權商旅困往來之費故宋之鹽法惟范祥鈔法爲善熙豐以後變而日下

宋史食貨志云大觀四年張商英爲相議復通行解鹽如舊東北鹽毋得與解鹽地相亂繼而有司議解池已復依舊法印鈔商旅已買東北鹽隨處官司期三日盡籍輸官償其價隱匿者如私鹽法解鹽未到官賣所得東北鹽解鹽到即止已請鈔已支者悉毀已支未請者聽別議在京仍通行其經過州縣鄭州中牟開封府祥符陽武縣境內亦許通放商旅已算請東北鹽原指定東京未至者止令所至州軍批引其已入京未貨者都鹽院全袋拘買之許坐賈請買碎賣政和元年詔陝西鈔依鈔面實價輒增減者以違制論未幾復以陝西通行鹽鈔舊雖約以六千爲鈔面然鈔貴則入粟增多鈔平則入穀減少若限以六千陝西惟行鐵錢是鹽鈔一席得六千鐵錢矣深損公家其隨時增減聽之二年蔡京復用事法仍變改鈔不可用者悉同敗楮七年議復行解鹽時童貫宣撫關河實主之詔解鹽地現行東北鹽復盡收入官官給其値在京於平貨在外於市易務賣之重和元年詔解鹽復舊踰年權貨歲虧數百萬鈔價減落糴買不行三省趣講畫以聞童貫遂請能領解鹽俄而三省條奏舊東北鹽地客販解鹽立限盡賣限竟賣未盡者運往解鹽地京畿京西復置官提舉初崇寧中以鹽各利一方故解鹽止行本路東南煮海利博行於數路既復行解鹽商旅苦於折閱即改如舊慮商旅疑惑遂詔諸路鈔法更不改易又云初行鹽鈔以實商

西邊其法積鹽於解池積錢於京師榷貨務積鈔於陝西沿邊諸郡商賈以物至邊入中請鈔以歸物斛至邊有數倍之息惟患無回貨故極利於得鈔徑請鹽於解池舊制通行解鹽地甚寬或請錢於京師每鈔六千二百登時給與但輸頭子錢數十而已以此所由州縣貿易甚衆崇寧中蔡京變法鈔法遂廢商賈不通解池天產美利乃與糞壤俱積矣靖康初方議參照熙豐以前舊法冀圖淸釐然金人南寇禍變旋作雖欲整理詎可得耶宋史食貨志云靖康元年解鹽鈔入納算請並參照熙寧元豐以前舊法又增改解鹽及東北鹽地商旅不願請鹽利用鈔面請錢如舊法繼定每席鈔爲八貫者盡收入鈔面其入納糧草者許直赴池請鹽以省入京批鈔之擾按宋徽宗宣和七年金旣滅遼分道南侵不三年間靖康禍作及紹興十一年和議雖定解鹽產銷區域悉屬金境

金於天會五年取宋解州始有解池鹽產時宋建炎元年也南渡以後議圖恢復京洛關陝戰爭未息徵收鹽稅制度簡略及皇統初與宋議和畫淮爲界於是河南陝西悉屬金境鹽運之制乃得規定金史太宗本紀載天會五年取解絳諸州地理志載天會六年析河東爲南北路解州隸於南路其時平陽府置轉運司兼主鹽稅然宋室南渡諸將戮力共圖恢復岳飛屯襄鄧張浚屯興元關隴河南雖爲金有戰爭之禍固未嘗息解鹽銷地羈縻而已其後秦隴陝華漸爲宋取天眷元年河南諸州亦歸於宋皇統元年和議旣成河南陝西復歸於金宋史高宗本紀載紹興十一年與金以淮水中流爲界割唐鄧二州界之陝西地以大散關爲界割商秦之半界金自是西起大散東至長淮皆隸金境解鹽區域由此始定仍依宋制置解鹽司以領鹽事按金時解鹽副使其初亦駐解州金史食貨志載泰和三年以解鹽司使治本州副使治安邑至是始分駐矣鹽行河東南北路陝西東西路及

南京河南府陝鄭唐鄧嵩汝諸州
詳見金史食貨志按金時解鹽銷區為南京河東陝西三路疆域之分既不相同行鹽之界亦有變異例如太汾以北宋食永利鹽金則改行解鹽歸德及陳許宿亳等州宋食解鹽金則改行滄州及山東鹽開封河南宋專行解鹽金則兼行滄州鹽金史食貨志所云行鹽各視其地宜是矣金史地理志載天會五年自麟府路洛陽溝距黃河西岸西歷暖泉堡鄜延路米脂谷循古蕭關歷環慶路威延砦涇原路威川砦秦鳳路通懷堡至古會州自此距黃河依流分畫及熙河路盡西邊割屬夏國皇統六年又以西安州等沿邊地賜夏國與夏以河為界是則金時解鹽地北與夏接南與宋鄰金制與敵國互市各於邊界設立榷場結通商之約定違禁之例金史食貨志載唐鄧鳳翔秦鞏絨德等處皆有榷場宋之互市以茶為大宗夏之互市以馬為大宗而米麪及可作軍器之物悉加嚴禁則知鹽之出入亦在禁例志又載泰和八年詔沿淮諸榷場聽官民以鹽市易例如潁蔡泗壽等州皆行山東鹽惟唐鄧二州則行解鹽蓋其時與宋開豐歷四年背盟棄約故有此詔至是年八月和議已成復如初制茲特詳之以證通商條例鹽為違禁物出入國界關防倍嚴其所由來者久矣

貞元初又依宋制行鈔引法每鹽二百五十斤為一席席五為套每套為一鈔席為一引鈔引賣自鹽司陝西轉運司亦得同賣
詳見金史食貨志按金史地理志載皇統二年陝西分為四路曰京兆曰熙秦曰慶原曰鄜延置兩轉運司京兆鳳翔府同華商號耀乾州隸東路轉運司其餘三路府州隸西路轉運司金史兵志載陝西居守邊界者謂之邊鋪軍置兵之州為鳳翔延安秦隴熙河臨洮蘭鞏環慶鎮戎保安綏德等處軍需所資由兩路轉運司措置故解鹽鈔引陝西轉運司得以同賣食貨志又言輸粟於陝西軍營者許以公牒易鈔引是則統軍司及各路總管府公牒准換鹽鈔蓋以邊儲所關亦倣宋制並邊輸粟之意故與山東滄寶各區立法不同

大定二十八年以鹽官出巡輒多擾民創立巡捕使置於澄城縣
金史食貨志載大定二十八年世宗言鹽官出巡巡捕私鹽往往擾民因別設巡捕

官以革其弊定例惟捕盜販私煮者若食鹽一斗以下不得究治於是滄寶西京同時設立而解鹽巡捕使則置於澄城縣二十九年議者言巡鹽弓手仍多詐罔之弊逐罷解州巡捕使按金史地理志澄城縣隸同州即今陝西同州府澄城縣北至鄜州維川縣界南連朝邑蒲城縣界朝蒲產有土鹽私煮者多澄城又為洛河要津故於澄城置巡捕使又按食貨志載泰和元年陝西路轉運使高汝礪言舊制捕私鹽者計斤給賞錢皆徵於犯人然鹽官獲之則充正課巡捕官則不賞巡捕軍則減常人之半巡役弓手又半之罪同賞異請以司縣巡捕官不賞之數及巡捕弓手所減者皆徵入官則罪賞均矣詔從之據此則巡捕使裁罷以後巡禁私鹽雖仍屬鹽官而轉運司及地方官亦有巡捕之責先是解州舊法每鹽一席為價五貫文舊課歲入八十一萬四千六百五十七貫五百文承安三年更定鹽價每席增為六貫四百文歲課增為一百三十二萬一千五百二十貫二百五十六文詳見金史食貨志按金制解鹽每席二百五十斤定價五貫每鹽一斤為錢二十文承安三年改定六貫四百每鹽一斤加錢五文有奇迨至泰和四年錢法敗壞鹽價日增解鹽每斤亦照滄寶各區例增為四十四文舊法鹻鹽例禁私煮陽武滎澤諸縣地饒鹻鹵民間私煎未能禁止貞祐二年因詔置場設官本屬權宜之制嗣以商販不行仍申禁約金史食貨志載貞祐二年戶部言陽武延津原武滎澤河陰諸縣饒鹻鹵民私煎不能禁遂詔置場設判官管勾各一員隸戶部既而御史臺奏諸縣皆為有力者奪之商販不行遂敕御史分行申明禁約按金史地理志陽武延津隸開封府原武滎澤河陰隸鄭州以今地理證之延津為衛輝府屬陽武原武為懷慶府屬滎澤河陰即今滎澤仍隸鄭州皆長蘆行鹽地也附近黃河地多鹻鹵民間刮土私煉硝鹽雖定例嚴禁而硝私固未能免禁之過嚴又於貧民生計實有所關侵課害法弊理非易金時置場設官聽民自煎徵取鹽稅蓋一時之權不可為常法故置場未久依舊禁

止金史李復亨傳載興定三年復亨攝西路行三司治中京河南府掌軍需料差及鹽鐵酒榷等事奏陽武設賣鹽官以佐軍用並禁滄濱鹽勿許過河河南食陽武解鹽河北食滄濱鹽南北俱濟詔尚書省行之此以陽武等處硝私既多滄濱之鹽又復侵越故於陽武設官專賣斯又變通之法也

然自遷汴以後蒙古懸陵燕雲淪陷據關守河國勢日弱軍需所供多賴池鹽及正大末河中既破鹽池遂爲元有矣

按金自大安三年西京爲元所取河東北路相繼殘失貞元二年遷都汴京及燕雲失潼關破而國勢削弱矣軍興以來兵食之資多賴解鹽金史忠義傳載宗室從坦安撫山西軍民應援中都上書言絳解二州能守城而村落之民皆嘗被兵重以連歲不登人多艱食恃鹽易米今大陽等渡不僅許粟麥過河願罷其禁官稅十三則公私皆濟又言絳解可以河中必爭之地惟令寶昌節度使從宜規畫鹽池之利以十實二州則民受其利兵可以強食貨志亦載貞祐三年河東南路權宣撫副使烏古論慶壽言絳解民多業販鹽由大陽關以易陝虢之粟及還渡河而官邀糴其八旅費之外所存幾何又多河南行部復自運鹽易粟於陝盡奪民利比歲河東旱蝗加以邀糴物價騰貴人民流亡與請罷邀糴以紓其患四年慶壽又言鹽乃官物有司陸運至河復以舟達京兆鳳翔與商人貿易艱得而甚勞陝西行部每石復邀糴二斗是官物而自糴轉鹽易物本濟河中今陝西復強取之請彼此一聽民便此貞祐年間事也金史完顏伯嘉傳載興定三年廷議欲棄河東徙其民以實關西伯嘉奏言河東一失取之非易河中晉安被山帶河保障關陝爲必爭之地今雖殘破形勢猶存若使他人據之因鹽池之饒聚兵積糧則河津以南太行以西皆不可守李復亨傳載興定四年提控糧草奏言河渡不通陝西鹽價踴貴請以粟易互足兵食詔戶部從長規措食貨志亦載是年復亨言以河中西岸解鹽舊所易粟麥萬七千石充關東之用尋命解鹽不得通陝西緣北方有警河禁方急此興定年間事也然則金人是時軍用所需皆仰給於解鹽故一時議論無不注重鹽池規財利金史宣宗本紀載元光二年遣兵守衛解州鹽池食貨志亦載是年內族訛可言民運解鹽有助軍食詔修石墻以固之解鹽當唐宋時所有禁園悉屬墻內

維修築石牆蓋始於金然甫及八年至正大末河中復失解池鹽利遂爲元有

元於太宗三年取有鹽池其時鹽法已行徵收鹽稅初隸平陽課稅所

按元史太祖本紀載太祖十三年自西京入河東克平陽及忻代澤潞等州十四年克絳州十七年取河中府金史哀宗本紀載正大四年元兵復下平陽八年攻取河中是則元先取金地旋又棄失至太祖二十二年始有平陽太宗三年始有河中元史食貨志載太宗二年立平陽府徵收課稅所惟時鹽池尚屬於金及太宗三年既取河中解鹽乃爲元有徵收鹽稅亦歸平陽課稅所兼辦時宋紹定四年也

太宗五年始行脩理鹽池立司於路村專理鹽事

元史食貨志云太宗五年撥新降戶一千命鹽使姚行簡修理鹽池損壞處所元黃覺聖惠鎮新城記云太宗丙申年姚行簡修理鹽池繪圖獻於上上可之乃芟莽除榛立司於池北曰路村仍命行簡專掌鹽賦是時鹽始有課延祐以來易名聖惠鎮至正丙申河陝鹽使那海德俊更爲新城規措經度築墉搆門凡爲門五門內外左右各爲軍廥及議察所北門則塞永豐故渠改流牆外門之稍東又爲水竇以通行潦西門之竇亦如之按路村即古司鹽城秦時鹽氏故地也元初置司於此至正十六年那海德俊築鳳凰城而運司之治始定名曰運城明天順二年運司馬重顯改作四門東曰放曉西曰留暉南曰聚寶北曰迎渠嘉靖中加以石磚萬歷間磚甓侵剝天啓二年重加修築淸順治間姜瓖之亂重樓臺鋪悉燬運使陳詵修復如舊康熙二十四年運使張鵬翮又加修築城周垣九里計一千七百丈蓋自元太宗丙申立司路村及順帝至正丙申凡一百二十年始行築城遂爲鹽運專城沿明及淸凡又五百五十五年鹽官駐治皆於斯城而其制實始於元茲畧述之庶運城建置沿革有所證焉

鹽不畦種歲由場官伺其生結令夫撈摭

元史食貨志云河東之鹽每歲五月場官伺池鹽生結令夫撈摭鹽花其法必値亢陽池鹽方就或遇陰雨則不能成按解鹽本屬天產不種自生自種鹽法起始資人力其自生者即指爲祥瑞例如唐大歷十二年度支使韓滉奏解池生乳鹽謂爲瑞

鹽宋大中祥符二年池鹽自生亦以瑞聞政和六年池生紅鹽百官皆賀清康雍間池鹽自生日爲奇瑞又如元時雖不以畦種延祐六年池鹽盛結仍以瑞鹽稱賀實則亢陽之時風日旣便鹽產自盛無所謂瑞也然種治以來往往不俟風日之便强欲溢額故鹽味稍苦非解池鹽品劣於蒙鹽蓋人力所成不及天然之產元代解鹽亦用撈撓之法與今蒙鹽固相同矣行鹽之地仍沿宋金舊制按元時定制太汾以北行銷解鹽依金制也其後至元十年取有襄陽亦行解鹽依宋制也故其銷地隸河東山西道者曰冀寧晉寧二路隸陝西道者曰奉元延安興元鞏昌四路隸河南江北道者曰河南府路南陽府襄陽路隸河北道者曰懷慶路然至元以前四川鹽井廢壞亦食解鹽至元二年始禁解鹽不入川界至元三十年又以襄陽地遠水陸艱運改食揚州鹽是其運銷區域蓋亦時有變遷矣每鹽一引重四百斤每鹽四十觔得銀一兩中統二年初立陝西轉運司仍置解鹽司於路村至元三年詔陝西四川以所辦鹽課赴行制國用使司輸納其鹽引由制國用司給發四年立陝西四川轉運司直隸國用使司二十三年改立陝西都轉運司二十九年又革京兆鹽司一止存鹽運司延祐六年改陝西運司爲河東解鹽等處都轉運鹽使司官制名稱更改無常至是始定詳見元史食貨志按元史百官志載元初鹽課之利由平陽府課稅所徵辦中統二年改置轉運司仍置提舉解鹽司至元二年罷運司命有司掌其務尋復置轉運司二十三年立陝西都轉運司諸色稅課悉隸焉二十九年置鹽運司專掌鹽課其餘課稅歸有司徵辦解鹽司亦罷延祐六年更爲河東陝西等處都轉運鹽使司直隸中書省其屬三一解鹽場管勾一員同管勾一員一河東等處解鹽管民提領所正提領一員副提領一員安邑等處管民提領所正提領一員副提領一員食貨志亦載延祐六年罷陝西行省所委巡鹽官六十八員添設通判一員別鑄分

司印二又能撈鹽提領二十員改立提領所二是則解鹽設官至延祐六年乃有定制而運司名稱繫以河東亦由此始又按元初有征伐之役川陝軍需悉資解鹽元史本紀載憲宗三年遣兵分戍興元諸州專用解鹽以供軍食立從宜府於京兆屯田鳳翔募民受鹽入粟轉漕嘉陵嘉陵即今嘉陵江源出鳳翔大散關東嘉陵谷西南流經漢中入四川保甯順慶二府境爲嘉陵江是時元方經略川蜀利州一路實爲東川要衝支給浩繁故於鳳翔屯田以便轉輸做宋時折中法令民中粟易鹽元史楊大淵傳載中統三年大淵領秦蜀都行省請於利州大安軍以鹽易軍糧從之食貨志載中統四年以解鹽引一萬五千道和中陝西軍糧此則元初川陝邊儲全賴解鹽矣元史百官志又載中統元年立陝西等處行中書省兼領川蜀事三年改立陝西四川行中書省治京兆至元三年移治利州十八年復移京兆分省四川二十一年仍合爲陝西四川行省二十三年置四川行省於是陝西所轄惟本省四路故運司繫銜或爲陝西四川或爲陝西改革不一皆因行省分合而定鹽戶撈鹽例給工價至元十年定每丁撈鹽一石給工價鈔五錢歲辦鹽六萬四千引計中統鈔一萬一千五百二十錠詳見元史食貨志按宋時滄濱鹽每石六十觔淮浙鹽每石五十觔衡量之制已不劃一元時解鹽工價以石計觔其重量不可得詳今以工價鈔與鹽引數比例參考歲辦六萬四千引每引四百觔爲鹽二千五百六十萬觔所給工價中統鈔一萬一千五百二十錠時至元鈔每貫當中統鈔五貫文合至元鈔爲二千三百零四錠計現錢十一萬五千二百貫則每觔工價不足一文又按唐宋之制鹽戶皆免差徭元初解鹽鹽戶一千戶內每十戶出軍一人元史兵志載中統元年詔能解鹽司軍一人蓋以民力重困始行罷免此又元制之異也附證於此一百大德十一年增加鹽額爲八萬二千引延祐三年池爲雨壞祇辦課鈔八萬二千餘錠由是晉甯陝西之民改食韋紅鹽懷孟河南之民改食滄鹽詳見元史食貨志按仁宗本紀載延祐五年免懷孟河南南陽居民所輸陝西鹽課是時

解州鹽池爲水所壞命懷孟等處食陝西紅鹽後以地遠改食滄鹽而仍輸課陝西民不堪命故免之然則改食韋紅鹽及滄鹽蓋一時權宜之法也延祐六年鹽池修復增餘鹽五百料實撈鹽一十八萬四千五百引詳見元史食貨志按元史本紀載致和元年正月免陝西撈鹽一年二月解州鹽池黑龍堰壞調番休鹽戶修之元篤列圖瑞鹽碑誌言致和天曆以來解州迫於霖雨鹽池失利迄至順間凡五六年考之食貨志載延祐五年以解池被水命運司及各路州府縣正官兼知渠堰事責以疏通壅塞而致和天曆年間仍有水潦之患未始非地方各官因循敷衍則知渠堰不治由無責任耳天曆二年歲辦課鈔爲三十九萬五千三百九十五錠然鈔法日壞鹽價日增每鹽一引累增至一百五十貫課鈔雖加無異虛估詳見元史食貨志按元時鈔法至天曆間凡已三變至元之鈔五倍於中統至大之鈔五倍於至元而鹽課皆以中統鈔計數故鈔額雖增實同虛鈔及至順二年令以十分之一折銀收納每銀一錠折鈔二十五錠鈔法敗壞至是極矣自是每引價鈔三錠元統年間運司祇以恢辦爲名因變招商之例陝西等處不論貧富散引收課科派抑擾民不堪命至元二年分別食鹽界地令延安鳳翔與元慶陽鞏昌各路府其在黃河以西者任食韋紅塩計口攤課黃河以東解鹽依舊運銷紅鹽不得侵越此又運銷之變也按元自延祐四年定例每引納中統鈔三錠天曆二年又復申明其例元史文宗本紀載天曆二年陝西大饑諸路饑民百數十萬賑之不足行省請令商賈入粟中鹽以貯賑糧從之至順元年命陝西行省以鹽課鈔十萬錠賑流民之復業者此則賑荒之法亦資於鹽及元統間又因鹽課虧額按戶散引限期納鈔而科擾之弊生矣元史食貨志載至元元年監察御史帖木兒不花巡視奉元東道各州縣戶口額辦鹽課建言陝西

運司官不思轉運之方每年豫期差人分道齎引遍散州縣甫及旬月杖限追鈔諸處運司之例皆運官招商發賣惟陝西等處鹽司近年散於民戶陝西行省鹽課該辦二十萬三千一百六十四錠如鞏昌延安等處認定課鈔一萬六千二百七十一錠慶陽環州鳳翔興元等處歲辦課一萬七千九百八十五錠其餘課鈔先因關陝旱饑民多流散至順三年減免鹽課十分之四於今三載尚有虧負蓋因戶口凋殘十亡八九縱或有復業者家產已空邇來歲頗豐收而物價甚賤得鈔爲艱勒散徵辦無分高下少者不下二三引每一引收價三錠富家無以應辦貧民安能措畫糶終歲之糧不足一引之價輸息借貸縱引目到手無力裝運祇從各處鹽商勒價收買舊債未償新引又到民力有限官賦無窮又寧夏革紅鹽池不辦課程除鞏昌等處循例認納乾課從便食用外其池鄰接陝西環州百餘里紅鹽味甘而價賤解鹽味苦而價貴百姓私相販易不可禁約以此叅詳河東鹽池除鹽戶口食鹽外辦課引數今後宜從運官設法募商興販但過行鹽之處諸人毋得侵擾革紅鹽法運司每歲分遣官吏監視聽民採取立法抽分依例發賣每引收價鈔三錠自黃河以西從民食用通辦運司原額課鈔因而夾帶至黃河東南者同私鹽法罪之陝西與販解鹽者不禁庶官民兩便課亦無虧又陝西漢中道肅政廉訪使胡通奉亦言陝西百姓許食解鹽流移漸復正課宜安輯而鹽吏不察民瘼祇以恢辦爲名不論貧富散引收課或納錢入官動經歲月猶未得鹽蓋因地遠運艱今後若令大河以東之民分定課程買食解鹽大河以西之民計口攤課任食韋紅之鹽則官不被擾民無蕩產之禍且解鹽結之於風韋紅之鹽產之於地東鹽味苦西鹽味甘又豈肯舍美而就惡乎使陝西百姓一概均攤解鹽之課令食韋紅之鹽則鹽東免巡禁之勞而民亦受惠矣至元二年陝西行臺具呈中書省送戶部議之至元三年議令陝西民從便食韋紅鹽認納乾課解鹽依舊西行紅鹽不許東渡以涇州白家河永爲定界仍督所在軍民官嚴行禁約毋致紅鹽犯境侵課據此則陝西之延榆漢鳳甘肅之鞏慶秦階定爲韋紅鹽地實始於元韋紅鹽者卽今花馬大小池及河套內外蒙古各池所產西夏於此置韋州當時產額要以紅鹽池爲最故曰韋紅二鹽至其認納乾課若清時鳳興邠三屬行銷花馬池鹽仍解河東鹽課亦其例也

迨至正

中東南禍起河陜諸路亦被攻陷後雖平定關陜規復河東而諸將據地自專鹽法不可問矣按元自至正十七年倪文俊陷陜虢諸州白不信陷秦隴據鞏昌劉福通引兵攻汴遣黨分道進取晉冀解鹽區域悉被兵禍至正十九年關陜既定河東亦復然不數年間諸將矯命擴廓據山西李思齊據關中明兵北征而元亡矣

明洪武元年始定山西二年置河東都轉運鹽使司明史太祖本紀云洪武元年山西平續文獻通考云洪武二年置河東都轉運鹽使司鹽池圖說云宋時解鹽分為東西兩池各置鹽場二元時先為八場後因宋舊亦為四場東池二場曰常滿曰鹽北西池二場曰紫泉曰會商明初仍置都轉運司於路村裁元四場為東西二場每場設官二員初設東西二場其後添設中場各置場官二員明史食貨志云河東解鹽初設東場分司於安邑成祖時增設西場於解州尋復併於東正統六年復置西場分司弘治二年增設中場分司續文獻通考云洪武實錄載洪武二十五年御史李謙言河東解州鹽池西屬解州東屬安邑鹽夫一萬七千二百五丁撈鹽之所三百有四歲辦鹽一十五萬二千引緣鹽所產本係一池中分兩界而運司設於安邑祇於東池撈鹽然西池地高水淺鹽花易結倍於東池宜別設西場於解州於原額上再加一倍其撈鹽人夫除額定外於附近州縣人民量撥丁夫協辦實為公私兩便從之是增設西場不自成祖始也明會典載成化二十二年添設解鹽中場并大使副使各一員是增置中場亦不自弘治時但置分司則在弘治元年按河東解鹽東西二場各有門運鹽各隨場分東場鹽出安邑西場鹽出解州明成化元年巡鹽御史王臣運司孟淮創築禁牆遂塞東西二場門鹽皆北出路村商運不便成化二十二年巡鹽御史吳珍復開二場門西場由池西北鹽出解州東場由池東北鹽出安邑並添設中場即由池北鹽出路村實則一池而分為三近安邑者為東池近解州者為西池近路村者為中池三場亦以是為次明史百官志言河東解鹽東場西場中場分副使若副判蒞之督各場倉鹽課司以總於都轉運

使共奉巡鹽御史之政令蓋自成化以後河東三場遂爲定制至今因之編戶於附近州縣簽民爲鹽戶按戶出夫撈鹽謂之鹽丁按宋時種鹽籍民戶爲畦戶元用撈攎法名曰鹽戶明以蒲解二州並臨晉榮河萬泉河津安邑夏縣聞喜平陸芮城垣曲共十二州縣籍其民戶編爲鹽戶計戶出丁撈採鹽斤名曰鹽丁每丁每日撈鹽一引二十丁爲一號一號所撈各自爲堆撈鹽千引名曰一料每號立料頭一人督領撈採每年九月終旬調取官丁在池南採取蘆葦每丁一十八束每束二十八斤以備來歲苫蓋鹽料之用每鹽千引爲一料各就高埠堆鹽其上覆以茅葦謂之料臺按宋元間設立鹽庵其制基長八十一尺廣二丈高三尺於其上爲庵庵之內長如基十之九廣減四之一庵凡八間上覆以茅曝鹽極乾然後收入明時鹽皆漫生課羨於古故置料臺料臺者築爲高基堆鹽其上後復在池之北阜塈地作之每臺高二尺五寸長八丈八尺廣二丈四尺堆鹽以千引爲度上覆茅葦延環起伏望若草舍料臺之制蓋始於明自後垣中置屋以居鹽夫亦名曰庵乃爲工作棲息之所而非堆鹽之處矣鹽行陝西之西安漢中延安鳳翔四府河南之歸德懷慶河南汝寧南陽五府及汝州山西之平陽潞安二府澤沁遼三州詳見明會典按此係明初制成化以還詳見於後洪武初制行開中法實以河東爲其先例每鹽一引準銀八分歲辦小引鹽三十萬四千引續文獻通考云洪武三年中書省言陝西河東軍儲請募商人輸糧而與以鹽河東解鹽儲積甚多凡輸米西安鳳翔二府二石河南平陽懷慶三府二石五斗蒲解陝三石者並給解鹽一引按洪武三年時方北追元兵西趣巴蜀又以山陝河南諸郡新附留兵戍守因倣宋制招商輸粟中鹽以備軍儲此開中所由起其法始行於河東明制凡大引四百斤小引二百斤中鹽之例皆用小引小引三十萬四千引合之大引爲十五萬二千引河東初制即行開中故明史食貨志所載淮浙蘆東皆列大引數目惟於河東則但詳小引其後各

邊輸糧皆行開中河東所輸者則以宣府居多永樂初專於京衛開中河東每引輸米二斗五升並行戶口食鹽納鈔法洪熙元年又因鈔法不通令以鈔中鹽河東每引納鈔一百五十貫行之未久依舊納糧詳見明史食貨志宣德十年始行兌支法又以河東爲其先例續文獻通考云宣德十年戶部奏言河東現貯鹽多而淮浙鹽少客商守支歲久即以河東鹽量如其數與之據此則兌支之法蓋亦始於河東正統間又定兌支之法續文獻通考云正統四年令兩淮官鹽客商中納支給不敷者許於河東兌支河東官鹽支給不敷者許於廣東兌支正統八年令永樂洪熙宣德年間原中淮浙長蘆引鹽願兌支河東者每一引支與二引成化十九年以河東客商年遠守支給資本鈔二十錠續文獻通考云成化十九年令正統以前中鹽未支者河東每引二十錠其景泰以後願關者亦照此例此皆開中之變例也各區中鹽例皆輸糧正統三年始令納馬中鹽成化六年復定其例續文獻通考云成化六年定河東納馬中鹽例上馬一匹每鹽百引中馬八十引按納馬之例始於正統三年景泰年間亦嘗行之皆因邊軍缺馬而定成化九年更令納鐵中鹽此又開中之變例也續文獻通考云成化九年巡撫陝西都御史馬文升奏陝西都司所屬四十衛所歲造軍器用熟鐵三十一萬四千餘斤俱派取民間深爲民害山西陽城縣產鐵甚賤而河東鹽不費煎熬往年澤州人每以鐵一百斤至曲沃縣易鹽二百斤以此陝西鐵價稍賤因添設巡鹽御史私鹽不行熟鐵愈貴請以鹽課五十萬引中鐵五百萬斤俱於安邑縣上納落庫收貯支銷從之當正統時創爲常股存積之名先行於淮浙長蘆後遂推行河東凡中常股者價輕中存積者價重然人苦守支爭

趨存積於是奏討者多鹽法日壞成化九年因倣淮浙長蘆事例歲遣御史巡視河東巡鹽設官蓋始於此按明自永樂間始命御史巡鹽或數歲一遣正統以來始定淮浙長蘆歲遣御史一員更代爲常河東一固未及也成化時運司孟淮以河東池鹽遠贍秦豫法難盡行奏討者多不勝掣肘請如淮浙事例歲遣御史監臨及成化九年遂定每歲遣御史一員巡視河東著爲永制續文獻通考云天順四年令山西按察司分巡官巡視河東鹽池成化九年郎中文志貞奏解州鹽池垣塹多廢人得私取官鹽阻壞客商少中莫濟緩急請歲遣御史往彼禁治幷修浚垣塹從之是其證矣成化十年以池垣頹廢稽察難周圍池建牆以防走私禁垣之築蓋始於此按解池禁垣創修於成化十年先是瀕池設有欄馬牆短垣及肩以致走私巡鹽御史王臣因於修馬牆之外築禁垣一週計二千五百餘堵凡長一萬七千四百二十二丈高低隨平地勢南北垣高丈有三尺基厚如之漸次而上上厚八尺有奇東西垣高一丈基厚八尺上厚六尺有奇垣之外有馬道以便往來有隍塹以蓄野水深闊皆丈垣內外置舖以居邏卒塞東西二門別於池北闢中門以總出入是爲建築之始然越竊之弊仍屬不免成化十二年御史陳鼎復加築之高至二丈一尺二十一年御史吳珍仍開東西二門合中門共稱禁門者三皆在池北面東曰育寶距安邑五里西曰成寶距解州十二里中曰祐寶祐寶門外爲運城三場出鹽各從其便正德十二年御史熊蘭更加修治齊其高厚禁垣築始臻完備沿及今日凡閱四百二十有七年其間或圮或修猶利賴焉要之河東禁垣保障鹽池防禦盜竊垣以內置舖三十二垣以外置舖三十六斗級守護於內弓兵巡邏於外支鹽掣放各由禁門出發規畫周密防私綦嚴無如紲私之人即竊私之人禁私之役即縱私之役此刑法所難防者矣之自此以後禁治既嚴弊端漸革及成化末歲增辦十一萬六千引郡國利病書載成化二十二年增辦鹽十一萬六千引明會典載弘治間每歲辦鹽四十二萬引內常股鹽二十九萬四千引存積鹽一十二萬六千引弘治五年

召商納銀不復開中河東每引徵銀二錢一分於是改徵折色鹽法爲之一變按河東是時額鹽四十二萬引每引納銀二錢一分共銀八萬八千二百兩然考弘治年間例如淮浙長蘆等處每引納銀或三錢五分或三錢八分或四錢二分河東每引祇納二錢一分較之各區鹽課最輕正德十五年藩府奏請折祿令於額引外增辦二十萬引於是河東亦有餘鹽鹽法之壞又始於此郡國利病書載正德十五年晉藩奏請祿糧題奉戶部議准除額鹽外另撈二十萬引餘鹽之論實昉於此按明時鹽法自折銀以前壞在存積折銀以後壞在餘鹽當成化末閹官奏討淮浙鹽無數及正德初外戚奏買兩淮長蘆鹽引多至數萬餘弊端既開莫可禁止迨正德末晉藩亦請奏討餘鹽餘鹽之弊始及河東矣又按正德時復准商人中鹽又續文獻通考載正德十四年六月餘商人郭弼等先於河東報中乃復奏改支兩淮鹽又陳勇等先於宣大二鎮報中糧草既而奏改太倉又改河東惟其所欲輒得俞允復請於河東正課八十二萬引內摘發二十萬引先行支給戶部以其越次罔利請究治之不從是則鹽法紊亂至是已極嘉靖二十七年增加引課每引徵銀三錢二分明會典載嘉靖二十七年會議准河東正鹽四十二萬引每引納銀三錢二分該銀一十三萬四千四百兩餘鹽二十萬引折銀六萬四千兩明史食貨志云河東鹽課歲入太倉銀四千餘兩給宣府鎮及大同代府祿糧祇補山西民糧銀共十九萬兩有奇然以餘鹽奏討流弊益甚嘉靖三十一年於是革除餘鹽名目統以六十二萬引定爲正額而餘鹽之弊終未能免明會典載嘉靖三十一年以六十二萬引爲歲額明史食貨志亦載是年令河東合正餘鹽爲一而革餘鹽名郡國利病書載嘉靖時運司方啓參清理鹽法條件言河東鹽成自天一撈採藉人雖以四十二萬引爲課額而採之稍盈數無定藩王窺之遂倣餘鹽之說奏討者十有二府計銀一百八萬二千六百餘兩以常引價三錢二分較之數倍正課藩封歲祿掌之司府徵之州縣本有成法

徵之不足祇宜査備運司鹽價解赴布政司攤給宗藩乃使王府官校徑赴鹽場開支大阻鹽法朝廷利權而爲諸王爭奪漸不可長豈止病國推原其故皆由豪猾官校撥措使然蓋以鹽折祿所得之價止於正數所除之利盡歸官校利歸於己勢藉於人此輩不除終無止日嘉靖三十一年巡鹽宋儀望奏革餘鹽名目總爲六十二萬引除各項食鹽及變價充解宣大年例餘剩銀兩俱解布政司備給祿糧不許各王府奏討阻撓鹽法詛意奉行方始輒復如故或謂宗藩貧乏宜所當恤但力能奏討斷非貧乏之輩越境支鹽亦必有力者所爲況其欠祿之數自嘉靖元年以迄於今歲月久遠案牘爛浥又且衙門隔別無可查對冒濫之弊寧有紀極乃今奏討之疏又復頻下開支之勢難遏其流無宜題請立禁以塞弊源據此則嘉靖時雖革餘鹽之名而藩府奏討弊終未除茲特詳之以資證焉

惟時苦池灘地復被藩府侵占召佃墾植致妨水道客水入池產額虧缺此又弊之甚者也按萬歷初巡鹽御史房寰疏言嘉靖中苦池灘水漸涸奸民謀占耕植遂因而投獻晉府稱爲牧馬草場召佃收租年復一年日益平阜水源壅塞關係鹽池不且灘地稅租入府中者什一入官者什九王府獲利甚微國家受害甚大應將前灘時加修濬保固鹽池請自上裁嚴諭晉府不得復假欽賜爲詞庶息覬覦之萌實於國計有裨今考苦池灘在池東北爲受水具區匯中條諸山之水洩入姚渠以達黃河固鹽池之保障也嘉靖隆慶間池遭客水鹽花不生各商預納鹽價實未支鹽有壓待壓支等名由於藩府侵占苦池灘地致令鹽池損壞續文獻通考載隆慶二年河東積欠鹽引至一百三十餘萬撈補無期然則河東之弊非獨餘鹽而已

隆慶間因於解州修治永小等池招工澆灑以濟鹽運郡國利病書載隆慶中大池水溢鹽產不登各商無可掣支亦無力完課隆慶四年巡鹽御史部永春請於解州修治永小買瓦金井蘇老熨斗夾凹六小池如唐宋舊制歸之於官洩地中積水去兩岸淤泥於盛夏種之部覆報可因許各處有力之家隨意封納以時驗放後因向年壓待諸商已無補擧之望萬歷四十年又令於女池開荒澆曬准半報以恤商困每鹽十車五車工本五車自報天啓六年又於金井池

南北開荒澆驪比照歷待商人之例准其半報其永小貫瓦二池許人自備工本澆驪或准一年一更或准三年一更每十車准三車工本其七車准挨支商人帶工報每年多寡不等俾補正課之缺崇禎以來始行停能積水汪洋不可澆驪矣

又以渠堰之工關乎場產改修渠堤倍加深廣

按河東鹽池南枕條山北傍高阜池居其中形如釜底鹽產之成端資主水客水溢入鹽即不生曷謂主水池泉之停蓄鹽滷之精液也曷謂客水山流之衛灌渠瀆之汜溢也水經注云河東池鹽朝取夕復惟山水暴至潰潦奔泆則鹽池用耗故公私共堨水徑防其淫濫堨者積石爲之即今所謂堰也是則渠堰之設由來尙矣宋史河渠志言後魏正始二年都水校尉元淸引平坑水西入黃河以通鹽運名永豐渠周齊之間渠遂廢絕隋大業中都水監姚暹重開故渠自陝郊西入解縣又以山水漲溢妨害鹽池爲堰以障之民賴其利名曰姚暹渠唐末五代亂離相繼廢弛不修又致瀝沒宋天聖四年陝西轉運使王博文等復因故迹相度開濬自解州安邑至蒲州白家場通舟運鹽民不勞力鹽池圖考言宋元符崇寧間王仲先又於池東西南三面築七郎等十一堰以拒客水渠堰至此規畫略詳備矣元明以來水患頻鬧弘治十六年巡鹽御史曾大有以姚暹渠首中太狹涑水欄入爲鹽池害別於崔家瀆開濬渠道引水北流隆慶四年巡鹽御史郜永春又以姚暹渠舊自楊家莊入安邑城中致令渠堤不能深廣因於城東塡塞舊河改迤而北繞城而西引水西流自此規畫較前益密矣夫渠以洩水堰以遏流護池諸堰星羅棊布今以輿圖證之略舉其要例如鹽池東面曰東禁堰在聖惠鎮南禁牆下東垣之屏障也曰鼎龍堰在聖惠鎮東南南起東郭北抵任村屈而西迤至於楊莊堰之西爲黑龍潭與鹽池鄉深不可測堰亘灘中以分其勢並防條山諸水衝決之害也曰壁水堰在聖惠鎮南防黑龍之潰決也曰雷鳴堰在東郭鎮南東西橫亘以防山水暴漲也曰李綽堰在夏縣南築自宋解令李綽故以爲名南起王峪口西抵苦池灘池東第二堰也曰白沙堰亦在夏縣南東接瑤臺山西抵苦池灘障巫咸谷諸水俾入姚渠池東第一堰也鹽池西面曰西禁堰在禁牆下西垣之屏障也曰卓刀堰在解州東南起風后廟北抵十里鋪切近禁牆以障城東灘水也曰七郎堰在解州北南起州城東北抵郎

家坡以障城北灘水也曰硝池堰在解州西北硝池即女鹽池池北灘地最多勢皆北高南下南受中條山谷之水北有姚渠瀆決之患池水漲溢東趙禁牆為害實甚鹽池西緊要之堰也曰五龍堰在解州西南起五龍峪北抵崇寧宮障大小澗水俾入新河以防漲溢硝池也曰長樂堰在解州東北起長樂灘北之官道南與卓刀七郎相接以障長樂灘水也鹽池南面曰賀家堰在蚩尤村東曰桑園堰在小李村南曰龍王堰在大李村南曰短堰在西姚村南曰常平堰在張家村南曰趙家灣堰在鹽房村西而蚩尤村李村西姚鹽房等處亦皆有堰以防南山暴發之水凡此諸堰總曰護寶而禁垣以內又自有護寶長堤焉鹽池北面則曰姚暹渠郎古鹽水也源出夏縣南中條山澗北流出王峪口迤而東經史家峪而鵰崖滯八澗之水入焉又東流而巫咸河之水入焉巫咸河一名白沙河水入鹽池鹽不復結故俗謂之無鹽河轉而北流經五里橋至朱呂橋自此以北遂名姚暹渠又北經脅因橋復迤而西苦池之水入焉又西經楊家莊至安邑城北又西經運城北至長樂灘又西經硝池北至會家營又西經六小池北至臨晉縣境入五姓湖由孟明橋以達黃河綿亘二百餘里工長二萬二千四百丈條山諸谷之水賴以導洩鹽池之外障也渠之北則曰涑水源出絳縣橫嶺山西流至聞喜縣西南又西經夏縣安邑北至猗氏縣南抵臨晉境亦入五姓湖受稷山峨眉諸山嶺之水其勢最大每過泛溢自洪村裴房橫決會家營衛入姚渠故有涑水堤以障之也明巡鹽御史湯沐論渠堰利害謂鹽池南面橫有護寶堤依山有桑園諸堰縱有飛瀑阻遏獨易北面地多曠壩與水隔絕若東西盡處逼近禁牆一牆以外即為客水所鍾東有黑龍諸堰西有硝池諸堰黑龍堰之受害原於苦池苦池為姚渠蓄而復流之所硝池之受害原於涑水涑水地勢高於姚渠苦池在安邑不能受姚渠之水勢必東北泛溢其害及於黑龍則壁水諸堰不能支而覺衝東禁堰涑水在臨晉不能受山澗之水勢必西北橫溢奔赴姚渠其害及於硝池則卓力七郎諸堰不能支而竟衝西禁堰東北又有湧金泉亦注於黑龍西北又有長樂灘亦注於七郎故築東禁以及黑龍況築西禁以及硝池治其標者也濬姚渠以導苦池濬涑水以衛姚渠治其本者也急則治標其功疾而小綫則治本其功遲而大觀其所論實為扼要蓋河東鹽池地勢低下較之蒙地各

（池情形迥不相同注重治水即以治鹽然渠堰之工至明而備清康熙間亦與鉅工有所開濬大都循明成法玆特詳著於此）並於池南募民撈採每撈鹽一料給鹽十車抵作工本別給小票准其發賣（按明時撈採鹽觔原有額設鹽丁所有鹽戶一切差徭丁少者俱蠲丁多者量減於商人名下每引徵賑濟銀一分每丁撈鹽一引賑濟一分故河東有賑濟鹽丁一款或一時鹽產旺盛僱募貧民撈採每於賑濟項內動支給與工價嘉靖間因富丁私自僱役料頭攬收影射於是改定新例令無力者照舊供役有力者每年納銀一兩五錢免其撈採設遇撈採不及僱募貧民每鹽一料給以前銀二十兩為工費此工本鹽所由防也亦或不給銀兩即以本人所撈之鹽每料給自撈鹽十車抵作工費蓋為權宜之計非其常法隆慶四年巡鹽御史部永春以撈鹽均在北岸池南之鹽久同遺棄題准南岸一律撈採廣招貧民於南北兩岸每撈鹽一料給鹽十車並給小票聽其運賣先是嘉靖間以太汾所屬山路崎嶇商運難至許行土鹽給票收稅故隆慶四年亦做其法自此河東行鹽兼有用票之例迨萬歷間又許商人自備工本撈鹽於是有官鹽商鹽之分官鹽者官丁撈採鹽歸於場商人納課領引支鹽發賣者用引也商鹽者商人自撈每百引內分七十引於官照常納課領引行銷分三十引於商抵作工本不納課銀惟給官票以別於私鹽用引兼用票也然引票兼行致滋弊竇而其端實自隆慶始）

先是行鹽區域更改不一隆慶四年仍令河南南陽等處專行河東鹽漢中延安二府改食花馬池鹽又令太汾三府通食票鹽（按河南開封府初行長蘆山東鹽成化時改食河東鹽南陽河南汝寧各屬初行河東鹽嘉靖時兼行淮北鹽南陽雖為淮北行鹽地方而道遠運艱不及河南行銷之便隆慶元年議定南陽所屬專行淮北鹽河東巡鹽御史趙睿奏言河東課少利微仍令兼行遂將南召內鄉新野淅川裕州葉縣專行河東鹽隆慶四年巡鹽御史部永春奏言南陽汝寧二府據銅版則兼行淮鹽據會典則專行解鹽利不百不變法令法一變而解商告急相屬於道鹽引日壅額課日損應令南陽府屬十二州縣改鑄銅版仍屬河東行

鹽地方從之又以陝西漢中延安二府法禁久弛因改食靈州花馬池鹽其太原府陽曲等十州縣幷汾州及所屬三縣以後通食票鹽每票抽稅六分原派引目撥入河東行鹽地方勻銷惟平定代石等處令行引鹽而商亦不至遂議計口派鹽給票收稅運銷之制至此又一變矣當斯時也場產之整理運銷之變通興利除弊鹽法宜有轉機無如引票兼行弊竇復起故至萬歷初互相影射官鹽日滯萬歷十七年乃將開歸二府改行長蘆山東鹽歲辦鹽引仍照舊額續文獻通考載萬歷四年給事中李戴言河東鹽花減昔官鹽日滯私販日興莫若量爲變通將河南一省近北者分入長蘆近南者分屬兩淮近西者仍屬河東巡鹽御史金階反覆辯其不便且言鹽花獨隆慶間堤堰不固客水浸入以至微鮮數年以來商本壓墊負累已久今鹽花甫盛而復奪其行鹽之地如邊餉何至十二年解池遭水鹽花不生科臣又請改行長蘆以蘇民困部議仍命三省巡撫議之明會典載萬歷十七年議准開歸二府改隸長蘆山東減引一十五萬又減所增食鹽五萬照舊止存額引四十二萬萬歷四十一年又將鳳翔一府改食花馬小池銷區屢變至是遂定明會典載萬歷四十一年題准鳳翔府屬改食花馬小池仍在河東納課領引按鳳翔課之名蓋始於此然其時中官四出恣爲奸利於是山西稅監亦領鹽稅困商虐民鹽法大壞重以天啓年間更增浮課崇禎中頗欲釐革而籌餉方急無能爲矣明史食貨志載萬歷二十六年廣設稅使中涓四出姦人蠭起爭言鹽利山西稅監亦領鹽課按河東浮課自嘉靖末始於每引正鹽正課外溢增浮課鹽二十觔歲斂四萬三百兩萬歷時稅使苛斂爲害益甚天啓時大工匱絀議增鹽課每引加銀二分共加銀八千四百兩後又增鹽一萬二千引加銀四千兩以充新餉又加練餉銀七千兩然巧立名目藉以苛斂者不在此例

清初沿明之舊設立都轉運鹽使司仍差御史巡視鹽課清會典云國初河東差御史一人巡視鹽課設運使一人運同一人副使一人運判一人經歷知事庫大使及中東西三場大使各一人按明當崇禎間李自成寇擾關陝河東鹽務產銷區域深罹兵禍順治元年清兵入關自成竄走西安河南諸地多爲明守河東鹽運僅祇山西及順治二年陝西河南漸次平定河東全局乃得規畫鹽行山陝河南三省行山西者謂之晉岸行陝西者謂之陝岸行河南者謂之豫岸按清初河東行鹽區域仍明舊制康熙十年汾州屬石樓縣照太汾例改食土鹽二十四年河南懷慶府屬改隸長蘆雍正八年邠州屬長武縣照鳳翔例改食花馬池鹽乾隆三十三年隰州及所屬大寧永和二縣亦援石樓之例改食土鹽嘉慶十二十八等年陝西邠州及興安府屬改爲鹽稅引地自是以後實銷河東鹽者山西則平陽蒲州澤州潞安四府解絳霍三州及隰州屬之蒲縣陝西則西安同州二府商乾二州河南則河南南陽二府陝汝二州及許州屬之襄城縣共一百一十廳州縣歲定正引改引鹽額共四十萬九千九百三十三引清會典云順治元年題准河東行正鹽四十萬六千七百三十三引改引三千二百按明季河東引額共爲四十三萬二千五百其中三千二百引歲給藩府官吏食鹽又一萬二千引因崇禎五年籌餉而增清初裁去新餉練餉名目酌定正鹽歲額名曰正引並將官吏食鹽變價解部發商領引納課名曰改引每鹽一引仍明舊例定爲二百觔徵納課銀三錢二分詳見清會典按明制山西太汾遼沁舊食本地土鹽領河東引繳納引課名曰鹽稅陝西鳳翔府屬舊食花馬池鹽領河東引繳納引課名曰鳳課清初仍沿其例合之商人實行引鹽共爲四十萬九千九百三十三引明自成化以來每引定價三錢二分正德間增爲五錢嘉靖九年減爲四錢二分十年又減一錢始復成化之舊清初亦沿其例共爲課額一十三萬一千一百七十八兩五錢六分明制商人領引中納引紙每引徵銀三釐名曰紙價紙價者蓋卽解部刷印引

張之費長蘆兩淮等處謂之紙硃祠建謂之引費河東則曰紙價其名雖異其實一也之鹽丁撈鹽給予賑濟每引徵銀一分二釐零名曰賑濟米價明制鹽戶例應雜徭其後蠲免而丁多之戶則由商人出銀隨課交納俾資賑濟以米價爲準米價者明初鹽戶工本定例給米洪武十七年改給錢鈔比照米價故賑濟一項亦曰賑濟米價清初仍沿舊例隨引徵收每名徵銀一兩五錢若太汾等處鹽稅陜西鳳課皆不徵米價緣領引而不食河東之鹽鹽非鹽丁撈採故無米價若汾州府屬石樓一縣舊食河東鹽康熙十四年改食土鹽亦係領河東之引不食河東之鹽米價仍舊輸納一區之內課則兩岐然自鹽歸商種丁不赴工賑濟銀兩存留解部不復給賑矣各商築鹽掣出多觔割沒入官計贓相罰名曰贓罰明時蘆東兩淮大引本有割沒一項原在引觔之內引觔以外割沒之鹽例設贓罰河東行用小引故引課無割沒名目割沒餘鹽照例罰金祇有贓罰一款自淸初以來每年定額納銀九百兩雍正二年川陜總督年羹堯疏稱藏罰本爲鹽徒罪贖後多報多獲少報少不能必有定數部議題准以每年所獲實數儘收儘報永爲定制至割沒一項康熙十七年比照長蘆淮浙每引加鹽二十五觔增納七分割沒始有割沒銀兩然商人以行鹽地狹戶口凋殘引浮於丁願納加課不受加鹽旋以池遭水患商苦賠累增納割沒遂以停免凡此數項亦依明舊於正課外照例徵收其餘加派名色悉與蠲除按明季浮加名色深爲商害清初盡革其弊除正課外惟徵紙價各項此外又有池灘地租小麥變價京書廩費等款池灘地租者河東鹽池向有護池灘地明時由各縣徵收安邑經徵張良村東郭苦池三灘地畝共銀六百五十兩有奇夏縣經徵苦池地畝共銀一百四十三兩有奇均係按畝起科名曰池灘地租交納晉藩爲畜牧之資淸初照舊徵納解存司庫抵給運營工食順治四年裁撤運營改解戶部題明充餉小麥變價者明時安邑縣境東郭湯里任村三灘地畝按畝起科分爲上中下三等共徵租麥一百八十九石九斗零每石糶賣九錢變價銀一百七十兩有奇名曰小麥變價由運司經歷徵解司庫以充養濟節孝等應用淸初仍沿其例順

治四年部議以養濟節孝另自有款不動麥價存留候撥京書廩費者明時巡鹽御史有隨行京書例給廩費出曲沃縣地租項下徵解共銀一百四十七兩有奇名曰京書廩費清初亦沿其例順治九年議定裁省解部充餉凡此三項皆依明舊徵納三項之外又有鹽站籽粒及蘆價鹽站籽粒者明時運送王府食鹽舊有停車之地清初革去食鹽以其地給附近居民墾種徵收佃租名曰鹽站籽粒絳縣徵銀二兩一錢四分聞喜徵銀一兩九錢八分夏縣徵銀二兩八錢八分安邑徵銀三兩二錢五分解存運庫爲巡鹽御史給吏書紙筆之用蘆價者護池盛水灘地坐落安邑縣湯里等村附近居民種植蘆葦由縣經徵蘆價明末清理護池侵地業已删去清初仍行徵納每年共徵一百一十七兩九錢有奇解存司庫爲巡鹽御史運司給吏書紙筆之用凡此二項皆爲清初所定至雍正六年改歸正項充餉要之地租蘆價各款非出於引非徵於商類若蘆淮場課乾隆五十七年課歸地丁概行裁免故現今河東無地租蘆價等項茲以關於雜課沿革因附誌焉

順治二年陝豫既平規定運銷其法先鹽後課並以太汾等處票鹽致滋弊竇倣山東例一律改引河東革票蓋始於此清會典載順治二年議准太原汾遼等府州停止票鹽改行引鹽清文獻通考亦載是年巡鹽御史劉今尹疏稱河東額課銀明時給宣大山西三鎮宗祿軍餉令應解京庫其給發鹽引河東地遠勢不能先納銀而後領引應循明例先解紙價而後按引納課河東地方去年十月方出湯火業於順治二年春定期徵解以甦商力惟是太汾遼沁舊有票鹽似非畫一當如山東革票行引以除私販之弊從之按明河東票鹽自嘉靖間始行於岢嵐保德諸處後以平定代州商引不至亦改票鹽萬曆間曾因引票兼行致滋弊竇令行票之地一律復引未幾又改用票及至清初倣照山東之例革票用引山東票鹽改引蓋在順治元年

三年以潞澤懷慶三屬戶口鹽課深爲民累更招新商分認課額招商分引蓋始於此按河東鎮地當明末之際兵禍連年又兼池遭水患鹽產歉荒商人零落黎庶流散課額不敷於是有分派戶口之議計口算鹽計鹽算課若山西

之平陽潞澤河南之懷慶共四十一州縣分認課銀三萬九千二百三十五兩清初以來戶口未復凋殘如故原派之額無從徵足順治三年因招新商准照舊商撈鹽辦課分引行銷新商每名先分鹽引一千二百比舊商少給七百四引酌量於潞澤懷慶戶口之內順治六年又以引目未完續行招商順治十年巡鹽御史劉秉政疏稱戶口厲民將欲減戶口則現今餉急額課難裁將欲舉戶口之課盡歸於商則現辦之課力尚不支計惟招商認課而後戶口可除按道路之遠近運鹽之難易為除戶口之次第經部議行自是戶口之累得以漸除

六年以場務廢弛裁去鹽丁不用撈採因倣宋制治畦種鹽令商人自行澆曬畦歸商種蓋始於此

按河東自元明以來鹽皆撈採明成化間鹽丁不下三萬後以富丁皆納銀免役貧民包攬撈鹽名為富丁不無豪強占充之弊萬曆初始加清理將逃竄貧丁招徠復業其富丁停止納銀盡令撈辦惟時丁夫一萬四千七百不為不多既免差役每撈鹽一千引給賑濟銀十兩不為不厚乃查點不及十之四五撈採不及十之二三揑造空名誑報虛數固屬料頭之作弊亦由鹽官之扶同也迨至明末祇存鹽丁四百七丁半清初撈採之法仍依明舊調取官丁照例撈鹽順治二三年間十三州縣存六千三百四丁後僅存五千八百四十四丁半蓋以積久弊深逃竄如故實於場產大有妨礙順治六年倣行宋法開畦種鹽不用撈採但宋制產歸官有籍民戶為畦戶清制畦歸商種畦夫工作皆係商人自行傭覓則產為商有此其立法之異也明時鹽產亦歸官有自工本鹽起始有商鹽然亦不過少數清則全歸於商順治十年將工本商鹽盡裁以疏官引給票之例因之停止種鹽既已歸商猶有工本名目此又當日之弊也當改法之初議裁鹽丁所有戶籍未能實行清查至康熙十六年查出十三州縣鹽戶實在鹽丁共三萬一千一百三丁半酌留二千名備修池牆之用其餘二萬九千一百三丁半比照民丁之例徵納徭銀十九年酌增二千名共四千名皆為牆工而設雍正六年將酌留鹽丁編入民籍自是以後悉行裁去矣

按引配畦按畦配錠每課六錠分畦一號謂之畦錠畦由錠分錠從畦出商人各立錠名

由官給票謂之錠票有一錠之商卽有一名之引有一名之引卽有一錠之課引以名計蓋始於此明制鹽丁撈鹽每丁每年額撈鹽三十引清初丁數不足每丁一名日責撈鹽一引自四月初一至八月初一共應撈鹽一百二十引故名一百二十引為一名以名計引實源於此一名之引該正課銀三十八兩四錢商人納課一錠十支鹽二十車每車載鹽十引所支之鹽已溢課額之數順治十三年增課以後每名正課該銀四十八兩隨納賑濟紙價共銀一兩八錢六分合之正課納銀一錠所餘無幾自是每名封課一錠支鹽一十二車以錠計課又源於此課錠之制始自元代清時按名計引按引計課按課計錠按錠計畦故徵收鹽課亦以錠論商人領引皆搨錠名按錠合引按引別畦實緣運鹽之商卽係種鹽之商故因錠名以辨畦號引畦不越依次支掣此河東之初制也按自宋以來產鹽歸官運鹽由商明萬歷間令商人自備工本撈鹽准其半報本屬一時權宜後遂成為習慣於是官鹽以外復有商鹽清初定制鹽由商種亦歸其運蓋撈採既廢倣明舊例令商人自備工本開闢畦地於是鹽產所出不復歸官鹽法由此變矣畦既歸商官立簿冊登記商名凡納課五十兩謂之一錠給引一百二十張謂之一名每畦一號配課六錠亦有十二錠者為畦雙號其不足六錠者合併積算總符一畦六錠之數按錠合引按畦合錠依限封課引畦不能相越故商人領引必搨錠名開運之時比照引畦酌量勻配依次掣鹽俾得均平此其立法皆因畦地而設畦地者鹽產之根本課錠所從出也至掣驗之法清初定制凡領引目先搨省縣扒掣鹽之日持引到門再搨門扒掣驗放行由各門場吏驗放起運復搨吏扒省縣扒者以防越境門扒者以防夾帶吏扒者以防遲留不發重複影射每引一名裝鹽十二車每車一輛載鹽十引每鹽一引分裝兩袋逐車驗袋逐袋掣飭當初運鹽之商卽種鹽之商守場支運立法雖密弊已難防迨後領引辦課屬於運商種畦賣鹽屬於坐商坐運串私又所不免乾隆初年更定掣鹽之法每引一名由鹽政發給門票一張運司發給坐監票十二張於放鹽前一日由場大使預報

放鹽數目由運司籤差運商一名赴禁門監收籌票謂之監商掣鹽之日商人持引票到門投繳門票每車一輛隨給坐監票一張車戶携至料所眼同坐商按引裝鹽即將坐票截付坐商收繳鹽車到門將監票呈明監掣官鈐記驗放並領木籌照出禁門籌票俱交監商收繳車戶以引照鹽載至卸店中禁門出者卸店於運城東西兩門外東禁門出者卸店於安邑南門外西禁門出者卸店於解州城內掣務至是益加嚴密及咸豐時兼有官運因將監商收繳籌票事宜改派委員經理要之河東掣放皆由禁門較之場區散漫者易於整理雖摺角乾扒及車戶夾帶嚮鹽不無弊端然司掣之員果能實力稽察夫豈有透越之患哉

順治十三年籌備兵餉增加十萬引引多鹽壅商力支絀至十六年停止新引倣長蘆例加課不加引將課銀攤入額引之內每鹽一引徵銀三錢九分八釐零攤課之例蓋始於此清會典云順治十三年題准增行十萬引照正引徵課十六年停新增引目每正改引攤納課銀七分八釐有奇按順治十三年因兵餉不給增引十萬共增課銀三萬二千其時戶口未復引額雖增實不能銷故至十六年照長蘆加課不加引之例將新引停止所有課銀加於額引四十萬九千九百三十三道之內每引攤課七分八釐六絲有奇並前課三錢二分合算爲三錢九分八釐有奇歲入正課一十六萬三千一百七十八兩五錢六分

復以行鹽各地引目不均或引浮於丁或銷溢於額查照戶口均派勻銷均引之法蓋始於此按順治十三年以行鹽地方應銷引目宜照現在戶口酌派適均乃行均引之法及十四年巡鹽御史焦毓瑞疏稱山西太汾遼沁例食本地土鹽食解鹽者平潞澤絳等府州陝西鳳翔例食花馬池鹽食解鹽者西同興商等府州事例原有不同丁引難以互通祇能酌量情形畧爲增減惟河南銷地俱食解鹽易於均派經部議准派引刊冊著爲永例是則當時雖議均引僅僅實行於河南山陝兩省固未均定當此時也新引既停增課未減雖議均引亦未普及鹽引滯銷

陝西州縣致有按畝攤派之弊

清文獻通考載康熙七年飭禁陝西州縣官按畝攤派銷引病民戶部議言各省鹽觔皆令商人自行銷運今陝西州縣官轉向商人買引按畝攤派每引費銀一兩甚爲民困應飭嚴行禁革從之

及康熙十四六年兩次加課每引增銀一錢二分

清會典載康熙十四年題准正改引每引加課銀五分十六年題准每引增加課銀七分按是時又以軍需不給量加鹽課共爲一錢二分合每之原額每引徵課五錢一分八釐有奇

十八九年兩次加引共增四萬四千七百六十一引

清會典載康熙十八年題准計丁加引四萬四千七百六十一道十九年計丁加引四千三百三十三道皆照例徵課今考會典所載之數緣有閏引在內閏引者康熙十七年題准有閏之月照加鹽引及二十一年旋卽停免若除閏引不計則十八年所加者陽曲等四十州縣爲一萬七千四百六十二引西安府屬爲二萬二千九百六十七引十九年所加者僅於山西陽曲等處而陝西無之自是河東引額歲爲四十五萬四千六百九十四引以當時引課證之歲徵課銀二十三萬五千五百五十九兩有奇

然自攤課以後商累日深戶口凋殘尚未完復增課增引非獨累商且並累民

按康熙二十八年巡鹽御史郝維謙疏請豁免割沒鹽觔請河東戶口凋殘鹽多引積不如引少易銷則知當時丁口尙未復也又謂河東商人十餘年來勉輸包課受累已深若加鹽而不能售壓任商本辦課無貲更增商累則知當時商困情形在於鹽壅然自康熙十四年後始而議加課繼而議加引不以疏銷爲務鹽法之弊此亦一端

未幾池遭水患商無掣支議開小池曬鹽濟課

河東鹽池全賴渠堰護隄管理工程宜有專責自宋以來責之地方印官無如各州縣地方政務日不暇給佐貳等官各有攸司卽承委查工大都苟且敷衍迨及明代水患屢遭遂令分司專管凡蒲州萬泉平陸芮城工程由中分司管理解州臨晉猗氏聞喜工程由東分司管理安邑夏縣滎河河津工程由西分司管理清初仍沿舊制康熙十六年將河東運同運副運判一時並裁責成乏員歲修失理至十八年池爲水

決鹽場因受其害十九年定議暫開五小池接濟運銷顧全課額五小池者永小金井買兎蘇老及喬家溝是爲五池共開畦地四百二十九畝有奇比照大池均地立畦仍編五百一十三號二十五年大池水退修葺告完始將小池畦井塡塞復歸大池澆曬然場產虧損已閱七年矣

又以鹽不敷運至二十四年因將河南懷慶府屬改隸長蘆減除三萬七千二百五十一引引地變通蓋始於此

按懷慶府屬行銷解鹽其實解鹽運赴懷慶中隔太行山路崎嶇河流不通車輛難載日久相沿未之或改先是康熙四年懷民沈澄因代商賠課銷引無鹽援明開封改食長蘆例呈由河南巡撫入奏經部題請敕下三省督撫會同長蘆河東鹽政查覆議定解商運至各縣鎮設店賣鹽商運商銷永不累民究之懷屬行銷蘆鹽較稱便利乃竟拘守成例敷衍結案至是以鹽池被水無可運河南巡撫復請改食長蘆部議題准遂爲定制自此懷屬引課由蘆商完納河東課銀減除一萬九千八百七十三兩四錢

二十五年鹽池修理仍歸大池澆曬六七年來鹽產歉缺商困已深無力辦運或由散商包銷或由土商販賣零星碎雜販運不常二十七年因將三省引地另行招商領引納課於是曬鹽者曰坐商行鹽者曰運商坐運之分蓋始於此

河東初制種畦運鹽均屬一商本無坐運之分自鹽池被水各商疲累無力致遠應運鹽引或包與散商或賣與土販拖引誤課弊竇漸生康熙二十七年始行招商認地辦運舊商守場種畦專主曬鹽坐地待售故曰坐商新商領引納課專主行鹽故曰運商此坐運所由分也坐商性質類於蘆淮之竈戶而猶稱商者則以河東引目原揭商畦錠名按錠計引畦即隨之故存商名以別引畦至於運商行引亦必揭用坐商錠名謂之坐錠坐錠者舊分畦號皆有各錠商名額引額畦分配已定故仍原錠商名論其性質又類引窩之頂充末若長蘆淮浙引揭本商較爲畫一

坐商曬畦工作需費乃由運商出銀償給工本銷

價之例蓋始於此以視初制固一變矣河東初制坐商曬鹽兼辦課運無所謂銷價自坐運既分始由運商出價以爲坐商工本每錠給銷價銀二十四兩每鹽一引爲銀二錢每畦六錠共銀一百四十四兩但坐商既得鹽價又得銷價運商所出未免重複迨其既也坐商錠票轉典他人牟利之輩空典錠名銷價一項視同利息並與曬無關名實不符此又銷價之流弊矣澆商法已變商力宜紓二十八年將加課停徵照舊完納按康熙二十四年將五分加課停徵至是變通商法整理運銷又將七分加課停徵俾紓商力自此課額復舊每引祗納三錢九分八釐零歲行引額四十一萬七千四百四十三引徵課一十六萬六千一百六十八兩有奇其後河工銅觔及辦公各款名目繁多非濫派於商即取自規費官吏陋規成爲積習洎康熙末弊端尤甚此雍正初年所以有裁革浮費之議也按康熙中葉以後各區例有河工經費銅觔水脚及辦公各款或由雜款支領或由鹽官捐解河東河工銀兩每年由運司解交四千此款始於康熙三十八年銅觔脚價由巡院運司將所得盈餘捐給此款始於康熙四十二年然積習相沿大都濫派商人出於規費及康熙五十三年雖將官吏陋規查明歸公而浮索之弊固未免也

雍正三年以河東鹽法積弊已深將河工銅觔各項名色及官吏陋規盡行裁革惟於額引項下每引一名加徵官錢銀十一兩公務銀二十四兩八分凡此兩項總爲雜課一切公費悉取給焉官錢者徵入雜款題明充公或歸解部或撥餉需故曰官錢公務者辦公各費隨課交納故曰公務均係相沿陋規裁留歸公之款雖分兩項實則一也先是康熙年間凡河工銅觔養廉飯食以及巡費等項皆分列款目雍正三年川陝總督帶管鹽務年羹堯因款目繁多並官吏陋

規俱行裁革惟立官錢公務兩款按引徵收以歸統一官錢每名納銀十一兩每引徵銀九分一釐六毫有奇公務每名納銀二十四兩八分每引徵銀二錢六毫有奇兩項共爲二錢九分二釐三毫有奇以實行商引計之每年共徵十萬四千三百四十一兩九錢四分九釐以五萬充餉餘作公用例如渠堰歲修各官養廉都察院飯食衙門書役弓兵巡役工食及解餉領引各費皆由此項動支著爲定例

額課錠銀餘賸零數合零歸整足成一錠名曰扣錠舊例每引一名該正課銀四十八兩賑濟銀一兩五錢紙價銀三錢六分一釐有奇餘銀一錢三分八釐有奇賸有零數以零歸整名曰扣錠共成五十兩統歸正課是爲一錠以實行商引計之每名納銀五十兩每引徵銀爲四錢一分六釐六毫有奇扣錠一項按額二千七百八十八錠半每年計銀三百八十五兩四錢三分三釐此正引課錠之例也至加增引目商人領引八張爲一把十五把爲一名每名封課四十六兩二錢四分五釐有奇內正課四十四兩五錢一分八釐有奇賑濟銀一兩三錢九分一釐有奇紙價銀三錢三分五釐有奇比正引額課每錠餘銀三兩七錢五分四釐有奇雍正六年議准亦照正引徵收按額一百八十七錠每年徵加增餘銀六百九十八兩二錢二釐又按加增引目如臨晉等處舊歸地方官領運辦運之官每名私收銷價所封正課亦同商辦之例每名四十六兩零雍正八年改令商人領辦比照額引徵收課錠其銷價銀兩仍歸坐商自是加增引一律歸商無復官辦之處

各錠名下畸零引數不能歸錠餘出之引另立名目曰官置昌河東定制按錠合引共三十五萬七千四十六道皆有商名依限封課掣鹽其各錠名下零引不能歸錠零引者自一引至九十九引皆爲零引若數至百引除去六十引作半名下餘引數仍爲零引凡正引加增引通算共餘一百二十引名曰官置昌由運司發商運銷得銀一百零一兩八錢不入正額雍正六年歸公充餉

又以引不敷銷頒給餘引照例徵課加納公費餘引之例蓋始於此清會典載雍正三年題准河東引分與山陝河南三省行銷各州縣常有不敷每年頒餘引三十萬如遇額引不敷卽由運司塡給儘銷儘報存賸餘

引仍於奏銷時繳部，此餘引所由始。餘引納課照正引例，惟於官錢公務外加捐公費銀兩隨課完納，存留運庫，備充公用，每名合銀六兩，每引合銀五分，故餘引有公費一項，蓋額徵之外另取商捐也。免商後定例隨納隨引，公費即原於此。按河東餘引自雍正三年額引十萬，雍正六年增引二萬，七年又增三萬，八年又增五萬，皆以行銷不敷陸續增加，並將初額十萬作爲定例。乾隆五年以閏月核加二萬，六年又以行銷不敷增加二萬，先後共額餘引二十四萬。凡雍正六年以後額發者謂之續增餘引。乾隆十六年因餘引過多，積鹽難銷，減去四萬。十八年增復二萬，二十一年又復二萬。二十六年因池遭水患，題減七萬。三十年增復三萬，三十二年續復二萬。四十九年又復二萬，仍不足二十四萬之數。每年於行鹽地方均勻派銷，由是各州縣餘引配有定數，然有餘不足，例得通融，非若額引不容增減也。歲定課額，計正課錠銀九萬九千兩，扣錠銀二百八十兩，官錢公務銀七萬一百六十兩，以銷數之多寡爲課入之標準，儘銷儘報，雖有定額，又非若額引課款不容虧缺也。額餘引課零存餘銀歸併積算謂之積餘併餘河東定制，零引不能成錠，按名徵課，每以零歸整，餘出銀數歸併積算，曰積餘併餘，例如官錢零引每引納銀九分五釐，公務零引每引納銀二錢六釐，皆爲積餘。若解安并代銷官務零引，每引納銀二錢九分二釐有奇，緣係後來加添，不入積餘項下。又如加增餘引及解安加引每名納課錠銀四十九兩五錢扣錠銀一錢四分，較之額引每錠餘銀三錢六分，皆入併餘項下。積併而外則有平餘平餘者鹽課解部隨解加平飯食也鹽課解部，舊有加平飯食，隨同解交，謂之平餘。定例商人納課每銀千兩，隨納平餘二十五兩。正課而外復有潞澤節省唐裕歸公則皆商人報繳之款也潞澤節省者，山西潞安澤州兩府及平陽府屬之洪洞翼城浮山岳陽四縣引地由商人范毓馪一人承辦，得有餘利，每年於正課外繳銀二萬兩，謂之潞澤節省，始自雍正四年。唐裕歸公者，河南唐縣裕州滙池三州縣引地先係揑名詭商租與供商承辦，坐獲厚利，後經查革，由通省商人協辦，歲繳餘利，謂之餘利歸公，滙池歸公銀三百三十四兩九錢一釐，始自雍正九年，唐縣歸公銀四千五百兩裕州歸公銀一萬三千四十三兩六錢五分四釐皆始自雍正十三年總爲唐裕歸公與潞澤節省名異實同此其性質類於報效固非鹽法正例又以各商運鹽陸運居多盤山過渡不無折耗每鹽一引加重四十觔加耗之例蓋始於此河東舊例每引正鹽重二百觔分爲兩袋每袋裝鹽百觔俗謂兩裝製支鹽秤向由御史較定歷來御史抵任輒將鹽秤改輕待商懇求又復任意加重並不具題遂致鹽秤輕重竟無標準每鹽一袋多至三四十觔不等積弊成習視爲固然迨雍正初川陝總督年羹堯帶管鹽政乃更假揑商名意圖罔利明知其弊不肯改革且於自己行鹽地方每袋加至五六十觔雍正三年巡鹽御史馬喀清理鹽法疏稱三省行鹽並無河路可通非用驢馬馱載即用車輛裝運盤山過嶺涉水渡河實多耗折任其夾帶則私鹽充斥仍照成例則商本虧累莫若酌量加耗劃一鹽秤以十六兩爲準每袋明加二十觔著爲定制庶夾私可除商本無虧經部覆准自是每引重二百四十觔此河東加耗之始也先是康熙十七年加課七分原因加鹽二十五觔而定商人情願加課不受加鹽當滯銷之時惟恐鹽多暢銷之時惟恐鹽少此又運銷之情形商業之習慣也至餘引加耗始自雍正九年清會典載是年題准河東餘引每引加鹽四十觔以資折耗自是額餘引一律加耗雍正七年以解安額引舊由各商代銷正雜課款亦由各商代納解安食無引之鹽各商完虛引之課於是增引八千七百道令於解安招商領辦名曰解安加引歲增課銀六千一百四十二兩零解安歷來無商舊定鹽額八千七百引一切課錠官錢皆係三省運商代納商人領引每名祗給一百一十七引扣存三引爲代銷解安之額而解安引張貯存運庫於奏銷時截角繳部此其立法實以產鹽之地難於銷引招商不易權宜辦理遂致解安食無引之鹽各商受代課之累雍正七年巡鹽御史碩色疏稱鹽隨引製若以一百一十七引支一百二十引之鹽即屬夾帶況解安生齒日繁既不銷引必食私鹽且以解安應完引課分攤三省商人亦屬不公

解安額引仍歸解安招募良商領運辦課各商領引每名添給三張以足一百二十引之數另於額引外再頒八千七百引發給各商按實數支運惟解安無商已久難
以疏銷照餘引例儘銷儘報存賸之引繳部查覆庶民免食私商免代納而行銷地方皆係有引之鹽經部議准解安加引蓋始於此歲增課錠銀三千五百八十八兩
七錢五分扣錠銀十兩零一錢五分官錢公務銀二千五百四十三兩二錢雍正八年以陝西長武縣舊銷河東之引而
食花馬池鹽於是倣鳳翔例改食花鹽增引八百四道照舊納課名曰長武加引歲
增課銀三百二十兩零清會典云雍正八年題准陝西邠州長武縣改食花馬池鹽增八百有四引發長武縣照鳳翔例納課行運長武舊額六
百四十五引歸入餘引令陝西行銷照餘引例納課綜計雍正三年以後課款之清釐引目之增加耗鹽之酌
定代課之免除河東榷運爲之一變然鹽務根本在於場產禁牆渠堰關係鹽池不
能不時加修築故雍正三年六年預提經費籌備歲修渠堰者鹽池之外障禁牆者鹽池之內障鹽池利害關係
國稅及三省民食保障鹽池則渠堰禁牆歲修工程尤爲鹽政第一要務白康熙二十七年議定按丁分工每年春秋二季修築禁牆渠堰行提蒲解十三州縣鹽丁四
千餘名並撥民夫派工分修相習已久率皆臨時塞責照例舉行雍正三年巡鹽御史馬喀因將民夫裁革每年於額引公務項內留存銀五千兩爲修築渠堰之用雍
正六年御史碩色又將鹽丁裁革每年於餘引公務項內留存銀六千兩以三千兩爲池牆歲修之用以三千兩存儲運庫積至五年以作大修之費先後疏請經部題
准由是歲修有專款雍正十三年以每年修理渠堰皆有餘銀停止禁牆歲修三千兩如有坍塌由渠堰費內動支並將渠堰工程分別險易次第興修姚暹一渠分
爲一年李綽卓刀等六堰分爲一年其餘諸堰分爲一年依次輪修立限保固乾隆三十年又定興修工程照河工例於十月內題估次年四月內題銷令承修各官保

固規畫益密矣畦地墾治關係產額不能不勤加督責故雍正七年開墾荒畦招商澆曬課出於鹽鹽出於產整理畦地亦關重要清初定制三場鹽畦共五百五十七號後以商人怠於澆曬鹽官倦於督課所有畦地日就荒蕪及雍正間無商而荒者九十三號有商而荒者一百一十號留存熟畦僅祇三百五十四號熟畦者遞年澆曬之畦也久荒不墾則曰荒畦一時曬停則曰半熟半荒畦雍正七年御史碩色以鹽價昂貴買運維艱由於畦地荒廢鹽產歉缺疏請勸支庫銀五千兩開墾荒畦待成熟後招商澆曬令領餘引搭配辦課如商人願領即令補還工本歸爲商業新墾之畦出鹽差少每錠減半祇收銷價一十二兩約計一畦六錠每年可得銷價七十二兩抵還庫項其有商荒畦既得運商銷價應令本商各開各畦若其無力即由頂名運商開墾更名報部另給錠票經部議准其注重場產也又復如此雍正一朝實爲整理時代矣

乾隆初年承整理之後補偏救弊以河東鹽價向無規定因照時價酌量增減定價之例蓋始於此按乾隆八年鹽政吉慶以三省鹽價向聽商民與州縣官自爲權衡議增議減稍有不協非虧商累課即擡價病民疏請就時價分別貴賤造冊報部此鹽價報部之始乾隆十年又由河東鹽政及三省巡撫會同議請以商民相安之價作爲定價此爲規定鹽價之始鹽價貴賤爲商本民食所關任其擡價則於民有害勸令賤價則於商本有虧況池鹽產額歲有豐歉民間物價又自不齊要在隨時酌量務使均平故官價不可不定然亦非可拘守成例滯銷地方減除額引勻歸暢銷之處作爲餘引令其行銷清會典云乾隆十一年題准蒲城縣額行七千三百七引減千九百二十九引夏縣額行五千二百四十八引減千三百十有一引歸於河南唐縣作餘引行銷按蒲城有鹵泊灘夏縣附近場地皆緣私鹽充斥額引難銷故酌減額引改作餘引先是雍正初年長蘆因鹽引壅滯將滯銷地方勻令各商通融代銷而河南一省雖有長蘆引地兼有河東及兩淮山東引地河南總督田文鏡疏稱銷不

及額之州縣非食之少非銷之難由於地方官緝私不嚴疏通官引全在緝私通融代銷則是一引行鹽兩縣名爲裕課而奸商藉以越境販私重復行運額引餘引同屬官鹽與其開通融之端流弊無窮若令領餘引接濟民食經部議行至是仍做其例將蒲城夏縣所減三千二百四十引改作餘引勻令唐縣行銷

乾隆十六年以歷年餘引存積過多酌減四萬道尋又復之

清文獻通考載乾隆十六年鹽政西寧疏稱河東餘引存積既多商人領運不前請減餘引十分之三部議以額給餘引本爲廣濟民食起見例准儘銷儘報自雍正十三年至乾隆五六年陸續添增至二十四萬引若遽減十分之三核計減數爲七萬二千引較之歷年未銷之數反覺過多應將續增四萬道暫爲酌減其二十萬道作爲定數從之乾隆十八年鹽政薩哈岱以積鹽銷完商力稍紓奏請酌復二萬道二十一年鹽政西寧又以各地暢銷奏請酌復二萬道自此河東餘引仍如舊額

餘引既復而池遭水患鹽產歉缺配運額引且猶不敷借買長蘆蒙古花馬池鹽借運之例蓋始於此

按乾隆二十一年鹽政西寧疏稱河東每年額餘引張共五十八萬三千一百三十八引配鹽四千八百五十九名六七等月陰雨連綿收鹽歉薄除配運外不敷尚有二千四百名請借買長蘆餘鹽一千五百名仍用河東額引運發附近豫省之汝州等縣及晉省潞澤各屬按地行銷即將河東收獲應配晉豫二省鹽觔就近改撥陝省經部覆准此借運蘆鹽所由始也嗣於二十二三四五等年皆援成例借買蘆鹽一千五百名或一千名不等三十九年又請借買蘆鹽時長蘆餘鹽無多僅祇撥借六百名蓋借運蘆鹽凡有八次乾隆二十二年鹽政那俊疏稱太原府屬之岢嵐州等處地近沿邊向准買食蒙古之鹽本年池鹽歉收請運鄂爾多斯鹽二千三百名以資接濟河東運發陝省鹽觔由黃河運入渭河舊時船筏行之已久今自磴口裝載由黃河運至河津縣蒼頭鎮順流而下計程不過二千餘里鹽觔轉運必經河保各處按票查驗放行進口經部覆准此借運蒙鹽所由始也然遲逾兩載買到之鹽僅祇三十七名二十五年鹽政薩哈岱又請借買吉蘭泰鹽三萬石遷延一載僅買到鹽九名蓋借運蒙鹽凡

有兩次至花馬池鹽亦於乾隆二十一年由鹽政西寧疏請買運五百名僅運到二十九名二十四年鹽政薩哈岱疏稱池鹽所收無幾山陝兩省全賴蒙鹽接濟奈急切不能運到請買惠安堡及花馬大池鹽令商人自備資本前往買運以濟民食仍照長蘆之例給發護票所買鹽觔配河東之引輸河東之課其本省課稅一律免徵俱經部議覆准二十五年援例續行借買蓋借運花馬池鹽凡有三次借運者本屬一時權宜例如蘆鹽則隔省發運終多窒礙蒙鹽則轉運維艱緩不濟急花鹽則池小鹽缺雖行借買有名無實此又當日之情狀也借運雖行道遠費重加以池鹽薄收場價日增不能不酌增鹽價每鹽一觔加銀一釐加價之例蓋始於此按自乾隆八年定立鹽價彼時鹽池旺收場價未昂每鹽一名價銀不過二三十兩其後歷年歉收場價漸增至乾隆二十一年鹽池被水收鹽銳少每名場價約增八九十兩不等兼以借運長蘆蒙古花馬池鹽程途遙遠運費亦重鹽政西寧疏請增價二釐部議准增一釐是為河東加價之始二十六年鹽政薩哈岱又請增價一釐合前所增共為二釐夫借買以濟運加價以恤商均屬一時補救而久遠之計當以經理鹽池為急務乾隆二十三年乃於池北築堰俾護畦地清文獻通考載乾隆二十三年鹽政那俊疏稱鹽池畦地為鹽產之本引課之源今為水所淹沒急須修築應於池北築堰一道厚乾堰內之水使復舊畦以資澆曬其餘地有可墾者多開新畦添補之不足部議如所請借給耗羨銀兩興工修築從之惟時水患未退鹽仍歉收乾隆二十六年酌減餘引七萬道並將鹽價每觔加增一釐清文獻通考載乾隆二十六年鹽政薩哈岱疏稱鹽池被水以來產鹽既少不敷配運暫行酌減餘引七萬道現價之外每觔酌增一釐俱經題准嗣以畦地完修產額漸旺乾隆三十年先後增復餘引五萬道清文獻通考載乾隆三十年鹽政李質穎疏稱河東本年收鹽配引足額外尚存鹽三千二百名有零應請收

貯留待不敷年分以備補用部議倣照淮揚之例配用餘引無如連年產數實不敷運乾隆三十九年又議開曬

小池並借蘆鹽按乾隆二十八九年畦地新復產鹽之數除配運外不無盈餘部議遞以酌復餘引為請然歷年所產之鹽實不敷運是時商銷額引三十六萬四千一百九十八道餘引二十二萬道歲需鹽四千八百餘名自三十一年至三十四年共缺鹽四千三百餘名後以遞年產數未能補足缺額乾隆三十九年鹽政瑺齡疏稱大池產鹽不敷配運請開六小池並撥借蘆鹽接濟經部題准今考當時產不敷運多係餘引之額餘引一項儘銷儘報雖有定例而司榷政者視為考成所關不敢過於減少及至鹽運缺乏則又斤斤於補救無惑乎辦理之拮据也十餘年間援照成案補救多方而疲敝如

故者緣自黑河淤高鹽源涸廢各商種鹽開井取滷澆曬工費倍於從前產額日衰

商力日絀此實河東之大變也按畦地南面舊有黑河一道實即鹽池東西長五十里南北寬五六里不等形如釜底經年不涸泥色純黑故曰黑河自乾隆二十二年硝池堰決客水灌池挾泥帶沙致將黑河淤塞蓄水無多稍旱則涸稍澇則溢每當春夏之交無涓滴可資澆曬各商因於畦邊開挖深溝蓄水澆曬水味不及黑河而澆曬之費數倍往昔商力日絀實由於此乾隆四十一年以畦邊開溝所蓄雨水曬出之鹽味淡而苦因議挑挖黑河去淤蓄水然僅挑寬四十丈潛深一丈鹽根未透滷質不及從前四十二年東場商人劉阜和創為掘井之法井面極寬環繞率數十丈下則層級縮小及泉而止井深五六丈或七八丈汲出井水味鹹色赤以之澆曬成鹽頗易即今所謂滷沱也及光緒初年商人李傳典變通井式直穿而下不為階級其形與汲水井眼相同井之四周均甃椿木以防坍陷每井約需錢數十千工費雖省終不若滷沱之經久且穿井之法僅宜於東場亦不若滷沱之三場皆宜近今穿井者多滷沱漸廢畦商祇圖省費忽於久遠鹽業衰落已可概見夫當黑河未淤以前池水淵渟不溢不涸池鹽時代取多用宏自黑河既淤以後鹽根沈積開井取滷始可澆曬遂為井鹽時代此古今一大變也溯

乾隆二十二年以迄今日凡一百六十年而黑河故迹幾不可尋河東鹽池本屬黃河伏脈浸潰隨成天產美利亘古常存若能大興工役修復黑河實爲鹽務根本論者乃謂開井以來盜洩地氣鹽產之盛不逮往古斯於物理固未達矣

由是本重價昂商不能支乾隆四十一年廢除長商酌定年限准其更換以五年爲一次短商之例蓋始於此

河東舊制向係長商領運雖准更換並未定有年分原以杜規避之端乾隆四十一年鹽政瑞齡疏稱一商力已疲若非酌定年限招商更換必致斷課誤公請省運銅招商採買以五年爲一次應照其例自後招充鹽商亦以五年爲更換之期令現充各商先期自行舉報殷實富戶由山西巡撫行查各府州縣詳覈果係殷實取具印甘各結存案俟應換時查其五年內引課無斷許令更換儻有故意停引欠課情弊嚴行追繳毋許貽累新商經部覆准自此始有五年更換之例

四十二年倣照兩淮變通運制凡商人領運某引之鹽應配某畦令各商自行鬮定坐配之例蓋始於此

河東舊制引畦相隨故運商領引必揭坐商錠名其續闢之畦謂之餘畦續增之引謂之餘引不在坐錠之列運商任意運鹽坐商因以居奇乾隆四十二年按額餘畦數額餘引數均勻搭配凡運商所行之引分配坐商所鹽之鹽運賣鹽勅先儘額畦因倣兩淮之例令運商自行鬮定名曰坐配其引鹽一切亦令運商稽查不許坐商私相租典行之既久未免失眞非獨運商配鹽不問所坐之畦任於何處卽坐商賣鹽並莫知原坐之引在於何畦終清之世皆係通融辦理惟於報掣之時照例聲明以副奏案蓋緣運坐既駱相安故亦不能拘泥成例也

掣鹽之後分別頒發稽運護運等票以杜私弊運票之例蓋始於此

河東舊制祇將部引散給車戶驢夫沿途照驗或一人領一張或一人領數張零星駝載前後參差引一遺失往返查追鹽必停擱私販盜賣弊竇易生乾隆四十二年倣兩淮例改由鹽政發給稽運票運司發給護運票粘齊引張加封引皮均付押運之人愼重收藏其車戶驢夫另給連環小票以便驗放引鹽到地將各票同引

一併呈交地方印官裁角申繳

復定加耗月分每引增鹽五觔

清會典載乾隆四十二年以鹽觔陸運易於損耗若遇夏秋雨水虧折尤多准照兩淮於五六七八等月酌半加添每引量加耗鹽五觔又載四十九年奏准河東運鹽例於五六七八月每引加耗五觔惟五月至八月正屆農忙必待九月以後天晴路乾農隙之時方能源源掣運將原定月分改於九十十一二等月遂爲定制凡逾加耗之月每引兩裝每裝加鹽二觔半每名共加鹽六百觔

四十三年以河東鹽務事簡裁撤鹽政改歸山西巡撫兼管

按鹽政本係巡鹽御史改定名稱河東巡鹽御史康熙十一年曾經停差改由山西巡撫管理鹽務十二年仍舊設立雍正二年又停御史差將河東鹽務交川陝總督帶管三年復差御史清會典載乾隆四十三年諭河東鹽政與山西巡撫各有專司未免意存畛域河東鹽政事務本簡非長蘆兩淮可比況浙江福建兩廣俱係督撫兼理鹽政河東鹽務即由山西巡撫兼管俾事權歸一呼應較靈於商民均屬有益著爲令自此鹽政裁撤永爲定制·

鹽政已裁陋規浮費得以稍省商力宜可轉移而五年更商期限甚暫遂致敷衍從事弊端百出乾隆四十七年停止更換之例依舊定爲長商將三省引地分爲上中下等配搭均勻鬮分認辦

按自乾隆四十一年改定短商遴擇富戶令其充商鹽務頭緒紛繁本非富戶所習充商之始首尾茫然全憑商夥經理僱用商夥亦以五年定限爲時甚暫一切敷衍從事不復認眞經理甚至侵漁浮冒弊竇叢生即有一二實心實力者甫屆五年情形漸悉而瓜期已代繼易生手仍蹈前轍其在本商又以累歲賠累比及五年無不藉詞告退故短商較之長商尤爲竭蹶乾隆四十七年將五年更換之例議准停止先就現商中擇其殷實者定爲長商疲乏者令其歸業人數不足即令所留之商公同舉報若所舉不實即將引地派令舉報之商公同認辦並將三省引地分爲上中下三等按道里遠近暢滯情狀就現商引名搭配均勻分爲五十六籤每籤以八十名爲率由各商鬮分掣辦使無高下偏枯之弊

又以

運費倍增於原定加價外每鹽一觔更加二釐河東自鹽池敗壞鹽工本較前增費場價日貴於乾隆二十一年二十六年先後加價二釐原定三年爲限節次請展及乾隆四十七年尚未停止至是又因運腳增費於前加二釐外復加二釐共爲四釐乾隆五十年復將前加之價准作定額清會典載乾隆五十年諭以河東池鹽全係陸運需費浩繁戶口日增物價皆貴運鹽之食物腳價較之往年有增無減將前定二釐鹽價准作定額以紓商力按原定二釐加價至五十七年是年適屆限滿照例請展故有准作長價之諭其續增二釐加價至五十七年亦准作爲長價通計乾隆一朝其初鹽引滯積減引以疏之產額不足借運以濟之其後商情疲敝始則議加價繼則議加耗調停於長商短商之間日事補救終以鹽池變遷陸運艱阻商本虧損積弊相仍幾有不可收拾之勢迨至乾隆五十七年課歸地丁鹽聽民運河東鹽法自此變矣

乾隆五十七年以鹽務積疲短商既形竭蹶長商亦不能支因將鹽官及商人俱行裁革廢除引制聽民販運清會典云乾隆五十六年議准河東鹽務積疲商屢換則病在富戶價屢增則病在貧民惟有課歸地丁聽民自運則既無官課雜費又無兵役盤詰及關津阻留小民踴躍爭先斷無販運不前者國加賦之名民無淡食之患補偏救弊舍此別無良法其池鹽向不收稅聽令各原畦主照舊澆曬發販官爲彈壓以杜爭端自五十七年爲始撤去運商鹽聽民運原設鹽政各官已無專司之事所有鹽政運司運同經歷知事庫大使中東西三場大使概行裁汰鹽政印信係山西巡撫兼管將印信繳銷題本一切蓋用巡撫關防卽額餘引張概予停領清會典云乾隆五十七年議准行銷河東

池鹽之山西陝西河南三省每歲額引四十二萬六千九百四十七道餘引二十四萬道無庸再領紙砵銀兩免其解納所有正雜課款歸入三省地丁項下酌量攤徵按河東鹽行三省當時課額在山西者則有領引行鹽之臨汾等四十四州縣廳徵課銀一十六萬三千二百五十七兩零其領引不行鹽之陽曲等四十四州縣應徵鹽稅銀一萬九千一百五十四兩零共完課稅銀一十八萬二千四百十二兩零在陝西者則有領引行鹽之咸寧等四十三廳州縣應徵課銀一十二萬四千四百七十三兩零其領引不行鹽之鳳翔等九州縣廳徵鳳課銀六千九百七十八兩零共完課稅銀一十三萬一千四百五十一兩零在河南者則有領引行鹽之洛陽等三十二州縣應徵課銀一十九萬九千八百十九兩零統計三省正雜課稅共銀五十一萬三千六百八十餘兩當時三省行鹽各屬歲徵地丁銀山西二百八十三萬二千七百十七兩零陝西一百四十七萬二千一百十三兩零河南六十六萬六千四百十五兩零山陝兩省地丁多而鹽課少河南一省地丁少而鹽課多酌量均攤河南每地丁銀一兩攤納鹽課銀一兩三錢共爲八萬六千六百三十三兩零山陝每地丁銀一兩攤納鹽課銀九分九釐零山西共攤二十八萬一千十二兩零陝西共攤十四萬六千三十七兩零以攤數覈之則河南每地丁一兩攤徵銀數較之山陝多攤三分有餘以各省應徵鹽課覈之則山西代攤河南銀爲九萬八千五百九十餘兩陝西代攤河南銀爲一萬四千五百八十餘兩其在河南雖有河工歲料幫價及搶險之年加徵銀兩均係按糧輸納鹽課攤數不便過多故特通融辦理勻攤於山陝地丁之內而山陝之民代攤河南鹽課苦樂已不能均課歸地丁本屬權宜乃於權宜之中更行通融之法固亦未爲得矣課歸地丁法似甚便究其實際民間納無鹽之課豪商賣無課之鹽苦樂不均轉滋弊竇按課歸地丁法始於五代五代之際晉行兩稅鹽錢均鹽課於田稅本弊法也清時始行於甘肅當雍正初年甘肅鹽課攤歸地丁窒礙多端及雍正九年改行招商是甘肅當日之弊已有明證乾隆四十七年山西巡撫馮光熊因河東鹽務疲敝既久不求其本遽以課歸地丁爲請戶部亦未詳究利害率行議准

豈不曰舍此別無救弊之法而不知其適以滋弊也嘉慶初年甘肅又擬做照河東復將鹽課改歸地丁惟時襲景瀚極陳其弊謂出課之民不必皆販鹽之民剏有力之家精於心計必不肯多置田產販運鹽斤賤積貴售不輸稅課坐享厚利乃令力田農民代之納課其弊一利權不可以假人官不配鹽無人經理游手無賴之徒羣集其中趨之使爭端既起既不可以驅逐又不易於稽查積久生奸必釀事變其弊二田賦雖輕尙不能無逋欠若驟加以鹽課能保其不拖欠乎官必嚴行苦比豐稔之年猶可勉强催科一遇水旱正項錢糧可以奏明蠲緩而鹽課必不能減將仍取之民民不能堪將不取之民課從何出其弊三行鹽雖有地界各州縣分引多寡並未按照地畝通都大邑四達之衢銷鹽多則配引多山僻小邑無可通融銷鹽少則配引少招商辦運猶可隨時變通歸於地丁永爲定額多寡不一苦樂不均其弊四所陳各弊深切著明茲特附錄於此後之論鹽法者可以觀焉兼以禁例既弛私販者衆非獨河東之鹽東侵蘆綱南侵淮岸卽蒙古鹽觔亦得影射販越官價私價貴賤懸殊民間貪賤買私蘆淮引課皆受其害清會典載乾隆五十七年議淮河東課歸糧輸鹽聽民運如有就近買食土鹽花馬池鹽蒙古鹽之類不許禁阻並不許私收稅錢庶處處有鹽民食無虞缺乏惟池鹽界連湖北之處恐有販越應飭地方官留心緝禦其坐商曬成鹽料除聽人買販外許坐商自運山陝河南三省出售如願收存綏售者亦聽其便自茲以後鹽禁悉弛既無引額又無製官鹽不完課遂爲自由販賣雖定例祇准運銷原行引地越界卽以私論究之無課賤鹽任民自運私越之弊夫豈能免剏河南一省行鹽各州縣東與蘆岸相連南與淮岸相接例如開封彰懷等處爲長蘆引地汝寧府屬爲兩淮引地處處與河東引地犬牙相錯易於透私又如湖北襄陽安陸等府向爲淮綱暢岸河東私鹽由南陽府屬新野等縣侵入襄陽蔓延安陸府荊門州又由陝西興安一路經龍駒寨荊紫關侵及泌陽而蒙古之鹽亦復影射販越甚於蘆淮引課有礙蓋河東鹽務非甘肅可比當日改歸地丁未能統籌全局宜其貽害蘆淮也暨嘉慶間議定蒙鹽起運以積

口鎮爲限河東鹽起運以茅津對渡爲限派員駐緝巢杜越私按嘉慶五年以河東池鹽及蒙鹽侵越長蘆兩淮引界題准蒙鹽水運至磧口鎮起岸河東池鹽由茅津渡對渡登岸酌定界限毋許順流直下並於磧口茅津渡設卡派員嚴行巡緝嘉慶八年又於茅津渡下游各要隘添設巡卡究之鹽法弛廢防緝難周私渡之弊實不能免當時湖北襄鄖等處私鹽充斥淮綱滯銷漢口水販覩望不前長蘆行豫引地滯離亦失蘆淮大局幾致破壞由於河東輕議歸丁也又按復商以後鹽務漸疲道光元年議者又以改歸地丁爲請諭旨謂歸丁在督省原屬甚利而長蘆兩淮引地均受私鹽之累不便輕議更張道光二十六年復有以歸丁爲請者諭令山西巡撫體察情形妥議具奏尋奏言乾隆年間三省鹽課攤入地丁僅係督省主議並未咨商各省以致蘆淮官綱大礙當日草率立案本未周妥以今日山西情形論之撥入地丁不敢輕議疏入報可事以中止附著於此應以乾隆年間改歸地丁其情事亦足證焉然河東行豫各地處處與蘆淮接壤實難周察嘉慶十一年以蘆淮兩綱引滯課絀不得不統籌全局改復商運清會典云嘉慶十一年奏准河東鹽歸地丁徵課浸灌鄰界仍應改還商運按課歸地丁鹽無引課人人得以販運官亦無從稽查兼之蒙鹽水陸並運亦無限制蘆淮引綱大有妨礙歷年以來設法堵緝無益於事至是因有規復舊制之議河東舊行額引四十二萬六千九百四十七道餘引二十四萬道復商案內除山西陽曲等四十四州縣額引四萬五千六百四十五道不食河東鹽劃歸山西藩司承領即今所謂陽曲引也又河南泌陽桐栢二縣向行河東額引四千六十七道餘引一萬一千八百道代銷引一百五十四道共一萬六千二十三引於是年撥歸兩淮行銷引額較前稍有參差自嘉慶十二年爲始改復商運蓋課歸地丁者凡十五年又按泌陽桐栢二縣鹽引於嘉慶十二年仍歸河東派商承辦仍設鹽務各官由河東道兼管清會典載嘉慶十二年山西復設鹽務各官諭以運司無庸復設即由河東兵備道兼辦鹽法事務遂爲定制按是年設立鹽官凡經歷庫大使及三場大使皆仍舊例惟運同未

設改設河東監製同知一員但歸丁既久整理非易商運雖復賠累尙多嘉慶十五年議定調劑每鹽一觔加銀五釐二毫清會典載嘉慶十五年奏准山陝河南三省自十五年爲始照乾隆五十五年以前原價每觔加銀五釐二毫作爲河東定價調劑甫施又以南河大工籌備經費每觔增銀一釐謂之河工加價歲增徵銀一十四萬三千餘兩清會典載嘉慶十五年奏准於例價之外每觔增銀一釐按引徵收以濟河工經費河工告竣即行停止十六年將興安府屬改食花馬池鹽照鳳翔例領引攤課所有公務官錢等銀一體免徵歲減一千六百餘兩詳見後陝甘沿革篇十七年吉蘭泰鹽停止運銷將原定額引撥入河東均搭配運謂之活引徵收課款照餘引例歲增徵銀八萬九千餘兩按先是嘉慶十一年復商案內劃定蒙鹽行銷地界將山西口外各廳大同朔平兩府暨陽曲等四十四州縣並陝西神木府谷八州縣作爲吉蘭泰鹽引地招商領辦歲定引額八萬七千五百道至是停運吉鹽撥歸河東謂之吉蘭泰活引活引者緣河東引地暢滯不一因地制宜通融辦理按暢銷地方均勻搭配故曰活引徵納課項比照餘引之例故亦謂之餘引然應完課項年清年款名爲活引實與額引無異清會典載嘉慶十七年奏准河東新增吉鹽裁改餘引每年額徵課務銀六萬三千五百八十八兩另加公費銀四千三百七十五兩公費平餘銀一百九兩三錢零河工經費銀二萬一千兩共銀八萬九千七十二兩有奇自是歲領引額共七十萬八千八百零二道應徵課務加價統計七十一萬七千六百餘兩按是時山陝河南三省實行商引山西臨汾等處四十四州縣額引代銷引十七萬六千七百五十九道餘引一萬九千七百七十五道陝西咸寧等處三十四廳州縣額引代銷引十萬一千二百八十九道餘引五萬八

千五百三十二道河南洛陽等處三十二州縣額引代銷引八萬九百三十七道餘引十五萬九千五十三道共爲五十九萬六千三百四十五引均係商運商銷其吉鹽改增活引八萬七千五百道由運商均領不定引地陝西鳳興邠鄜鹽稅引二萬四千九百五十七道合計領引七十萬八千八百零二道此當日之引額也三省每年應徵課務銀四十八萬五千四百七十兩零七錢有奇河工加價十四萬三千一百二十二兩八錢活引課務及河工加價八萬九千七十二兩三錢有奇合計每年共應徵銀七十一萬七千六百六十五兩八錢有奇至陝西鳳興邠三府州鄜鹽稅銀共一萬零八百兩三錢有奇此當日之課額也

課額日增商累日重至嘉慶二十四年將河南一省改爲商運民銷於陝州會興鎮設立總岸分路發販每鹽一觔定例收價一分七釐

按河南引地向歸商銷嘉慶二十四年以道遠運艱較之山陝成本尤重改爲商運民銷舊制閿鄉靈寶盧氏內鄉四縣由靈寶口岸運發其陝州洛陽等二十八州縣由會興鎮口岸運發靈寶會興東西相距僅九十餘里因於會興鎮設立總岸統歸一處其靈寶口岸運道及閿鄉孟津等縣水運概行禁絕以杜越私商人運鹽至會興鎮每名成本需銀五百零九兩三錢七分六釐加攤唐裕歸公銀九兩按合鹽價酌定每觔發價收銀一分七釐每銀一兩合算制錢一千民販售賣祇許在三十二州縣之內不得任意侵越致妨蘆淮綱地但引由商領課由商納民販銷鹽並無引據另設委員駐會興鎮發給戳記蓋用照票給予民販凡銷鹽地方在四百里內者以半月爲期八百里內者以一月爲期逾限照私鹽論銷竣之後將鹽觔在某州縣行銷註明票內呈繳委員查銷凡十引以上者限三個月繳銷一名以上者限六個月繳銷另給新票循環運售民販買鹽原聽其便並不拘定何商惟恐各商圖利或有減價增秤等弊令行商公舉一二人名曰公直凡民販買鹽按引均勻發售毋許偏枯仍由委員不時稽察此其辦法之大概也道光六年將河東鹽經歷移駐會興鎮改令兼管批驗豫引查照民販運鹽數目委員之例因以裁撤

山陝二省每引加鹽十觔免其加課

按是年山陝酌加耗鹽河南未經議

及雖河南改歸民銷商運固未嘗廢同屬一區辦理兩歧當時立法不能劃一已可概見一則變通運銷一則酌加耗鹽雖因地制宜量爲補救而商累已深終無起色至道光八年河南遂有設廠分運增添鹽價之議道光八年河南因鹽價增貴於河南南陽汝州三府州各設分廠將年銷鹽觔運廠發售並將商銷原價每觔加錢二文俾資貼補究之陸運維艱雖議加價無補於商轉增民累故道光九年裁撤分廠仍照舊例蓋行之僅一年耳時值蒲灘私鹽侵礙官引道光十一二年禁止澆曬令其墾種並由商人代完糧賦資給津貼而私曬究不能免清會典載道光十二年諭山西蒲灘自上年查禁私曬鹽引已形暢銷現據商人呈願捐輸永遠代賦津貼以商力之有餘濟小民之生計准照所議此蒲灘封禁所由始也捐蒲灘在蒲州城外本係河灘嘉慶十四年黃河西徙兩灘地畝盡成硝鹻不能耕種滷氣日旺居民因而刮鹻淋滷私曬益多其法先期掃土成堆下開池口淋滷入池烈日蒸曬即生鹽花灘地長約百里廣或數里至數十里不等東過中條山麓西臨黃河地界三省均無關隘易於運私實爲河東肘腋之患道光十一年查明南灘常旺夏陽獨頭三村北灘關十里店城莊招德等村滷氣最厚嚴禁私曬又以斥鹵之地類多貧民生計所關尤宜籌畫欲禁私曬必須令其墾種變易滷性使不能成鹽乃將兩灘地畝應完糧賦五百四十三兩零准予豁除俟其墾復再行升科並給墾地經費在商捐銷價生息項下動用九千一百五十兩零按各村之情狀貧民之極次分別資給由永濟縣依戶散放名曰蒲灘津貼如仍私曬按法懲辦道光十二年定例兩灘糧賦及津貼銀兩均由商人捐繳其後增給津貼三千八百餘兩共爲一萬三千兩然灘地廣濶防範難周私曬之弊實未能絕故河東私鹽蒲灘爲最又值鹽池被水產鹽不旺池價漸增銀價亦貴以錢易銀輒多虧折按自道光十五年鹽池遭水產額漸減價格增漲兼之銀價日貴從前每銀一兩易錢一千是時每兩貴至二千餘文商人買鹽賣鹽皆以錢計納課則

以銀計交課一兩足抵二兩有餘定例八十名爲一籤承辦半籤引地者每年需賠四五千兩承辦一籤引地者其賠累又倍之更值兩淮改票鹽佑大賤倒灌河東豫引銷滯按河東之鹽向侵淮岸故南陽一府銷路頗暢自道光十一年兩淮改行票鹽鹽價大跌南陽各屬例如唐縣鄧州新野淅川等處鄰近楚省泌陽等處鄰近確遂多被淮鹽倒灌受病之原有加無已而官吏浮費復占歲課之半商力幾何安得不困河東當雍正初裁革陋規歷時既久又蹈舊轍迨復商後迄道光間規費繁多每商名下由一千二三百兩至三四千兩不等統計每年公私浮費爲數甚鉅而應攤尚在其外道光二十四年改招短商將吉鹽活引減去一半道光三十年又改長商將河工經費減去二成似此竭力調劑商困仍屬難除河東自乾隆間改定短商行之未久百弊叢生乾隆四十七年復爲長商是則短商難行已有明證道光二十四年又因長商不支改行短商定爲三年試辦甫及六載已更八十餘商更換之際舊商祇圖脫身隨意舉報被舉富戶多方規避或賠累勉充或挾資遠避一商告退通省騷然至有夤緣官吏賄求脫卸官吏不肯者因以恣行婪索鹽務之弊較前更甚故道光三十年又議改爲長商也活引之設原係吉岸停止顧全課額加入河東引地搭配分銷道光二十四年以銀價昂貴各商疲乏活引積滯部議准停一半三年爲限其河工經費原議南河竣工即當停徵道光元年蘆東兩淮等處陸續停止惟河東照舊輸納本屬偏枯道光十一年始將河工加價一釐改徵制錢一文零共計得錢十六萬餘串折銀交納減爲十二萬餘兩道光三十年銀價益貴按照時估每銀一兩定爲制錢二千文解銀十萬餘兩比較原數又減二萬餘兩夫吉鹽活引應免而未免河工經費應停而未停徒使商人增累累之既深雖議停議減庸有濟耶蓋自復商以來迄道光末四十餘年河東鹽務日趨於下商情疲乏莫可支持推論弊源夫豈一朝夕之故哉

咸豐二年以鹽務疲累由於籤商籤商不除弊終難革議倣兩淮改行票法仍歸舊商運領定爲先課後鹽

河東鹽務自乾隆間始有籤商久之又變爲舉報舉報之初官吏視爲魚肉告充之後夥厮股其脂膏故定長商長商則苦於誅求定短商則慮其規避百餘年來弊莫可詰道光三十年改定長商一酌裁浮費減輕成本設法整理而商困仍無起色咸豐元年派員查辦以籤商之弊一日不除則鹺綱一日不振議准倣照兩淮票法稍加變通留商改票先課後鹽從前保商籤商一切弊端永遠禁革蓋引有專商票無定販必須先課後鹽而後引目雖改不致虛懸課項有常無虞短絀也

凡商人領票按照原額引數限期封課掣鹽配運

咸豐二年改引行票定例由現商領票招販納課掣鹽按照原定引額限期請票配掣截角悉依舊例每年應完票課自二月起至九月止責令掃數全完鹽由商人自運或發販轉運均聽其便遇有引地滯銷亦許商販運赴暢銷地方售賣

分立口岸各行各票

河東舊例三省運鹽山西由解州安邑運城三處分別轉運陝西由臨晉縣之夾州馬口永濟縣之下馬口兩處渡河匯集於華陰縣三河口河南由平陸縣茅津渡河匯集於陝州會興鎭嘉慶二十四年河南改爲商運民銷在會興鎭設立總岸商民稱便改票之時除河南會興鎭照舊設岸陝西運鹽即於三河口設立總岸其山西四十四州縣山路崎嶇運脚繁重均於適中地方酌設總岸平陽霍絳三府州屬設於開喜縣小郭店潞安府屬及平陽府屬之岳陽縣設於洪洞縣曲亭鎭至近沁蒲解兩平府州屬則於安邑運城兩處立岸

以浮費之多也查出規例銀二十六萬餘兩應攤銀七萬餘兩全行裁禁另籌辦公經費每引攤銀七分

河東浮費有規例有應攤規例者鹽行三省各地官署公私浮費歲有常例嚴計通綱約共二十六萬餘兩幾及歲課之半道光三十年議裁十分之四改票時全行裁革無論何項名目不准再有絲毫勒索應攤者運城爲鹽務總匯之地舊設商應置有綱總一切公用攤派散商歸其經理嗣因把持漁利乾隆年間將綱總名目革去另立値年司季

各商輪流辦公而廳攤之弊固未嘗除每年攤派不下六七萬兩至是改引爲票始將商廳裁撤責成河東道監掣同知從新整頓不准再有廳攤自此浮費盡裁然督徵巡緝監掣稽查以及解餉津貼營兵薪水各項在在需費向皆取之於規例廳攤若不籌備的款則辦公無資議准按引均攤每引攤銀七分有奇隨同正課交納每年約共攤銀五萬三千三百餘兩分別款目覈實支銷

以成本之重也申明舊章凡坐商畦地嚴禁私租核定池價白鹽至貴每名不得過六十兩青鹽不得過四十兩減省銷價每名收銀六兩河東舊例坐商畦地無力澆灑准其呈明或租於運商或租於同畦夥商蓋以運商承辦引地夥商本係同業租典無妨嗣因市棍串通賃畦收曬遂致池價日貴乾隆四年十七年兩次嚴禁私租犯者鹽入官人坐罪積久法弛私租之弊更甚於前夥租者按年輪曬把持誤公先曬者盜挖鹽根屯私肥已池價增昂實由於此至是申明例禁坐商畦地無論租賃仍歸運商及同畦夥商不准市棍承買承佃以杜流弊從前池價每名不過四五十兩或六七十兩是時每名賣至一百餘兩坐商擡價居奇運商深受其累酌中定價白鹽至貴不得過六十兩青鹽至貴不得過四十兩由河東道隨時查察如有任意昂價按法懲辦又以銷價一項原在池價之外從前每名出銷價銀二十四兩後減十分之三每名出銀十六兩八錢然坐商畦錠多半轉典運商仍出無名之費道光三十年議定裁免又緣鹽池歲修舊有坐商捐銀五千兩例由銷價扣納未便盡裁擬減十分之三每名收銷價銀十一兩七錢六分至是每名定爲六兩自此池價至貴每引不過五錢銷價每引僅銀五分並將潞澤節省倣唐裕歸公例均入山西通綱按引分攤潞澤節省銀兩本非正課與唐裕歸公無異嘉慶二十四年唐裕歸公攤入豫引通綱封納至是將潞澤節省銀二萬兩亦倣其例改歸山西通綱分攤每引攤銀九分有奇河南每引比照山陝加鹽十觔俾歸一律嘉慶二十四年調劑案內山陝每引加鹽十觔每名合鹽三萬觔河南未加每名祗得二萬八千八百觔至是始將河南照山陝例每引加鹽十觔

免其加課三省鹽觔乃歸劃一浮費已裁成本減輕每綱歲可省銀七十餘萬商情悅服願將停半活引及二成河工照舊完納河東運商受病之原不在承充之久暫而在賠累之過多嘉慶十一年後商以來定爲長商者垂四十年及道光二十四年後屢行更改調停於長商短商之間至是統籌全局酌立新章行票法以革浮費定池價以輕鹽本分口岸以減運腳綜其大要主在留商改票先課後鹽似此變通凡一簽之商省官吏浮費銀歲可二千餘兩池價運腳等費亦數千兩約計全綱每年裁省約共七十餘萬兩向之賠累者不致仍前竭蹶商人情願將奏停一半活引四萬三千七百五十道一併改票匀銷交課奏減河工經費二萬餘兩照舊完納核計成本山西河南每票約銀一兩六錢至一兩七錢零陝西每票約銀一兩五錢至一兩六錢零然鹽務關鍵首重緝私河東銷區周圍二萬餘里東接長蘆南界兩淮西鄰花馬池北有蒙鹽土鹽腹地更有灘鹽羣私林立久礙官銷況當改票尤宜堵絕於是酌擇要隘嚴行查緝河東引地四面受敵其與長蘆交界者以晉陽岸言之例如襄垣之虒亭驛壺關之大河口黎城之東陽關陵川之甘河古郊口皆係蘆私要隘以豫岸言之例如鞏縣之洛口孟津之鐵謝新安之管口皆係水路要隘襄葉裕州則係陸路要隘其與兩淮交界者以豫岸言之例如泌陽之沙河口桐柏之毛家集唐縣之蒼臺郟州之張店浙川之荊紫關皆係淮私要隘其與花馬池交界者以陝岸言之例如韓郃同耀乾永等處接連延鄜邠鳳而乾耀兩路尤係花私要隘至於蒙鹽以水運爲大宗例如臨縣之磧口鎮吉州之龍王廸皆係蒙私要隘土鹽以汾沁爲最近而靈石一縣尤係土私要隘凡此之類均鵰鄰私其腹地私鹽則有灘私灘私之害莫甚於山西蒲灘而陝西鹵泊蒲城等灘次之鹵泊灘者唐時所謂鹵池也界於富平蒲城之間今隸富平者曰鹵泊灘隸蒲城者曰安豐灘蒲城所屬又有陳莊灘秄王灘高春灘總曰蒲城灘與鹵泊灘統爲東西灘東灘主灘曬西灘主煎浸灌所及充斥於渭河南北自藍田維南旁溢於豫岸

而渭南一縣尤係要隘山西各灘蒲灘以外又有五姓湖灘在臨永虞鄉三縣之境汾河灘在臨汾縣境羊獅灘在洪洞縣境附近場區者又有硝池灘六小池凡此之類均屬硝私改票之際以鹽務關鍵首重緝私酌擇要隘設卡堵絕由三省會同嚴行查禁復以緝私之法必先禁絕場私河東坐商向有大賣小賣之號計堆計擔之名或刮收於未成料之先或預將新鹽夾積成料之內種種弊端莫可究詰斗級巡役多串私之人環池村莊多窩私之地縱令築有禁垣仍須實力巡防議定責成河東道督率場員凡盤鹽歸料詳細丈量並飭坐商出具十家連環保結一家漏私九家舉首徇隱連坐開場放鹽則由巡檢督率弓兵按段巡緝如有徇縱串通照例究辦

似此變通果能實力進行河東鹽務宜有起色無如規畫甫定議者又以捐免充商爲請戶部急於籌餉遽行覆准而事勢變矣按籤商之例惟行於河東福建兩區皆以商本薄弱及其弊也每籤一商地方官擇殷實之家肆意婪索咸豐元年戶部侍郎王慶雲閩人也深悉其弊以閩商疲困疏請富戶不願充商准其捐免上戶捐銀三萬兩中戶二萬兩給予戶部山東司郎中主事職銜永免籤舉此捐免之說所由始也夫強迫富戶充當鹽商令以有限之家資致貽無窮之賠累本非政體追後富戶既視鹽商爲畏途則又創爲捐免之例尤非政體矣然當日閩商捐者已屬寥寥咸豐三年大學士祁寯藻晉人也復以河東商人疲困援例疏請捐免惟時殷商九十餘家共書捐銀三百萬兩蓋河東鹽商每致破產祇圖脫身又値銀價昂貴領運半籤約需賠銀三四千兩或五六千兩故各商無不竭力報捐今考當時戶部議奏有云現在運商准其一律捐免原不僅爲晉省商人誠欲得數百萬鉅資藉助軍餉此後鹽務亦必從長計議求一經久之方是則免商之際其於鹽務倘無確定計畫不過假以籌款耳又按乾隆年間報効之例開蘆東淮浙鹽商捐款每次輒數十百萬河東惟道光七年回疆不靖始捐二十萬兩隨同正課繳納解交甘肅撥用此亦商捐之先例附著於此以備證焉

商既捐免停票復引山陝改爲官運官銷河南改爲官運民銷官運官銷者由各州縣

領引辦運官運民銷者由河東道派員運鹽發販售賣河東官辦蓋始於此河東舊例山陝兩省向係商運商銷河南一省自嘉慶末定爲商運民銷鹽之法雖不相同其爲商運則一至是商既捐免無商領運將山陝改爲官運官銷由行鹽各州縣自行辦運納課銷於本屬蓋倣山東德州等二十州縣官辦之例河南改爲官運民銷由河東道遴委專員運赴會興鎮發交民販銷售緣河南民銷相沿已久故雖改官運仍舊民銷蓋亦倣山東商邱等九州縣官運之例加以變通也領運之初各需運本動支銷價生息本銀酌量借給河東舊例額引有銷價餘引無銷價自課歸地丁民販就池買鹽仍舊扣出銷價除應歸坐商例外餘銀一律充公復無商以後庫存銷價陸續發給商人借領共銀二十九萬四千兩按年繳息謂之銷價生息至是改行官運因於銷價一本銀內發交山陝州縣以爲運本各按引額之數目酌借運本之多寡其河南官運一並借給時各商新捐鉅款尙須分限呈繳若令遞交銷價本銀力有未逮另由商捐項下撥借酌定年限解還借本如有虧短比照侵蝕地丁例嚴行參追將河工活引節省歸公等項概行刪除按河工經費本係應停之款吉鹽活引亦非定額至潞澤節省唐裕歸公則係雍正年間商人所得餘利按年捐繳其後照引均攤已非餘利可比總此四項每年約計二十七萬餘兩商力因以疲累雖河工活引不無停減而商累究未能免至是改歸官運無商可賠始行刪除訂立稅則就池徵收每鹽一觔徵銀四釐每引一名共徵一百二十兩劃分正課銀五十兩雜課銀五十五兩公費銀十五兩覈計三省實行引數不分額餘名目總爲四千九百九十八名七十九引歲共應徵五十九萬九千八百三十九兩就場徵課蓋始於此清會典載咸豐四年覆准河東改爲官運就池收稅每鹽一觔收稅四釐每名三萬觔收稅銀一百二十兩此就場徵稅所由始也河東每引定例二百五十

勅每名一百二十引每勅徵稅四釐每引合銀一兩以四錢一分六釐六毫零作為正課以四錢五分八釐三毫零作為雜課以一錢二分五釐作為辦公經費一名之引徵銀一百二十兩合正課銀五十兩雜課銀五十五兩公費銀十五兩自是遂為定制當時改行官運核計三省額引三十五萬八千九百八十五道餘引二十三萬七千三百六十道共五十九萬六千三百四十五引合四千九百六十九名零六十五引又皆嵐等十三州縣鹽稅引三千四百九十四道合二十九名一十四引向歸吉鹽活引之內活引已停勻入山西行鹽州縣通融代銷共成額引五十九萬九千八百三十九道不分額餘引目每引徵稅一兩共收稅銀五十九萬九千八百三十九兩內除七萬四千九百七十九兩八錢七分五釐劃歸公費外正雜課額共五十二萬四千八百五十九兩一錢二分五釐

所有場鹽池價銷地賣價均照時估毋庸限制

河東池鹽舊係運商自向坐商議價因產額之豐歉為價值之漲落嗣以坐商擡價道光三十年始有定價之例咸豐二年議行票鹽又復酌中定價然河東坐商無力者多鹽產豐歉歲有不同豐收則本輕價賤歉收則本重價貴若限以定價一遇歉收轉致不敷工本至是就池收稅池鹽價值准其按照豐歉年歲隨為漲落但白鹽每名至貴六十兩青鹽至貴四十兩仍不許過其數若銷地賣價視乎運本按道里之遠近為價值之多寡河東鹽價自乾隆十年始有定價之例然私鹽充斥官不敵私定價亦為虛設至是以行官運卽與票鹽無異令各州縣及委員各就地方情形成本輕重酌定價值毋庸限制但不許有擡價短秤等弊由此定價例廢故現今河東有市價而無例價

銷價銀兩按引攤納每引攤銀二分七釐八毫零

咸豐二年定例銷價每名給銀六兩至是減為每引攤銀二分七釐八毫有奇每名共攤三兩三錢四分六釐隨課交納歲共銷價銀一萬六千七百三十一兩年終由坐商請領其後鹽價加引不收此項自光緒八年以鹽務疲乏收不足額按半給發餘銀撥補書院膏火後又改為學堂經費

又議開曬蒲灘抵補河工各款皆咸豐四年事也

蒲州灘私為河東切近之患自道光十二年嚴行封禁並籌津貼給為灘民生計至是以刪除河工等項

二十七萬餘兩全歸無著戶部奏言蒲灘滷氣日旺民間偷曬未能盡免與其名爲封禁徒費津貼不如令其開曬藉收稅銀每年津貼銀一萬三千餘兩既可節省而豁除之河工經費等項亦可抵補此其立意主在化私爲官究之禁例一開弊多利少故行之未久仍舊封禁嗣以官本不敷河南則兼行民運陝西則改歸地丁皆咸豐五年事也咸豐六年陝西又以歸丁之法窒礙難行倣照河南於官運外酌參民運按咸豐四年變通鹽法廢除商運山陝定爲官運官銷河南定爲官運民銷嗣因籌本不充河南一省於官運外參行民運辦理章程仍同官運一律惟不給運本陝西一省援照乾隆年間成案將鹽課攤入地丁但課隨糧納多寡懸殊凡糧少之處尙能按限催交糧多之處課亦加重即如蒲城富平二縣照引攤課僅祗五千三百餘兩照糧攤課蒲城應納一萬一千二百餘兩富平應納九千三百餘兩數增一倍窒礙難行且以陝西引額計之應徵正雜課項公費銷價共銀十六萬八千一百三十九兩零攤入地丁僅徵十二萬一千三百四十四兩零不敷銀數四萬六千七百九十五兩合鹽三百七十通名有奇議歸晉省勻銷每觔貼銀二釐每名貼銀六十兩以補陝省之不足似此十籌補救然以陝省鹽課勻入晉省辦法已不能平故至咸豐六年亦倣河南之例改爲官民並運蓋兩年以內凡三變法自是陝西河南官民並運以一成歸官以二成歸民其歸民者謂之民販截角以後無論何地任聽販運惟山西一省官運官銷名爲官辦實則招商代運者居其多數按河東免商以來陝豫官民並運官則按引分派民則配籤聽掣凡民運者名曰民販無論何人先行封課皆可運鹽截角之後無論何處皆可行銷運無定人銷無定地與就場一稅不問所之大致相同河南仍舊於茅津渡委員驗票會與鎭委員截角陝西則於夾馬口下馬口二處委員驗票於三河口設立總局委員截角當試辦之初領辦者少酌撥陝豫引九百餘名由運城鹽務人員領運每名借發銷價銀三十兩作爲運本應徵課款准於銷後封繳

此在當日固屬設法提倡然鹽引暢銷每引一名約售三百餘兩除交課外尚可獲利二百餘兩以鹽務人員致與民販爭利蓋其弊也至山西各州縣官運官銷有自行領辦者有招商代辦者代辦之人名曰運夥實與包販無異久之官商皆視爲利藪營謀勸索浮費屢重莫不取償於民又其弊也時值東南不靖粵匪盤據於金陵梗塞江道淮引不行捻匪嘯聚於曹亳出沒豫疆蘆鹽亦滯故河東之鹽得以暢銷添設靈寶口岸加引三百名增課費銀三萬六千兩按咸豐二三年間粵匪自永安竄擾道州隨陷武漢順流東下襲據金陵長江航路節節梗塞兩淮綱鹽片引不行咸豐三四年間捻匪滋事嘯聚於山東之曹州安徽之潁亳出沒飄忽屢擾豫疆蘆鹽亦以滯銷十餘年來河東鹽引銷行甚暢直達楚北故添設靈寶口岸清會典載咸豐五年覆准靈寶縣於額引外加增鹽票招商領運以三百名爲率每年徵正課銀一萬五千兩雜課銀一萬六千五百兩公費銀四千五百兩另案奏銷蓋靈寶縣城南面依山北面臨河南山一帶緊接盧氏商南爲通達秦楚要路又其居民食鹽向赴會興鎮運買相距百餘里山徑崎嶇苦於遠涉民間往往就黃河兩岸偷買私鹽是時正值豫引暢行因添靈寶口岸照陝西例用票不用引非徒擴充銷路兼可移官就私迨至咸豐七年始將加票改領部引咸豐九年十年間天津海防預籌經費先後加引六百名增課費銀七萬二千兩按咸豐八年津海設防經費需款直隸總督疏請河東加觔加價至九年部議擬將河東歲銷額鹽每觔加價一文陝豫每名加配餘鹽八九百觔經山西巡撫體察情形山西行鹽各州縣運腳既重鹽價較昂未便加價陝岸本非暢銷之所豫岸暢滯不齊亦均未便加觔因另加引三百三十名至十年續加二百七十名共加六百名每名課費一百二十兩計共增銀七萬二千兩定例每年解津五萬兩餘銀留備本省防堵經費又以銷路尚暢續加活引五百名計增課費銀六萬兩活引者所以濟額引之不足猶餘引也自咸豐十一年爲始至同治二年即行

停辦蓋活引之設僅祇兩年之部議河東鹽課有增無減於是酌加羨餘約共加銀四萬五千餘兩咸豐九年戶部以河東鹽引暢行歷年鹽課有增無減議照川省抽收鹽釐經山西巡撫覆議川鹽多係水運需費較輕故於正課外可獲餘利河東鹽多陸運需費較重每名除徵納課費一百二十兩而池價運脚約銀二百兩販戶行運三省道途遠近不一所得餘利每名不過十餘兩至三十餘兩比之川鹽獲利迴殊舉辦抽釐未免窒礙因於額引每名加徵羨餘五兩新增引每名加徵羨餘十五兩歲共增羨餘銀四萬五千四百九十三兩有奇故河東無鹽釐名目惟陝西一省自咸豐八年奏定抽釐濟餉初章同貨一律按照貨價每兩抽銀四釐五毫同治六年改定章程每鹽百觔抽銀一錢五分以加釐過重減爲每百觔抽銀五分又因鹽引滯銷核減四分僅抽銀一分旋復定爲二分計入境卸載兩項每百觔共抽四分先由陝省設卡抽收後歸河東隨課徵解及光緒二十八年賠款加價乃將陝引鹽釐併入加價之內鹽釐名目遂以停止另加引費陝西河南每名徵銀六十兩山西分爲三等上等每名徵銀四十兩中等每名三十二兩下等每名二十八兩約共加銀三十三萬九千餘兩咸豐十年御史薛書堂疏言河東鹽引歷年暢銷自七八九年以來鹽價昂貴餘利較多此項鹽利亟應變通歸公請就原引酌加課銀或於例引外量加引數經山西巡撫覆議加徵引費陝豫兩省每名酌徵銀六十兩陝西額引一千三百三十一名一百一引共應徵銀七萬九千九百一十兩五錢河南額引一千九百九十名一百十引共應徵銀十一萬九千四百五十五兩山西一省分爲三等上等長治等八州縣額引五百名二十六引每名四十兩共應徵銀二萬零八兩六錢六分有奇中等長子等十九州縣額引七百五十六名三十引每名三十二兩共應徵銀二萬四千二百兩下等絳州等十七州縣額引四百一十名五十二引每名二十八兩共應徵銀一萬一千四百九十二兩一錢三分有奇其鹽寶加引及新增活引合一千四百名每名照陝豫例共應徵銀八萬四千兩統計加徵引費總爲三十三萬九千六十

六兩有奇課項日增歲可得銀一百餘萬河東鹽務稱爲極盛雖就場徵稅未嘗無先課之效然非淮蘆滯銷則河東鹽引末由暢行斯又事勢使然矣按咸豐二年改引行票定爲先課後鹽裁商以來改票不復引就池徵收仍與先課無異陝豫兩省參行民運亦與票鹽無異額定引課歲入不過六十萬兩緣值軍興之際淮蘆兩綱運道梗阻河東之鹽溢銷於楚豫直隸諸境暢旺倍常加引加費加徵羨餘據同治元年奏銷歲入增至一百萬三千餘兩撥解餉需實屬大宗蓋自咸豐五年迄同治初六七年間河東鹽務固爲極盛時代

同治初粵捻各匪竄擾河南復值陝回滋事片引不銷因將活引五百名暫行停辦按豫省東境毗連潁亳爲捻匪出沒之區咸豐八九年間每於春仲秋季出巢擄掠開歸陳許適當其衝同治元年陝州南汝等處亦受其害加以粵匪竄擾豫岸引地節節梗塞又值陝省西同兩屬回匪滋事陝岸片引不行銷數始滯同治二年部議准將最後增加活引五百名暫行緩辦其餘六百名仍令實力疏銷同治三年金陵克復長江上下航路疏通楚省鹽務重整淮綱河東之鹽不能越境同治四年更將加引六百名一律停辦並將陝豫兩省新加引費每名酌減三十兩按自咸豐三年粵匪滋擾淮鹽阻滯淮其借運河東故河東之鹽得以遠行湖北及同治三年粵匪削平淮鹽路通楚岸淮綱漸次規復河東之鹽不能運往雖樊城一處尚可發售銷數已少至鄖陽地方亦以鹽釐增重商販不前鹽引銷路日益壅滯加引加費本因暢銷而增自應因滯銷而減同治四年部議准將咸豐九年十年加引六百名一併停止其咸豐十年所加引費惟陝豫及靈寶引每名六十兩酌減五成計陝西減去三萬九千九百五十五兩二錢五分河南減去五萬九千七百二十七兩五錢

靈寶引減去九千兩共減十萬八千六百八十餘兩緣陝豫被匪故將加費減半若山西則係完善之區未曾議減加引既停歲行原額及靈寶引共爲五千二百九十八名七十九引當時捻匪未靖豫引猶行蘆岸甘回搆禍陝引溢銷西路每年課款雖不敷額計尚徵銀七十六萬餘兩同治五年將加引一千一百名概行停止所有原定額引五十九萬九千八百三十九道靈寶加引三萬六千道合爲五千二百九十八名七十九引應徵課費銀六十三萬五千八百三十九兩應徵加費銀山西仍舊五萬五千七百兩零七錢九分有奇陝豫及靈寶引減半徵收爲十萬八千六百八十二兩七錢五分有奇應徵羨餘銀二萬九千四百九十三兩有奇共應徵銀八十二萬九千七百一十五兩六錢有奇其時甘回肇禍花馬池鹽絕跡於西路捻匪未平北路蘆鹽亦滯河東鹽引雖暢銷不及從前然每年課入徵銀七十六萬一千七百餘兩比較應徵額數所差無幾猶能依限奏銷撥解西征餉需仍爲大宗同治六年捻匪始平同治十年回匪亦定蘆鹽及花馬池鹽行銷如舊而襄城郟縣等處且有蘆鹽浸灌鹽引日壅課款日絀同治六年捻匪肅清蘆鹽暢銷侵及河東引地清會典載同治八年諭河東行引各州縣被蘆鹽越境浸灌以致豫引滯銷河封課不旺亟應設法疏通實力查緝如有長蘆商鹽天津紅鹽及汴梁小鹽入境照私販例從重懲辦九年又諭河東豫引積滯因蘆紅小土各鹽侵銷所致且唐縣等處近復私抽蘆金遂致成本愈重河東每年向有津貼河南銀二萬兩不應再抽鹽釐著嚴禁各府州縣毋許違章抽收並飭行銷河東引鹽之各地方官認眞巡緝私鹽釐然長蘆鹽價賤於河東禁令雖嚴越私實未能免迨同治十年甘肅回匪蕩平花馬池鹽依舊行銷陝引銷數遂亦疲滯洎光緒初積引二千餘名短課三十餘萬兩

議疏陝引分年帶銷河東鹽引向無帶銷之例自同治七年以後鹽引日滯積至光緒二年截存之引乃有二千餘名若先銷陳引則新引開綱較

遲專顧新引則陝引掃數無日因將積引分作兩年帶銷此帶銷所由始也自是相沿每綱皆有存引光緒五年議免靈實加引並將三省額引分別酌減山西暫減四百名陝西二百名河南三百名事不果行遂致積壓鹽引日多一日終清之世帶銷之例未嘗停止蓋引額浮於銷額與其徒有額銷虛名虧短課項何如酌減引目年清年款而當事者拘守成例不知變通斯亦鹽務之弊矣

光緒三年行鹽各地同被災祲戶口凋殘銷數大減及光緒六年酌量調劑將加費羨餘概予裁免光緒三年以來河東引地連年荒旱山西一省被災尤重戶口流亡十之六七陝省之西同豫省之河陝亦復凋殘相望大災之後鹽引滯銷不能不量加優恤光緒五年始將山西加費援陝豫例酌減五成上等每名減引為二十兩中等十六兩下等十四兩加費本緣暢銷而增銷既不暢費從何出光緒六年因將十三省加費一律停免並將羨餘裁除河東鹽課仍如舊額課費等項仍依咸豐五年舊額無如銷路暢滯情形迴殊四年始銷三綱之鹽三年即積一綱之引河東自咸豐四年將額餘引目併而為一咸豐五年又增靈寶引定章之始適值粵捻各匪蹂踹東南淮蘆引地借運河東故銷路極暢迨後軍務大定淮蘆引地次第規復河東銷路遂滯加以光緒初年迭被災祲引壅課絀雖分限帶銷而年年遞積新陳併算核計三綱之鹽已占一綱之引暗中虧課為數甚鉅由此言之鹽務之要重在疏銷銷路暢則收課旺銷路滯則收課歘固不關於就場徵課也

奏銷展限年復一年河東奏銷當康熙間鹽引通融以三年為期每屆奏限或挪後補前銷不拘年分自雍正七年定例於每年六月按年奏銷嘉慶十二年改於每年四月奏銷道光二十四年奏准展限兩月仍於六月奏銷及光緒二年因引課疲滯又請展至七月自後每屆奏限無不援案展緩展之又展而積壓引數終未截清及光緒二十二年始停展限甫閱三載癸已一綱賸引復有一千六百餘名又定展限一月宣統元年又定展限兩月蓋自光緒二年迄宣統初河東奏銷節年推展鹽務日疲路可證也

隱中虧課為數甚鉅應協甘餉批

解不足光緒十二年議由山西藩庫借貸籌墊鹽務疲敝至是已極河東鹽課支出之款以協解甘餉為大宗三省額徵正雜引課每年徵銀五十五萬六千餘兩除留支京部飯食及鹽務各官役養廉工食解餉盤費外淨存銀五十二萬兩撥解甘肅以備餉需光緒十二年未能如數批解由山西藩庫地丁項下按年代籌墊銀十萬兩湊解甘餉及光緒二十八年定例指撥甘餉歲解銀四十八萬兩以陝豫言之所謂民運者世業相承既類鹽商所謂官運者應運鹽引均屬民販有利則趨無利則去滯銷地方遂成懸岸光緒二十年倣兩淮例創辦督銷旋改督銷為官運官運實行蓋始於此陝西河南自官民並運以來官居其一民居其二迨後民販率皆世業相承仍與鹽商無異而官運之引亦歸民販銷售銷無定地散漫難稽極滯之處運販不前此懸岸所由多也光緒二十年倣兩淮例創設督銷局將所有懸岸招商辦運私甚地方輔以官運於運城設立督銷總局由河東道管理於陝西同州一帶設立陝運分局河南襄城郟葉等縣設立豫運分局在道庫雜款項下籌借本州銀六萬兩以二萬作為陝運官本四萬作為豫運官本均准先鹽後課限定兩季封陝欠新當初試辦運本難籌不得不從權變通官運實行即始於此旋以陝岸招商認運督銷無效一律官運於二十二年改督銷局為官運局陝西官運分為官銷民銷例如西安府屬之咸陽興平醴泉高陵三原涇陽富平同官耀州乾州及所屬之武功永壽定為官運之民銷設轉運局二一在咸陽一在高陵縣雨金屯凡乾永武咸興醴六州縣由咸陽局領售同耀三原涇富六州縣由雨金屯局領售若同州府屬之大荔朝邑郃陽韓城澄城白水蒲城私鹽較甚定為官運官銷共計十九州縣均在渭河以北渭河以南則屬民運此陝西官運之大略也河南官運六縣皆屬官銷例如河南府屬之鞏縣孟津南陽府屬之葉縣許州屬之襄城汝州屬之郟縣實豐俱係私鹽充斥之地鞏孟與澠孟二縣相隔一河向為蘆私浸灌免商後歸民販奸販往往於茅津上下游裝運私鹽至孟津縣屬鐵謝鎮銷賣光緒初年將鞏

孟收回官辦並由水運以杜私弊然運本不充仍須募販代運官運其名民運其實官則按船收費民則藉以夾私嗣以改辦督銷實行官運遏私暢官成效稍著襄葉郟寶四縣東界臨鄭南連舞陽北鄰禹州處處與盧鹽接壤盧私浸入引岸久懸故將襄葉等處並鞏孟一律定爲官運官銷設立轉運局一在汝州一在宜陽縣韓城鎮其鞏孟水運則以鐵謝爲總匯之所此又河南官運之大畧也

以山西言之各州縣官並不辦運封課銷引悉由運夥官運其名商運其實歷時既久百弊叢生光緒二十七年倣陝豫例改爲官民並運官運之處亦隸總局劃一運制又始於此

河東舊例商運商銷三省制度本屬劃一自嘉慶末河南改爲商運民銷運銷之制晉陝相同惟河南獨異自免商後陝西河南官民並運山西官運官銷運銷之制陝豫相同惟山西獨異然山西各州縣名爲官運實不自辦率皆招募運夥代爲經理運夥者猶福建所謂樸戶閩鹽官幫多由樸戶包辦固與山西運夥同爲包商之類官運鹽引既歸商包歷時已久弊竇遂多種種陋規浮費日繁或按季或按年或按任約計每縣數百兩至數千兩不等官以運夥爲囊橐運夥恃官爲護符同光之際山西鹽務敗壞極矣光緒十年裁革規費酌留州縣津貼謂之緝私經費而私收陋規弊仍不絕及光緒二十七年以山西積弊亟宜整理因倣陝豫例改爲官民並運官運地方亦照陝豫改隸總局派員分辦於是歸民運者因潞安府屬之長治長子屯留襄垣潞城壺關黎城澤州府屬之鳳臺高平陽城陵川沁水平陽府屬之臨汾吉州洪洞浮山鄉寧岳陽曲沃翼城太平汾西霍州及所屬之趙城絳州及所屬之垣曲絳縣稷山河津凡三十一州縣均爲民運民銷於安邑委員驗票曲沃縣險口鎮委員截角歸官運者十三州縣又有官銷民銷之分若蒲州府屬之永濟臨晉虞鄉榮河萬泉猗氏解州及所屬之芮城夏縣絳州屬之聞喜凡十州縣定爲民銷若解州所屬安邑一縣池私充斥較甚解州平陸一縣豫引轉運匯集茅津腳戶偷漏私販尤多霍州所屬靈石一縣毗連介孝蒙土各鹽易於浸灌凡此三縣定爲官銷通計官運先後共領運本六萬三千兩光緒三十二年復將解州芮城收歸

官銷此山西官運之銷大略也

由是河東行鹽分而爲官運官銷爲官運民銷爲民運民銷大都主在民運輔以官運三省鹽務復歸統一嗣因山西課項封納歉少另於民運更定包繳之例比較陝豫辦課不同斯則改章以後又一變矣光緒二十年陝西河南實行官運輔民運之不及凡私鹽易越之地酌定官運蓋以杜防私販維持引岸及二十七年山西亦改官民並運於是三省運地制歸於統一旋以山西鹽引滯銷封課不足倣照蘆鹽祥符等處包額認課將民運地方三十一州縣每年共認引一千名按引包繳課項計課不計鹽謂之包販實即包商自是運有定人課有專責與陝豫散販得以來去自由者情形固不同矣

然其時加價加捐有增無已曰籌餉加價河東自免商後從未加價咸豐九年因天津海防擬加鹽價事未能行僅議加引光緒二十一年中東之役籌備軍餉定例每觔加價四文河南由豫省自收於會興鎮設立加價局及二十七年減收一文每觔爲錢三文每名徵錢九十千文按照豫靈引額共徵二十萬六千九百九十二千五百文每銀一兩以一千三百九十文作爲解數歲徵十四萬八千九百一十九兩六分有奇至山陝兩省則因鹽價昂貴未能按觔加徵定爲隨課捐納自二十二年起每名徵銀二十四兩每引合銀二錢謂之另籌加價計山西引額歲應徵銀四萬零五兩六錢陝西引額歲徵三萬一千九百六十四兩二錢和議既成賠款需費此項加價抵還英德俄法四國借款曰賠款加價賠款一項分爲新舊兩案甲午賠款謂之舊案庚子賠款謂之新案舊案賠款山陝係以籌餉加價撥抵惟陝西一省攤數不足於光緒二十五年始倣河南之例自行徵收在三河口設立加價局初議加價二文後於二十七年減收一文按一千五百文折收銀一兩每鹽一名徵銀二十兩按照引額歲應徵銀二萬六千六百三十六兩八錢三分有奇若新案賠款於光緒二十七年定例每觔加價四文陝西收銀按一千二百文作銀一兩每名折銀一百兩歲應徵銀十三萬三千一百八十四兩一錢六分有奇河南收錢每名一百二十千文歲應徵二十七萬

五千九百九十千文按錢一三九解銀一兩歲徵十九萬八千五百五十三兩九錢五分有奇均由陝豫自行徵收山西則於光緒二十八年始定每觔加價十二文並將陝豫鹽引一律加徵按錢一五折銀一兩隨課收納每名合銀四十兩每綱應徵二十一萬一千九百四十六兩三錢三分有奇專備山西攤還賠款之用

曰通行加價

光緒三十四年題准抵補土藥稅各省鹽觔通行加價每觔四文以一半解部一半劃歸產銷省分陝豫兩省解部二文及銷鹽省分一文均由各省自收陝西按錢一二作銀一兩每名折銀七十五兩歲應徵銀九萬九千八百八十八兩一錢二分有奇豫省按錢一三九解銀一兩歲徵十四萬八千九百一十九兩六分有奇晉省解部二文及產銷省分二文按錢一四作銀一兩合零歸整每名折收八十六兩歲應徵銀十四萬三千三百五十三兩四錢其陝豫應歸產鹽省分一文先由兩省代收旋即撥回隨課徵納每名二十一兩五錢歲共徵銀七萬八千八十二兩八錢四釐

曰鐵路加價

鐵路加價一曰洛潼屬於河南每觔加錢三文按錢一五折銀一兩每名收銀六十兩應收一十三萬七千九百九十五兩自光緒三十四年由豫省加價局代收運交洛潼公司一曰同蒲屬於山西每觔加錢二文初歸地方官經收旋復改為包繳歲以三萬兩為額民運三十一州縣認繳八成按引千名每名隨課納銀二十六兩六錢六分六釐有奇共銀二萬六千六百六十六兩六錢六分有奇官運十三州縣除解芮安平四州縣鹽銷豫岸不繳加價其餘十九縣認繳二成共銀三千三百三十三兩三錢三分有奇由河東道彙交同蒲公司至陝西西潼鐵路於光緒三十二年試辦加價每觔加錢二文旋即停止

此加價之名目也加價之外更有攤捐

此項攤捐名為商捐實即加價變例與各項雜捐不同故列於加價之後

曰海防攤捐

光緒十一年籌備海防部議做照兩淮之例按引攤銀作為常捐每名徵銀十兩每引合銀八分三釐零謂之海防經費三省額引歲應徵銀五萬二千九百八十六兩五錢八分四釐

曰按引攤捐

光緒二十五年部議鹽商按年捐輸一次於二十六年定為隨引徵納每引捐銀五釐每名合銀六錢謂之按引攤捐三省額引歲應徵銀三千一百七十九兩一錢九分五釐

曰償款攤捐

光緒二十七年籌還賠款按引攤納每引捐銀二分每名合銀二兩四錢謂之償款攤捐三省額引歲應徵銀一萬二千七百一十六兩七錢八分此又攤捐之名目也至於雜款雜捐曰官運餘利河東官運均係滯岸餘利多寡歲無定額據冊報提撥餘利分爲兩項一曰公費自光緒二十二年起撥解山西撫署公費及鹽道監掣同知公費共銀一萬一千二百兩宣統二年又定提解督辦鹽政處公費二千兩一曰鎊款自光緒二十六年起酌提餘利湊解克薩鎊款宣統元年定例每年提撥二萬兩省屬餘利項下支出之款曰高等小學堂生息光緒三十年河東創辦高等小學堂初由牆工經費項內提銀八千兩三十三年又由官運餘利項內提銀三千兩先後發交官運局宣統元年又由鹽池歲修項內提銀一萬兩牆工經費項內提銀二萬兩發交包販共發息本銀四萬一千兩按年八釐生息歲收息銀三千二百八十兩曰積穀生息光緒八九年由運庫籌銀六千兩發交坐商年息八釐以備積穀後以坐商疲累息本年歸無著每年約收息銀二百餘兩曰堰戶工食生息光緒二十一年由運庫籌銀一千九百兩發交坐商按月一分生息支給堰戶工食歲收息銀二百二十八兩曰團練經費光緒初年河東創辦團練及光緒十一年始籌專款定例每鹽一名坐商捐銀四錢運販捐銀一兩二錢隨課繳納謂之團練經費備支練兵薪餉三十二年添練鹽捕營五百人分駐蒲解一帶以輔運安鹽營之不及所需餉項致形短絀宣統元年復由運販加捐每名收銀二兩每綱共收一萬九千七十五兩一錢七分凡此之類固與加價攤捐均係光緒年間所定新例若坐商畦稅河東鹽畦全係官產雖屬坐商管業不得轉相買賣故更換商名者謂之典畦自嘉慶十二年始行定例凡坐商典當畦地由河東道核驗印契每價一兩納稅三分若中學堂生息咸豐四年由道庫籌銀五千七十餘兩發交坐商按月一分生息備支河東書院膏火光緒二十九年裁撤書院改爲中學堂仍以此項息銀撥充經費每年約收銀四百兩若善堂生息善堂生息分爲兩款一曰留養局生息始於乾隆年間原發當商息本銀一千二百兩年

息一分，後以當商閉歇，存息本銀九百六十兩，附入粥廠經費項內，每年收息一百二十六兩。一曰育嬰堂生息，始於道光年間，原發當商息本銀四千兩，年息一分，亦以當商閉歇，存息本銀二千七百二十兩；光緒二十九年續發本銀一千兩，年息一分二釐，附入池腳備公項內，每年收息三百九十二兩。

一若鹽池歲修

河東當雍正間鹽池歲修，例由公務項內提存經費，迨後多由坐運兩商按年捐備。兗商以來，於咸豐四年定例，專歸坐商分等完繳，上等七十一號，每號歲捐銀四十二兩二錢九分，中等三十六號，每號二十四兩，下等五十九號，每號一十二兩，次下等一百七十六號，每號四兩六錢，最下等七十八號，每號一兩七錢，每年額收五千五百一十六兩七錢九分，及光緒末，坐商疲困，收數不過五成。

若池腳備公

河東舊例，散車掣鹽，運商付給腳資，名曰池腳。咸豐四年改章後，將池腳銀兩酌量提扣，貼補場署公費，謂之池腳備公。每鹽一名，東西兩場扣銀二兩二錢，中場二兩一錢，均由場官經收，解交道署。光緒十年改由庫收，每綱約收銀一萬一千兩。

若三省打帖

咸豐五年，河南改行官民並運，以會興鎮爲鹽運總岸，定例渡鹽一名捐銀七兩六錢，靈寶引一名捐銀九兩一錢二分，填給憑帖一張，謂之打帖。咸豐六年，陝西改行官民並運，做照河南之例，亦於三河口徵收打帖銀，每引一名捐銀八兩，均由委員經理。光緒十年改歸庫收。光緒二十七年山西官民並運，做陝西例，每名亦收捐銀八兩，故曰三省打帖。其有晉豫滯引融銷陝岸者，每名加收銀六錢六分。凡三岸緝私薪費、船戶工食以及修造渡鹽船隻，悉取資焉。按三省額引，歲應收銀四萬一千九百二十五兩三錢。

若保用提扣

保頭之設，凡僱腳押運，歸其經理，向由運販付給腳用。咸豐八年定例提扣保用，每鹽一名，晉陝扣銀四錢，豫靈扣銀七錢三分三釐，隨課交納。按照引額，歲應收銀二千八百八十五兩三錢三分九釐。

若牆工經費

同治十二年大修禁牆，定例每鹽一名，坐運公捐銀二兩，謂之牆工經費。光緒十一年酌減三成，每名收銀一兩四錢，每綱應收七千四百一十八兩一錢二分二釐。按宣統二年河東水患，東西各堰迭出險工，議定每名另收堰工經費二兩，仍照牆工之例，坐商認捐四成，運販認捐六成，每綱應收一萬五百九十七兩三錢一分七釐，堰工修竣，卽行停止，蓋係臨時捐款故附著焉若粥廠經費同治五年河東設立粥廠定例每鹽一名隨課收銀三錢由坐運公捐光緒十一年將運販認捐一錢五分酌量裁免坐商仍舊捐繳每綱應收七百九十四兩七錢九分九釐凡此之類皆係嘉道以來相沿舊例款項繁多歲入收數較之原額幾增三倍鹽務情形又一變矣自同治間停辦加引光緒初裁免加費二羨餘河東課入歲額不過五十餘萬光緒二十年後加價攤捐一合倂海防捐費計共五十七萬四千二百三十四兩八錢九分三釐比年之後原額已增一倍而陝豫兩省自收加價陝岸計二十五萬九千七百零九兩二錢豫岸計四十九萬六千三百九十二兩一錢九分晉豫兩岸又有鐵路加價共十六萬七千九百九十五兩總計九十餘萬比之原額亦將兩倍是則各項價捐加徵銀數幾至三倍而雜款雜捐倘不預焉本重銷滯實原於此由是成本愈重鹽價愈貴河東三岸蘆蒙花土環於外灘硝侵於內官不敵私行銷益滯鹽價之貴賤由於成本之輕重河東行鹽惟陝西水陸並運山西全係陸運河南水運亦祇鞏孟二縣運道既艱成本較重官鹽價貴私鹽乘之河東銷區邊岸則有蘆蒙花土各私腹地則有灘私光緒二十年後官運實行將極滯之岸劃歸官運減價敵私藉資整理並於私鹽盛地方設卡駐緝山西凡設二卡曰三門口在平陸境以阻沿途腳戶偷漏走私也曰陵川設於陵川縣以防蘆私也陝西凡設五卡曰韓郃設於郃陽縣曰同耀設於耀州曰乾武設於乾州皆防花私也曰蒲富設於蒲城縣曰臨渭設於渭南縣皆防灘私也河南凡設三卡曰鞏孟設於鞏縣洛河口曰襄葉設於襄城縣曰南裕設於裕州皆防蘆私也至近場灘私若硝池若蒲灘若五姓湖亦皆派委專員分段巡緝私鹽之害稍稍杜絕加價以來成本增重官貴私賤民間貪圖廉價相率食私而官銷益滯矣剏京漢鐵路軌道告成蘆私侵越甚於從前賸存之引豫引獨多河南引額分配一千九百九十九名一百十引合倂靈寶加引三百名共引二十七萬六千七百零十道內民運二千一百名七十三引官運一百九十九名三十七引三省配引

豫引居多豫岸引地處處與蘆鹽接壤蘆鹽每斤納課一釐二毫河東每觔納課三蘆五毫課則輕重已差兩倍加價以來蘆鹽加價每觔一文按五百九十二觔繳銀三錢豫引加價每觔一文按二百五十觔收錢折銀二錢有奇復値京漢鐵路軌道交通蘆鹽本輕運便固積彝陽臨鄖一帶直入南汝各屬隨處私售門戶洞開侵銷之害較前更甚故河東滯引多屬豫岸

山西雖係認課包額究未銷完價捐各款亦多賠累

山西引額分配一千六百三十七名九十四引內民運一千三百零一名五十九引官運三百三十六名三十五引又嵩嵐等州縣引二十九名一十四引通融勻銷不分引地自民運各地定例包繳無論行銷暢滯責令包課一千名所定包額本難銷足後以價捐迭加成本更重各販以完十成之課祇銷七八成之鹽苦於賠累始則請減包額繼則請倣長蘆包繳加價宣統元年因將澤潞平絳霍隰六府州屬三十一州縣包認一千名內挑出二成引存留運庫每綱以二百名爲率應完正課雜課並隨納之海防捐費按引攤捐償欵攤捐每名共銀一百一十八兩仍令包認封課而不運鹽其另籌加價賠欵加價通行加價每名共銀一百五十兩暫行寬免此於無法之中設法調劑疲弊情形已可概見又按山西自官辦以來積弊相沿雖改行官民並運凡民運地方每鹽一名例有緝私經費二十兩出各州縣經收名爲經費實則陋規此外又有節壽門隨抽豐食鹽等名目任意勒索與官辦時代無異故河東之弊晉岸爲最

惟陝西銷數約溢四五百名

陝西引額分配一千三百三十一名一百零一引內民運七百八十六名六十五引官運五百四十五名三十六引自免商後就場徵稅三省引目互相通融晉豫滯引得融陝岸每年銷數率皆一千八九百名至二千名不等雖云溢額大都由商雒一帶轉銷南陽陝州等處加價以來銷數漸減然以豫岸加價多於陝省每年配引約一千五六百名或一千七八百名轉販入豫者不止三分之一並非陝境暢銷

綜計三岸歷年掣運僅止八成迨宣統間積引壓至七綱短課三百餘萬

河東自光緒間鹽引積滯節年帶銷新陳併計至光緒三十四年臘引三萬一千八百名積壓已有六綱短徵正雜課欵三百三十餘萬

宣統元年因將奏限展緩兩月於每年十月奏銷仍屬不能依限至宣統三年始辦乙巳新綱而癸卯甲辰又有未完之引合併計算共歷七綱不止短課三百八十九萬餘兩而加價攤捐雜款等項不預焉縱元年二年間配銷尚旺歲入一百餘萬宣統元年配銷引數五千四十一名一百十引歲入課價雜款共銀一百三十四萬一千餘兩宣統二年配引四千九百四十三名四十八引歲入一百一十七萬七千餘兩雜款一項除坐商畦稅鹽池歲修官運餘利及生息各款外餘皆按引攤納合併課價攤捐歲應徵銀一百三十一萬八百八十餘兩據宣統元二年冊報所差無幾若以實際論之河東當光緒末因歷引過多封銷不旺定例提前督課設法催徵以虛抵實預報作完勉顧奏銷而實欠在商者仍復不少奏報查銷固未依限也而預報作完仍多商欠要皆提前督課勉顧奏銷各岸商販竭力辦鹽或已配而未製或已製而未運或已運而未售非獨引綱積壓且有鹽壅之患終清之世河東鹽務未能整理矣河東自改就場徵稅定例先課後鹽無論官民先向坐商配鹽購取鹽帖領引納課赴場報製名曰預報其已報未能即製者聲明補放名曰宿配鹽光緒三十四年以納鹽引積壓督催完課變通辦理預報之外不免商欠縱配銷引數較前增加然已配未製則有在場之鹽已製未運則有在店之鹽已運未銷則有在岸之鹽課雖封納鹽實存積及宣統間統計三岸積鹽不止一綱蓋河東弊源一由引多一由私占整理之法當以疏銷為要若僅勉顧奏報庸有濟耶

通觀清代河東之弊自免商以前由於課重課重則商困雖雍正一朝有所清釐及商困深而疲敝極矣自免商以後由於引多引多則銷滯雖咸豐年間得以暢行及銷路減而疲敝又極矣百餘年來設法補救一變為歸丁再變為籤商三變為官辦

敷衍因循無益於事迨其既也就塲徵稅官民並運法非不善果能減少引額注重緝私統籌三岸劃一章程較之場區散漫者整理固易耳

山西北路沿革

山西北路亦禹貢冀州域漢置并州唐置河東道金析河東爲南北路兩路名稱實始於此（山西一省自唐開元中置爲河東道金天會六年析爲南北兩路據金史地理志北路所領爲太原一府晉忻汾石代陝嵐管平定寧化岢嵐保德十二州南路所領爲平陽河中二府隰吉絳解澤潞遼沁八州其大同一府豐弘淨桓撫朔應雲寧邊東勝十州別隸西京路證以現今鹽務劃分區域雖有參差而兩路之分實自金始）山西鹽務凡河東銷區謂之南路銷區以北總曰北路（河東行鹽區域隸本省者爲平蒲潞澤四府霍解絳三州及隰州屬之蒲縣名曰南路其太原汾州寧武大同朔平五府平定保德忻代遼州沁六州隰州及所屬之大寧永和二縣並口外各廳皆不行河東鹽則曰北路通計山西省區東據太行南連陝豫西界黃河北邊蒙古共一百一十五廳州縣河東銷區僅占三分之一）北路食鹽不資河東由來尚矣自漢元狩四年創行專賣設立鹽官一於太原一於樓煩即今所謂土鹽也（漢書地理志載太原郡有鹽官在晉陽雁門郡樓煩縣有鹽官沃陽縣有鹽澤以今地理證之晉陽即今太原樓煩即今神池朔州一帶皆屬土鹽產區太原之大者禹貢謂之太原春秋亦謂之大鹵穀梁傳云中國曰太原夷狄曰大鹵蓋以地多鹹質故有大鹵之稱說文云鹵西方鹹地是其澄矣沃陽鹽澤即今寧遠廳黛哈池亦產土鹽水經注云沃水東逕沃陽故城又東北流注鹽池距沃陽城六十五里池水瀦渟淵而不流東西五十里南北二

十里。清一統志云：沃陽故城在鑲藍旗察哈爾界，是其證矣。漢時太原郡兼有今太汾兩府、平代兩州境，當日土鹽出產較多，故於晉陽設立鹽官，以便統轄。晉陽者，太原郡治也。漢雁門郡兼有今大同寧朔三府及代州境，鹽產亦多，皆隸於樓煩鹽官。是則山西北路行銷土鹽，自古已然。一於富昌，一於沃野，一於成宜，即今所謂蒙鹽也。漢書地理志載西河郡富昌縣、朔方郡沃野縣、五原郡成宜縣並有鹽官。以今地理證之，富昌即今鄂爾多斯左翼前旗境內，沃野即今鄂爾多斯右翼後旗境西，成宜即今五原廳地，在烏喇特旗南、鄂爾多斯右翼後旗之北。鄂爾多斯為今河套，所有鹽產均係套內，沃野、成宜今隸套外，而漢設鹽官者，河道南徙，地勢變遷，產區情形今昔固不同也。志又載朔方縣有金連鹽澤、青鹽澤，朔方即今鄂爾多斯右翼後旗境內。漢志之例，凡縣下注池澤者，皆以產額最著而言，若安邑、臨羌注有鹽池，與沃陽、朔方注有鹽澤，其例一也。漢時於河套一帶設三鹽官，鹽產之旺，已可概見。今套內鹽池多在右翼三旗，其最著者曰大鹽濼，曰長鹽池，隸於右翼前旗；曰紅鹽池，曰狗池，隸於右翼中旗；曰鍋底池，曰喀喇莽尼池，隸於右翼後旗。喀喇莽尼池俗謂蒙古大池。魏土地記云：朔方有大鹽池，鹽粒大而色青白，名曰青鹽，又名戎鹽。元和郡縣志云：宥州胡洛鹽池，周廻三十里，亦謂之獨樂池。水道提綱云：套內鹽池以喀喇莽尼為大，即漢青鹽澤，唐名胡洛池。由此言之，青鹽澤即今喀喇莽尼池，金連鹽澤今不可考。然鄂爾多斯鹽古名青鹽，而今曰白鹽者，蓋兼青白二色，名稱隨俗也。古名戎鹽，亦猶今謂蒙鹽也。洎乎東漢，匈奴入寇，叛服不常，及於魏晉，寇擾益甚。永嘉而後，并州諸郡一沒於前後趙，再沒於慕容燕，三沒於苻秦，旋併於後魏，割據相繼者垂百餘年，民罹兵禍，鹽業衰落，固一變矣。按五原、朔方，漢初本匈奴地，武帝元朔二年逐匈奴，置為郡，元狩四年始設鹽官。王莽之變，匈奴乘間侵軼，復入五原。光武中興，未遑北討，邊郡鹽池因以淪失。其後匈奴爭立，分為南北部，南部款塞歸命，時建武二十四年也。永元之初北部就撫由是南北兩部叛服不常迄於魏晉寇擾益甚邊郡多事者二百餘年迨晉永嘉四年將樓煩等縣畀與猗盧陘北鹽產遂亦淪失然此猶屬塞外至於塞內自漢中平後匈奴降者雜居內地建安末又將南匈奴分為五部散處晉陽汾陽間迨晉永嘉二年劉淵肇亂於離石并州諸郡被其侵占羌胡羣起攻伐日尋建興二年并州又沒於石趙升平二年又沒於前燕太和五年又沒於苻秦太元十一年更為西燕所取十七年又為後燕所取二十一年終為後魏所併割據相繼者垂九十年至五原朔方當永嘉間初為前後趙所據太元元年又據於苻秦十一年又據於姚秦義熙三年又據於赫連勃勃宋元嘉四年亦為後魏所併劉淵匈奴也而居晉陽拓跋珪鮮卑也而居雲中皆起於山西北路遂致戰爭不息民罹兵禍鹽業衰落固可知矣

唐開元中復徵鹽稅宥州胡洛池歲得鹽以給振武天德並於大同橫野軍置立鹽屯歲得鹽以輸司農新唐書食貨志云安北都護府有胡洛池歲得鹽萬四千斛以給振武天德大同橫野軍有鹽屯每屯有丁有兵歲得鹽二千八百斛下者千五百斛以輸司農按後魏時代鹽法屢興屢罷書闕有間不可得詳至隋鹽已無稅唐開元中始復斂校鹽課太汾土鹽固未徵取唐志載蒲州鹽池外不須檢校是其證矣宥州鹽池隸安北都護府舊唐書食貨志言由河東供軍使收管每年採鹽供振武天德兩軍採鹽者即撈鹽也蓋歸官自辦專備軍需天德軍治在西受降城即今烏喇特旗西北境振武軍治為後魏盛樂城即今歸綏廳境鹽屯之法當開元初姜師度創行於河東後遂推行於大同橫野大同軍在代州北即今馬邑縣治橫野軍在蔚州東北乾元元年併入天成軍即今天鎮縣治俱係土鹽產區地多鹻鹵因設鹽屯此又營屯之變例非鹽法之常制也

乾符而後李思恭據宥夏李克用據代北榷鹽之利非復唐有及於石晉寰朔雲應地盡割失又一變矣按唐自乾符後黃巢雖平藩鎮益盛李思恭據有宥夏等州李克用據有太原代北思恭本拓跋氏傳至元昊掠地漸廣號曰夏國故西夏之鹽侵越宋

境宥州鹽池即其一也克用本突厥種號曰沙陀後唐之興實由代始沿及石晉而寰朔雲應蔚獻契丹故鴈門以南邊鹽復得侵越蓋自宋以前中國之患多在山西北路匪獨鹽務關係矣

宋時河東北路東有遼鹽西有夏鹽外私侵越防禁宜嚴雍熙初始於幷州設永利監專理鹽事按五代之際號國者十太原以北十州是爲北漢宋初削平諸國北漢最後時太平興國四年也規畫鹽法當在雍熙元年元豐九域志云雍熙元年於平晉縣置監務咸平四年升爲永利監宋史食貨志云煑鹻爲鹽曰幷州永利監是其證矣平晉即今太原縣幷州即今太原府宋時山西爲邊部重鎭外鹽侵入尤宜關防故於幷州設永利監主管鹽事蓋爲特別區域也自漢以後山西土鹽置立專官又始於此

凡州民之有鹻土者籍爲鐺戶輸鹽於官謂之課鹽詳見宋史食貨志按鐺戶猶鍋戶也各就民戶原有鹻地編爲鐺戶蓋倣海鹽竈戶之例與解池畦戶不同畦戶由官廩給種鹽悉歸於官鐺戶按鍋徵鹽故有課鹽

鹽行幷汾忻代平定寧化等十八州軍宋史食貨志云永利監歲煑鹽十二萬五千餘石以給本州及忻代石嵐憲遼澤潞麟府州平定威勝苛嵐火山寧化保德軍河東惟晉絳慈隰食池鹽餘皆食永利鹽按宋永利鹽行銷各地以今山西鹽務證之除澤潞二州今隸河東麟府二州今隸陝西慈隰二州宋銷解鹽今歸北路其餘幷汾忻代等處俱係土鹽銷區較之宋制大概相同

悉聽通商准令商人各占賣地宋史食貨志云永利鹽許商人販賣自占所賣地不得出境

天聖中又於汾州分設西監以幷州爲東監凡鐺戶餘鹽官盡收賣聽商入錢償以鹽謂之中賣鹽宋史食貨志云仁宗時分永利東西兩監東隸幷州西隸汾州鐺戶課餘官以錢售之謂之中賣鹽法亦與海鹽同歲視舊額減三千四百三十七石其入官斛爲八錢或六錢出爲錢三十六歲課緡錢十八萬九千有奇按宋制每石爲鹽五十斛中賣鹽者謂盡鐺戶所煑鹽而官收

之令商人入錢易鹽酌定場價償給鎗戶工本蓋倣天禧初年淮南之例此其立法主在官收商運所謂就場官賣也

康定初鹽多壅積令於並邊入中芻粟給鈔支鹽估虛鈔賤歲課日虧至熙寧八年改由官自運賣宋史食貨志云自咸平以來聽商輦鹽過河西麟府州貿易官爲下其價予之積鹽益多康定初罷東監賣鹽三年議者請募商人入芻粟麟府州火山軍予券償以鹽從之既而芻粟虛估高券値千錢爲鹽商所抑纔售錢四百有餘而出官鹽五十觔虧耗官課或請罷入芻粟第令入實錢轉運使議以爲非便而止熙寧八年三司使章惇言兩監舊額歲課二十五萬緡自許商人並邊中糧草給鈔支鹽商人虛得鈔千錢售價半之坐賈獲利不貲歲課日減今纔十萬四千餘緡若計糧草虛估官纔得實錢五萬餘緡視舊虧十之八請如解鹽例募商入錢請買或官自運賣於本路重私販之禁歲課且增並邊市糧草一用現錢詔如所奏官自運賣宋志又云鹻土或厚或薄薄則利微鎗戶破產不能足其課至和初韓琦請戶滿三年地利盡得自言摘他戶代之至和二年又詔鎗戶輸歲課以分數爲率蠲復有差過水災亦聽摘他戶代役百姓便之

元豐初復行天聖舊法紹聖初又復熙寧舊法宋史食貨志云元豐元年三司戶部副使陳安石言永利東西監請如慶歷前商人輸錢於麟府豐代嵐憲忻岢嵐寧化保德火山等州軍本州軍給券於東西監請鹽以除加饒折糴之弊仍令商人自占所賣地鹽已運至場務者商人買之加運費如是則官鹽價平而商販通遂行其說用安石爲河東都轉運使安石請犯西北青白鹽者以皇祐敕論罪首從皆編配青白入河東犯者罪至流安石治鹽歲有美餘並增收忻州鹻地馬城池鹽課元祐元年右司諫蘇轍言河東除食解鹽餘仰東西永利鹽未嘗闕元豐三年始議創增馬城池鹽夾硝味苦民不願買祈下轉運司苟無妨闕即止勿收詔從之紹聖元年河東復行官賣法

崇寧初更行鈔法

京東河北鹽亦得販運入境鈔無定估有害糴買崇寧四年改收現錢依舊中賣

並罷東北鹽禁止販入宋史食貨志云崇寧三年以河東三路鈔無定估本路尤賤害於糴買罷給三路鈔祗給現錢鈔如河北鈔法四年詔永利兩監土鹽仍官收現錢賣之聽商人入納算請定往河東州軍能客販東北鹽按崇寧初年蔡京用事大改鹽法罷官般賣改行鹽鈔又以京東河北末鹽客運至河東其利增倍准其販運時出鈔過多鈔價日賤三路鹽鈔未有定估三路者東南鹽錢為河北之備東北鹽為河東之備解鹽為陝西之備錢積於京師鈔給於三路半支現錢半支紬絹此定制也其後河北鈔法全支現錢名曰飛鈔故崇寧三年永利鹽地亦半做其例然以鹽鈔難通故至四年依舊官收商運如中賣之法蓋自雍熙初迄崇寧末法凡七變至是乃定不二十年而靖康之禍作矣百餘年間鹽法屢變至是乃定此宋制之大畧也金時陘嶺以北別為西京路置西京鹽使司西京本唐雲州遼重熙中建為西京嘗徵鹽稅隸於計司金初循遼之舊天眷元年始設專司遼史地理志云西京大同府本唐雲中郡元魏道武於此建都後晉割地大同屬焉重熙十三年升為西京置西京道豐州有大鹽濼食貨志云豐州鹽產西京計司領之金史地理志云金襲遼制建西京路按金天輔六年取遼西京天會三年獲遼主於應州西京一路皆為金有其初循遼舊法制度簡略及熙宗時頒行官制自是鹽務始設專官鹽分兩類一為煎鹽一為撈鹽金史地理志言西京路產煎鹽撈鹽例如所載大同縣有鹽場渾源州產鹽此煎鹽之類也柔遠縣有鴛鴦濼豐利縣有泥濼蓋里泊寶山縣有狗濼皆係產鹽處所此撈鹽之類也金初鴛鴦濼司設於大同其後撈鹽產額日盛因移狗濼鹽司於狗濼金史食貨志載大定十一年更定狗濼鹽場作六品使以西京鹽判宋俁為使順聖縣令白仲通為副是則西京一路分兩鹽司大定二十五年更狗濼為西京鹽司是則復行裁併矣食貨志又載烏古里石壘部皆有鹽池足食境內之民大定十一年十三年先後嘗免其稅烏古里石壘為金部部族名稱部落所在未能詳也金時煎鹽卽今土

鹽撈鹽即今蒙鹽今大朔兩府屬多產土鹽金志但著大同渾源蓋以產旺者論也至於蒙鹽例如蘇尼特旗本金撫州昌州地長春眞人西遊記言北過撫州東北過蓋里泊盡鹹鹵地南有鹽池張德輝紀行言北過撫州又北入昌州州東有鹽池周廣可百里土人謂之狗泊以其形似狗泊疑即狗濼今蘇尼特右翼東南有古木土鹽泊西有西喇布祿泊皆產鹽不知孰爲蓋里泊孰爲狗濼也又如喀爾喀右翼旗本金豐州地旗之東南亦有鹽池此外若正黃旗牧廠本金撫州地東有昂古里池清一統志云即鴛鴦泊在興和北明時稱集靈海子金撫州鴛鴦濼亦名昂吉濼昂古昂吉字形相近昂古里池西復有鹽池蒙古游牧記云鴛鴦泊水味鹹產鹽如陝中花馬池能自長落鑲黃旗牧廠亦金撫州地北有鹽池又若察哈爾多屬撫桓二州地鑲黃旗北則有鑲黃正黃旗北則有庫爾木池正白旗西北則有翁翁池鑲白旗西北則有紅鹽池鑲紅旗之東南鑲藍旗之東北則有黛哈池即漢沃陽鹽澤今大同邊外有蒙旗鹽產以蘇尼特爲大宗金西京路鹽以狗濼爲大宗比例參觀適相符合蒙古產區關係鹽務因特博綜載記詳述於篇庶蒙鹽沿革或可考焉行鹽之界視其地宜貞元二年倣照宋制亦行鈔引每套一鈔石一引大套之石五小套之石三零鹽積十石合鹽十引併作一鈔凡煎鹽每石爲價二貫撈鹽一貫五百文歲課十萬四百一十九貫承安三年增加鹽價煎鹽每石增爲二貫八百文撈鹽二貫文既增鹽價復增歲額每歲課入共爲二十八萬二百六十四貫詳見金史食貨志按大定二十八年創設巡捕使置於兜答館兜答館者不詳所在蓋驛館也二十九年以巡捕擾民因罷巡捕使泰和七年又定鹽官增虧升降格西京鹽司與北京遼東其法相同詳見奉天沿革篇

河東北路則行解鹽太原鹵地令民自煎均辦鹽錢名曰乾辦乾辦者計口定

課另行納稅歲額十萬貫按金既滅遼自西京入太原所至破陷及天會五年河東郡縣悉沒於金時宋建炎元年也南渡之初戰爭未息解鹽銷區運道梗阻於是變通舊法將宋時永利鹽地改行解鹽然太汾一帶鹵地較多貧民生計未便禁絕仍令煮鹽計口輸稅定爲乾辦金史食貨志載大定二十九年河北私煮禁嚴民多獲罪詔依太原均辦例聽民自煎戶部尚書鄧儼議言計口定課民既輸乾辦錢又必別市而食重費民財徒增煎販者之利且官鹽估高私鹽易售致虧官課乾辦鹽錢亦宜減價禮部尚書李晏議言乾辦既非美名又非良法必欲杜私煮之弊莫若減除官價使官私值同私將自已刑部尚書鄧邦傑則謂太原鹵地可依舊乾辦明昌元年上封事者言河東北路乾辦鹽錢歲額十萬貫定課太重民多逃徙請令緩徵詔俟農隙遣使察之是則乾辦之弊已可概見若今山西陽曲等州縣引稅辦納乾課亦其例也以視宋代情形迥殊此金制之大畧也元承金制因而未改太宗二年始立太原西京課稅所兼收鹽稅按元史本紀載太祖六年取金雲內武朔等州進克西京分兵南下至太祖十三年河東北路悉爲元有其時金兵據守潼關至戰事未息不遑治鹽太宗二年始於太原西京各設課稅所徵收鹽稅歸其兼辦至狗濼蓋里泊鹽稅則隸宣德課稅所元史地理志載上都路宣德府本金宣德州以今地理證之即元察哈爾外御馬廠境中統三年定例太原小鹽任民煮販輸納乾課歲辦一百五十錠中統五年增爲二百五十錠隸於轉司運至元六年更立太原提舉鹽使司直隸制國用司詳見元史食貨志按元史世祖本紀載中統三年定例太原小鹽聽民販食歲輸銀七千五百兩並改太原課稅所爲轉運司依舊兼理鹽課小鹽即土鹽元時太原等處沿金之制仍屬解鹽銷地辦納乾課曰小鹽者蓋以別於解鹽也元於太宗二年始行鹽法每鹽一引重四百斤納課十兩中統二年減爲七兩太原課銀歲辦一百五十錠計合引一額爲一千七十一引有奇

中統五年增課一百錠計增引額爲七百一十四引有奇歲辦課銀共爲一萬二千五百兩此元之初制也迨貞元後鈔法日壞鹽課屢加史文闕佚莫能詳矣

西京各屬例食土鹽昌州所產得以並行

按金西京一道元初分爲三路一曰上都一曰興和一曰西京至元二十五年改西京爲大同路即今大同朔平府及歸綏豐寧等廳境興和路昌州即今蘇尼特旗境金於大同昌州並設鹽場元大同鹽課初隸課稅所後改爲轉運司惟於昌州置設鹽司元史地理志載中統三年昌州置鹽使司世祖本紀載至元二十年裁昌州蓋里泊管鹽官吏九十九人以其事隸總管府是則昌州鹽司僅設二十一年大同各屬雖食本境土鹽昌州撈鹽例亦通行蓋大同與和兩路其在金時同隸一區元代鹽法多因金舊以太原例之則知大同當沿金制矣金時西京鹽法多與北京遼東相同元代大同鹽課雖不可考然以遼陽例之則知輕於解鹽矣

此又元制之大畧也明初行開中法

太汾等處仍銷河東鹽弘治中改行折色鹽利既微商運罕至嘉靖中始弛鹽禁

准食土鹽給票收稅抵作引目

按明開中之例創行於河東其後發支之法亦創於河東蓋九邊各地如楡林宣化附近山西大同又爲山西北境故河東之鹽中納者多因將太汾土鹽禁止煎販及弘治五年改折銀兩商人無所獲利太汾一帶山路崎嶇道遠費重運販罕至嘉靖中始弛土鹽之禁給票收稅每鹽百觔給票一張聽其轉販於嵐保德陽曲等處惟平定代石十州縣仍行引鹽而商亦不至隆慶初議定計口派鹽按鹽給票計自嘉靖以來先後增加共給鹽票一十一萬五千五百七十九張抵作一萬六千三百二十引

隆慶四年通令行票不復用引原派

陽曲等州縣引額攤入河東各岸勻銷

按隆慶四年定例太原府屬陽曲等十州縣並汾州及所屬三縣共十四州縣通食票鹽每票百觔收銀六分責令屯鹽道督理完解運司其原派陽曲等州縣引目攤歸河東行鹽地方自是以後太汾等處專行土鹽郡國利病書云太原土鹽隆

慶中始給煎戶印票定額起課每票一張納稅六分迨後給票日多稅銀亦日增無論煎賣多寡一概坐名散票計票收銀追比嚴急民不樂煎甚至池竈已廢票稅未除據此則當時票稅蓋按煎戶徵收大同等處兼銷昌勝兩州鹽嗣以開平河套先後失棄兩州鹽池淪入蒙古本境土鹽不敷民食嘉靖三十一年始議領運河東以資接濟按明初旣取燕京北逐亡元至稱海而還稱海者元和林地也於是建設衛所以扞邊圉東起遼海西盡嘉峪而宣大兩府尤爲重鎭就鹽產論之其時昌州鹽池隸於開平衞勝州鹽池隸東勝衞大同一帶猶得運銷自宣德三年棄開平移獨石昌州之鹽遂爲蘇尼特所有然河套以內耕屯相望勝州之鹽尙隸邊境自天順六年毛里孩等始入河套成化九年復之弘治八年又爲火篩所據及嘉靖間駐牧套中者爲鄂爾多斯部落最強屢肆寇掠闌陝河東歲被蹂躪蓋地廣田腴鹽池之利足以資之故明棄河套以後邊事日壞非無故也嘉靖三十一年以大同土鹽之不敷民食始議河東引目增入大同字樣令大同府一例行銷實緣蒙鹽禁絕不能不權宜變通矣隆慶六年復議大同土鹽免其抽稅續文獻通考載隆慶六年河東巡鹽御史俞一貫奏渾源等州縣地瘠民貧所煎土鹽僅給日食與太汾等處利源緊衍者不同乞免抽稅第禁其越境私販毋與他境爭利部議從之又按明制大同例中長蘆鹽每引定價二錢其後運商認價三錢土商如故萬歷三十三年部議土商比照運商加銀一錢大同巡撫張悌言大同中鹽遠商罕至率以土商充之轉運脚費倍於宣府乞一照舊例仍以二錢認納是則大同亦行蘆鹽也此明制之大畧也綜考歷史證以地勢若漢若唐若宋若明山西北路悉爲邊要惟元則隸於腹裏故其規畫各有不同清代以來蒙古內附北路鹽務又一變矣順治二年始議太汾遼沁等府州停票改引歲定引額二

萬一千六百九十一道清會典載順治二年議准太原府汾遼等州停止票鹽改行引鹽清文獻通考亦載是年巡鹽御史劉今尹疏言太汾遼沁舊食本地土鹽每引折刷小票行鹽一百觔例歸河東所轄若行票鹽似非劃一當如山東例革票用引以除私販之弊從之按明時土鹽給票始行於太汾繼行於平代其後遼沁等州皆行票鹽及至清初惟汾州之石樓隰州並所屬之大寧永和尚行河東鹽康熙中按丁加引共增二萬一千七百九十四道按康熙十八年巡鹽御史傅廷俊以土鹽歲產無窮疏請清查煎竈按丁加引部議准於陽曲等州縣增引一萬七千四百六十二道十九年又加四千三百三十二道並將石樓一縣改食土鹽乾隆中復將隰州暨所屬大寧永和二縣亦改土鹽共引二千一百八十道按康熙十年巡鹽御史布舒疏言汾州七縣俱食本地土鹽獨石樓一縣行銷解鹽道里阻長行運維艱照改土鹽商民兩便經部議准乾隆三十三年山西巡撫富明安疏言隰州及所屬大寧永和二縣向銷解鹽但地處萬山中車輛不通輓運維艱民苦價貴應照石樓之例改食土鹽亦經部准由是行土鹽者四十四州縣合引四萬五千六百四十五道皆領河東之引不食河東之鹽循例納課謂之鹽稅歲應徵銀一萬九千一百五十四兩零河東舊例每引徵銀三錢九分八釐零太汾遼沁等處鹽稅向由太汾等管鹽同知並遼沁等知州督徵解交河東自嘉慶間設立吉岸凡食土鹽州縣劃爲吉鹽引地內陽曲等三十州縣依舊彙食土鹽仍留引稅岢嵐等十四州縣撥歸吉引共引三千四百九十四道歲應徵銀一千四百三十五兩有奇吉岸廢後所有引額匀入河東晉岸代銷岢嵐鹽稅因以剔除惟陽曲等鹽稅引四萬二千一百五十一道於復商案內改由山西藩司領繳應徵稅銀一萬七千八百五十八兩有奇由各州縣隨同地丁徵解藩庫遂爲定制大朔兩府並口外各廳清初定例

蒙土兼食約計蒙鹽凡分四種一曰鄂爾多斯一曰蘇尼特一曰烏珠穆沁一曰吉蘭泰

按大朔兩府及口外各廳自漢以來兼行今蒙地鹽惟明末行河東鹽雖屬權宜之計要亦事勢使然今以地理歷史證之晉北邊域毗連蒙古當西漢時尚隸版圖沿及後漢遂為單于南庭一變為西胡再變為西奚三變為突厥唐初蕩平突厥置定襄雲中等郡領於安北單于二都護而控馭不久遼金置西京道僅在漠南獨元起漠北於漠南置興和大同等路於漠北置嶺北行中書省為古今國防一大變明之中葉元裔由漠北入漠南由是大朔復為極邊清天聰間征察哈爾蒙旗震懾相率降服分為東西六盟東四盟當奉天黑龍江及直隸邊外西二盟當山西陝甘邊外阿拉善額魯特自為一部不設盟其中鹽產東盟以烏珠穆沁為最而蘇尼特次之西盟則鄂爾多斯而阿拉善在其北鹽產尤著皆行於山西北邊蓋大同以北為察哈爾右翼與蘇尼特接壤朔平以西為歸綏薩拉齊等廳歸化城土默特旗境也與鄂爾多斯相隔一河昔之蒙旗今為內屬故蒙古鹽觔不在禁例較之明代情形固殊矣烏珠穆沁詳見長蘆沿革篇

四種之內以吉鹽為大宗吉鹽者產於阿拉善額魯特所謂西套也

按阿拉善額魯特部在賀蘭山陰賀蘭山蒙語謂之阿拉善居山居河套之西故亦曰西套額魯特本漢北地郡西境漢書地理志載北地郡弋居縣有鹽官蓋其地也唐為溫池縣元和郡縣志載賀蘭山向北經靈武縣又北經懷遠縣又北經定遠城西定遠城在溫池南即今定遠營也舊唐書食貨志載大中四年以溫池鹽利可贍邊陲勅令度支收管仍差靈州分巡院官勾當大中六年設榷稅使緣新制置未立榷課定額以今地理證之吉蘭泰池在定遠營北則知唐溫池矣宋景德中沒於西夏元屬甘肅行中書省明為邊外地清初蒙古額魯特部駐牧西套康熙十六年噶爾丹襲破其部巴圖爾額爾克濟農逃竄近邊二十五年詔以寧夏甘州邊外給為牧地此吉池所由隸蒙古也今考池面積八十餘里池中積水成鹽質味極佳俗曰紅鹽蒙語謂之擦漢布魯克池阿拉善旗鹽池最夥吉池以外又有同湖池和屯池

昭化池達賴把晉池那林哈克池雅布賴池諾爾土布魯池清一統志言西套界內有青鹽池鴛鴦白鹽池小白鹽池皆在鎮番縣西北明初曾設鹽司有紅鹽池在山丹縣北池產紅鹽根可作器•明洪武中採辦歲貢後因地屬境外能之就現今名稱末能詳證要之阿拉善鹽產額豐旺論其銷路以甘肅爲大宗陝西一省亦居其三而晉北所行則係吉池鹽也

先是各種蒙鹽僅行口外自乾隆初始有入口之例按清初蒙鹽雖淮行銷大朔兩府及口外各廳定例不許運入內地侵礙河東引岸嗣後土鹽不敷之州縣往往就近買食乾隆元年查禁鄂爾多斯鹽以當嵐保德等十一州縣地近沿邊土鹽不足兼食蒙鹽民間便安相沿巳久議定蒙古鹽觔凡土鹽不敷地方仍舊行銷祇許陸運由殺虎口監督徵取鹽稅每駝一百二十觔收稅四分五釐故吉鹽照例亦得販運入口乾隆二十二年解池被水鹽產缺乏議准借運鄂鹽二十五年又議借運吉鹽二十八年又准土販持引赴口採買責令歸綏道稽查冊報皆緣河東鹽缺權宜辦理而入口鹽多不免侵越乾隆四十五年始行禁止四十七年山西巡撫農起奏請弛禁仍聽邊民輸稅販運祇許在應食土鹽處所銷售毋得私入河東引地

然亦僅許陸運自乾隆末始有水運之例按乾隆五十一年西巡五臺阿拉善旗旺沁班巴爾以吉鹽陸運所銷無幾懇請水運山西巡撫伊桑阿議言太原等處本非全賴吉鹽若聽外藩運船而來不特言語不通剳自托克托水程千里至臨縣磧口鎮下接平陽之吉州鄉寧與秦豫皆一水可通恐侵河東引地但臨縣至河東引地尙有二三百里應聽運至磧口爲界磧口以下毋許侵越經部覆准由是鄂蘇之鹽亦得水陸並銷蒙鹽水運蓋始於此

迨河東鹽課攤歸地丁無論蒙鹽任聽民販遂致浸灌內地兼侵淮引嘉慶十一年議停水運杜防越私按乾隆五十七年河東鹽課改歸地丁無論蒙土花馬池鹽聽民自運概不禁阻蒙鹽銷地遂無限制清會典載乾隆五十七年奏定阿拉善地方每年准造鹽船五百隻每船運鹽四十石石七百觔共計二萬八千觔運至山西例食土

鹽州縣販賣石收稅銀四錢共收銀八千兩及嘉慶初甘肅回民馬君選包辦吉鹽每年約銷二萬八九千石至三萬一二千石不等每年給與阿拉善池租銀多則二萬少則一萬餘兩惟時鹽禁既弛吉鹽水運順流南下非特河東引岸被其浸灌甚至私入楚豫侵占淮綱嘉慶五年仍照舊例祇准由磧口起岸派員駐緝以杜偷越嘉慶八年又於磧口下游添設委員嚴加巡查而私越之弊終不能絕嘉慶十一年河東鹽運復歸商辦若蒙古鹽觔任其水運內地官引實多侵礙因將水運禁止仍照舊例祇准在托克托河口鎮儲積概由陸路行銷責令歸綏道督同托克托廳通判就近嚴查

旋以阿拉善旗呈獻鹽池於是設立鹽官招商辦運將口外各廳大朔兩府並陽曲等四十四州縣劃爲吉蘭泰池引地歲定引額八萬七千五百道

按嘉慶十一年馬君選既以私販吉鹽罹於法阿拉善王瑪哈巴拉懼而獻其池於是池歸國有乃倣河東之例將吉蘭泰池定爲場區以吉蘭泰爲撈鹽之地磴口爲發運之所各設鹽大使一員河口鎮爲引鹽入境要地吉鹽船停泊轉運之處設批驗大使一員又設運判一員駐於磴口改寧夏兵備道兼鹽法道事宜此鹽官之規定也將向食吉鹽之口外各廳大同朔平兩府及陽曲等四十四州縣劃作吉鹽銷區並將陝西神木府谷等八州縣改食吉鹽統爲吉岸此引地之規定也吉鹽從前准用鹽船五百隻約計五萬餘引於是酌量情形增加引目其陽曲等三十州縣向食土鹽不需吉鹽接濟仍照舊額完納鹽稅岢嵐等十四州縣向食蒙鹽將從前鹽稅按數剔除撥出歸商領引納課十四州縣者太原府屬之岢嵐州嵐縣興縣汾州府屬之永寧州臨縣鄉寧寧武府屬之寧武神池偏關沁州屬之沁源忻州屬之靜樂代州屬之繁峙保德州及所屬之河曲也約計引地七十二處每年以三萬石爲率石七百觔應酌引額八萬七千五百道每引二百四十觔納課三錢九分八釐零悉照河東一律總計正雜課銀公務官錢等項歲應徵銀六萬三千五百餘兩此課額之規定也當吉岸初立之時正河東復商之始原議河東運商一併承辦無如地勢商情諸多窒礙吉池在黃河上游比鄰寧

夏解池在黃河下游，毗連秦豫，相去三千餘里，雖一水可通，而天橋壺口飛瀑險灘非止一處，鹽船至此，必須起撥，此關於地勢者。吉池撈鹽，遠在蒙境，僱覓人夫，須由內地購備口糧，則坐商所費必重，寧夏造船另派木商修造，由運商納銀領船，則船價不免勒捐，吉鹽裝船向在磴口，每年三月黃河冰泮始能開運，八九月後河水結凍即須停運，應於八月以內將全年額引一律運足，則水運時期無多，磧口以上河水溜急，鹽船到晉不能將空船挽回磴口，雖准變價，船本已虧，次年裝運仍須另造，則經費預宜籌備，況河東鹽行三省，引額較多，獲利自厚，吉引縱行七十二處，引課有限，獲利亦薄，在未定課額以前，吉鹽成本既輕，漫無限制，得以任意行銷，若招商納課認地行鹽，逆計河東有商各護引地，必因獲利厚薄致生疑慮，此關於商情者。故吉鹽領運改議另招口商，定例坐商撈鹽運赴磴口，轉交運商由運商償給工本駝脚，每鹽一石重七百斛，需銀三兩五錢，其運商自磴運鹽赴河口販，計船價薪工等費，需銀三兩七錢，又加應納課項二兩六分有奇，每石共需九兩二錢有奇，每年額運三萬石，約需成本二十七萬餘兩，招商就緒，甫經試辦，旋以貲本不足，即由甘肅坐商馬龍起兼充運商，此又吉鹽開辦之情狀也。

復將鄂蘇鹽斛限制進口毋得侵入吉岸

按嘉慶十三年山西巡撫成齡疏言，鄂爾多斯蘇尼特兩部蒙鹽，向與吉蘭泰鹽及北路土鹽並行兼銷，吉鹽既已歸官招商辦運，如仍聽鄂蘇蒙鹽照常販賣，恐致吉引滯銷，鄂蘇兩處惟賴游牧產鹽度日，若概行禁止，又於蒙古生計有關，若並歸官辦，飭商買銷，則與吉商辦鹽之地相距甚遠，力難兼顧，若另行招商，則又與吉引混淆，惟有將兩處蒙鹽查照向日銷售地方予以限制，仍聽民販運銷，如口外之歸化清水河薩拉齊和林格爾豐鎮寧遠等廳，皆與鄂蘇接壤，草地平衍，四通八達，各蒙順帶鹽斛與居民交易，本難禁阻，應准就近兼食鄂蘇之鹽，惟托克托一廳爲吉鹽緊要口岸，水陸轉運之處，仍應查禁別部蒙鹽入境，至口外之大同朔平寧武保德等府州屬沿邊沿河一帶州縣，請照江浙等省老少鹽例，准令民販肩挑背負，零星售賣，不得過四十觔，如有駝運車載及水運多觔者，仍以私鹽論罪，戶部覆議，江浙老少鹽原爲體恤貧民起見，經過各關免其納

（稅有鄂爾多斯蘇尼特無引蒙古鹽非場竈貧民例有限制者可比雖肩挑背負爲數有限而每日之內影射課利紛至沓來正復不少勢必鹽觔充斥於吉岸引課有關應仍徵納稅銀每四十觔由殺虎口照舊納稅一分五釐）無如額引過多課運屢誤嘉慶十六年改爲官運民銷（按嘉慶十四年吉商馬起龍斷課革退另招新商又復遲誤嘉慶十五年應配額引未曾起運一時招商不及於河東運商籤派數名分其接辦各商以勢難兼顧情願公捐銀五萬兩按引均攤領運無人不得不暫行權宜改爲官運民銷所需資本除商捐銀五萬兩外並由河東道庫銷價銀兩借撥十五萬兩共湊二十萬兩作爲運本所有積引分作三年帶銷應徵課項亦分三年帶納）十七年又議仍歸商辦終以銷路難暢因將鹽池給還鹽官裁撤所有引課攤入河東謂之活引而吉岸由此廢弃（按吉岸自開辦以來引滯課絀改爲官運引復不行嘉慶十七年詔命侍郎阮元文孚赴晉查辦奏言介休以南皆是河東引地吉鹽所定引地內如太原汾州等屬出產土鹽隨地輸稅朔平等屬亦有鄂爾多斯蘇尼特蒙鹽接濟土蒙鹽賤買食者多吉鹽水陸三千餘里路遠價昂如遇雨多土鹽歉產頗可暢銷如遇土鹽旺產即形壅滯似此情形本不能遠定引額乃定引過多銷不及半商人賠累誤運虧課招商之人因有官運民銷之議官運不難難於民銷苟不能銷愈運愈滯若因滯銷兼顧課額勢不得不分派州縣認引督銷州縣若非斷挪庫款必致擾累閭閻是能銷之弊更甚於不銷種種格礙斷難行久計惟停止官運仍歸商辦將吉引改爲活額儘銷儘徵尤應通盤籌畫毋令侵灌河東引地方可永遠遵行查河口至磧口相去千里磧口切近河東自宜酌中定地示以限制擬於河口南三百餘里黃甫川爲界將磴口大使改爲皇甫川大使移駐該處專司稽查吉鹽水販祇准至皇甫川止其磴口商運鹽船照舊至河口起卸存倉聽商販賣疏入下大學士九卿會議旋經覆稱吉鹽商運亦屬窒礙改作活額徵解無常奏報多虛考覈難憑且吉鹽引課僅止河東十分之一不便因吉鹽行銷致令河東鹽務敗壞應令內地悉遵

舊制統行河東鹽其吉鹽引額加入河東引內倣長蘆例定為餘引即由河東商人領引辦課其吉蘭泰鹽池應請勅還阿拉善王瑪哈巴拉聽該處人民自行撈運俾資生計如有興販入口者照鄂爾多斯蘇尼特稅鹽之例按數收稅祗准車載騾駝由陸路運販不准水運以防侵越其阿拉善王每歲賞項銀八千兩即行停給原設磴口運判鹽大使吉蘭泰鹽大使河口批驗大使一律裁撤詔如所奏嗣據山西巡撫衡齡疏言河東鹽池僻處省南陽曲等六十四廳州縣遠居省北計程自一千數百里至二千餘里不等內陽曲等三十州縣專食土鹽課歸地丁歷久稱便惟岢嵐等十四州縣及口外七廳專食蒙鹽大朔兩府兼食蒙鹽土鹽蒙鹽入口按例輸稅土鹽價賤蒙鹽則布匹雜糧均可換易若以素食蒙土之處而令商人通行河東鹽無論道險途長運本不貲即民間向食賤鹽斷不能強之食貴現既停止吉鹽水運河東各商情願於三省引地內融銷吉引包納吉課部議覆准遂為定制又按阮元吉池客難言阿拉善部在古賀蘭山陰康熙初賜以此土孳游牧者百餘年吉蘭泰乃其部之鹽池阿拉善任回民販鹽侵害鹽法因獻其池收歸商運宜也吉鹽累商賠課灑派也改定活額曷累焉或議以鹽池賜還曷為還之吉鹽性重味佳苟不貴民甚利之若內運可以平河東鹽土鹽鄂爾多斯鹽之價蒙古及塞外貧民賴為生計者數萬人曷為絕之且藩民不可使之太富又不可使之太貧太富則不安太貧亦不安今以皇甫川為止所以權衡適中也皇甫川距河東引地六百里一二年後皇甫川私鹽必侵而南河東私鹽必侵而北兩相侵則兩為平準焉吉鹽二年不至晉河東私鹽行銷必多河東官商通同一氣今河東道但請禁水運商人則以增引兼請水運當禁自禁之不在增引不增引商引當增則增之不在水運不在水運若終挾求將遂治之商知不可要乃請增引不敢復言禁水運此其所論主在不廢吉岸仍歸商運故當時查辦酌量變通用意深遠議者不察遂以賜還鹽池為請致令吉岸裁廢北路鹽務紊亂至今茲特述其原委詳著於篇

吉岸既廢鹽禁大弛於是花馬池鹽綏德小鹽長蘆鹽紛然錯出散漫無紀北路鹽務日以紊亂按北路鹽務當吉岸

未設以前本屬自由販運吉岸既設果能實力規畫酌定中制未嘗不漸歸統一乃設岸僅止七年即行停辦在當事者固慮侵礙河東保護引地庸知吉岸雖廢蒙鹽浸灌未能杜絕北路鹽禁轉以大弛此則失之甚者也自後鹽觔販運悉聽民便就蒙鹽論例如吉蘭泰之紅鹽鄂爾多斯之白鹽蘇尼特之青白鹽向行北路而烏珠穆沁青鹽亦得行銷於大同一帶就土鹽論例如鳳門以南則太原太谷平遙徐溝代州忻州定襄等處所產為多陽曲榆次祁縣交城文水五臺崞縣繁峙汾陽孝義介休等處次之鳳門以北則大同渾源山陰應州朔州等處所產為多懷仁陽高天鎮寧遠等處次之及光緒末而托克托附近之東海素臺所產土鹽鍋數增加每年煎鹽約一二萬石銷售於歸化托克托一帶太汾以西又有花馬池鹽綏德州小鹽由陝西府谷吳堡等處渡河侵入平遼以東又有長蘆鹽由直隸井陘贊皇等處越境侵入及光緒末而河東積引亦由官局配運試銷於太汾一帶由此北路食鹽品類紛雜展轉販售銷無定地鹽法紊亂固已極矣

雖徵取之法有稅有釐有加價而商無定人銷無定地視同百貨弊竇益多

按北路行鹽惟蒙鹽土鹽舊有稅例陽曲等三十州縣向領額引應納鹽稅攤歸地丁徵解此引稅也引稅以外按鍋另徵稅銀每年約共八千餘兩此土鹽附加稅也蒙鹽入口向由殺虎口徵收鹽稅此關稅也咸同以來抽釐法起於是有加徵鹽釐之例吉蘭泰鄂爾多斯鹽由包頭河口等處抽收烏珠穆沁蘇尼特鹽由豐寧等處抽收土鹽運銷鄰縣者亦抽鹽釐光緒二十六年後鹽釐增重吉鄂鹽每石三百五十觔抽釐銀一兩烏鹽每石四百觔抽釐銀一兩六錢蘇尼特青鹽每石三百六十觔抽釐銀一兩二錢白鹽每石四百觔抽釐銀八錢鹽釐以外復有加價鹽每觔徵收賠款加價普通加價共為八文蒙鹽入口一律照收其不入口者僅收銷鹽省分加價一文同蒲鐵路加價二文此蒙土釐價之例他花馬池鹽綏德小鹽舊制不准渡河蒯以禁絕未易始由軍渡磧口等處抽收鹽釐定章每觔抽釐錢十四文隨收加價三文長蘆鹽舊制不准越境亦以浸灌日多酌抽鹽釐光緒二十八年倣照河東行銷陝豫例由銷鹽省分另徵加價凡蘆鹽運入山西每

勅收加價六文釐價徵則各不相同雖花小長蘆主在以徵爲禁而例端一開轉滋弊資況山西鹽釐者係貨釐局兼收此又視同百貨固無鹽法之可言也統計每年釐價收入蒙花小鹽約共徵釐四萬五千七百餘兩蒙土花小約共徵加價二萬五千八百餘兩蘆鹽加價約徵四千四百餘兩合之土鹽引稅附加稅歲共十萬一千九百餘兩而蒙鹽鬮稅不與焉

蒙鹽設有官局而官辦商包兩無成效

按吉岸停辦以後蒙鹽水運雖經禁止私運之弊固未嘗免光緒九年山西巡撫張之洞奏准蒙鹽陸運除殺虎口外准其出皇甫川對岸之河曲縣渡河登岸不得任意下駛蓋倣嘉慶年間侍郎阮元所定舊例水運之禁稍稍弛矣光緒二十年以烏珠穆沁鹽入口日多每年約有五六萬石始於豐鎮廳設官鹽局收買烏蘇鹽發販行銷乃因局員舞弊官本漸虧改爲招商包辦歲繳鹽釐二萬兩然銷鹽不暢歲僅一二萬石鹽少釐重商不能支仍有請歸官辦之議此豐鎮局之情形也光緒二十八年又於包頭鎮設官鹽局收買吉鄂鹽發販行銷包頭鎮在薩拉齊廳西距薩九十里即古高闕塞南臨黃河北倘陰山爲漢蒙貿易最盛之區三十二年復與阿拉善旗訂立合同租用鹽池歲給池租銀七千兩自行撈鹽辦理官運即以包頭鹽局爲官運總局於南海子設立鹽棧南海子在包頭東南十五里黃河北岸凡磴口河西發運鹽舫由棧驗收分別轉運並於包頭上下游酌設分局一曰磴口在甘肅平羅縣境爲吉鹽水運根據地吉蘭泰大池鹽運至磴口約計陸程三百六十里小池二百四十里自磴水運至包頭計程九百六十里一曰小阿善在五原廳西南黃河北岸河之南岸爲鄂爾多斯右翼後旗即杭錦旗俗謂小阿善距包頭四百八十里地多鹽產易於水運故於小阿善濱河之處設立局所專賣吉鹽以防鄂鹽東灌一曰河西在五原廳東南距包頭一百八十里鄂鹽至此出局收買就近銷售或轉運包頭一曰河口在包頭下游距包二百四十里爲黑河入黃之處舊例吉鹽水運至此爲界設局之後凡河曲商販購運包頭鹽由局驗票放行一曰歸化距包頭三百六十里距河口一百四十里凡包頭發運之鹽運赴河口轉運歸化由局驗收發販零售各局運本視運道之遠近但以發吉池至包頭言之綜其成本約分數項

吉鹽每石重三百五十觔撈鹽工費銀六分八釐自池運至磴口大池鹽運脚銀一兩三錢小池鹽七錢磴口局費銀三錢五分磴口至包頭船脚銀四錢五分池租七千兩按鹽二萬石計算石需租銀三錢三分三釐四毫合計每石成本共銀二兩五錢有奇鹽釐等項不在此內開辦之初獲利雖厚並未解交藩庫及光緒三十四年局員藉圖報銷多採池鹽遽行撈鹽十萬石非獨鹽觔壅滯而運本積歷且至十七八萬兩及宣統三年各局存鹽仍有五六萬石暗中虧折爲數亦鉅此又包局之情形也是則豐包兩局皆無成效矣

宣統二年始議整理之法，劃分蒙鹽口岸，定爲官運商銷。將太汾以西，黃河以東，五原以南，隰州以北，擬行吉蘭泰鹽，並以鄂爾多斯鹽附之。豐寧以南，忻代以北，擬行烏珠穆沁鹽，並以蘇尼特鹽附之。平遼兩州暫行蘆鹽。其陝西花小鹽，嚴加堵緝。宣統二年督辦鹽政處以北路鹽務廢弛已久不能不亟加整理於是議運蒙鹽劃分口岸定爲官運商銷之法奏准太汾以西黃河以東武川五原以南隰州以北議行吉蘭泰鹽仍於包頭設官運局包頭以南酌設分局另與阿拉善旗訂立合同寬定年限每年加給池租銀三千兩共銀一萬兩鹽船水運援照成案准至磧口起岸鄂爾多斯鹽照舊由局收買與吉鹽一律行銷豐鎮寧遠與和陶林等廳及大同忻代等府州議行烏珠穆沁鹽仍於豐鎮設官運局忻代之間酌設分局與張家口蒙鹽總棧商定價值隨時購運蘇尼特鹽照舊由局收買與烏鹽一律行銷均由官局招商領運飭交押岸銀兩暫時不定引額烏鹽不敷准以吉鹽濟銷其平定遼州以東毗連長蘆引地且與蒙鹽土鹽相隔較遠民間購食蘆鹽久成習慣議行蘆鹽即於正太鐵路附近之平定州設官運局按年借運發商銷售將平遼等處蘆商鹽店全行撤出晉境其各地土鹽查明鍋數分爲上中下三等抽收鍋捐祗准歇業不准增鍋熬成鹽觔祗准售於本境不准運銷鄰縣各州縣規費悉予裁革期於逐漸收束將所產土鹽由官收買統歸商銷與官鹽一律辦理太汾兩屬試銷河東鹽原係疏通積引應與蒙鹽公共行銷若陝西花小鹽應即申明禁令嚴行堵緝不准顆粒入晉以防浸灌規畫既定因於山西省城設立省北鹽務總局由鹽政處度支部湊墊銀十萬兩作為成本先行試辦旋經山西諮議局建議謂官運蒙鹽道遠價昂斷難暢銷省北蒙土兼銷相安已久若限制土鹽禁其出境設蒙鹽誤運除產土鹽二十八廳州縣外皆將有淡食之虞況鹽地多係鹵薄不堪耕種山陰應州等處尤屬瘠鹵惟藉掃土熬鹽運銷鄰縣以謀生活限禁過嚴生計頓絕勢必弱者轉滯壑強者流為盜賊收束土鹽未見效果地方治安已滋紛擾應將包頭官運局實力整頓准照舊章運至河曲起岸一面查禁花馬池鹽使無妨礙烏珠穆沁蘇尼特鹽仍用官督商銷法規定稅則聽民販運土鹽產區規定鍋稅責成地方官資徵實解不得絲毫隱匿並將蒙土鹽釐劃一科則嚴剔中飽不必專銷蒙鹽省北鹽務當有起色此其所論主在廓清積弊無庸改法於整理計畫不免阻格宣統三年復由鹽政處派員調查蒙鹽從長計議未幾武昌事起蒙鹽立岸未及實行惟平遼等處借運蘆鹽於宣統二年實行開辦倣照淮南借運例以八百觔為一引按晉引二百五十觔分為三引借運長蘆一萬引按合晉引三萬引每引定例商交正課二兩運本二兩五錢每觔另交加價二文辦公經費四文夫以山西北路七十一廳州縣幅員遼闊為食鹽一大銷場鹽品之錯雜蘆價之參差販運自由任其散漫自非官辦難於統一專主蒙鹽亦多窑礙吉鹽南運水陸程途二千四百里始達磧口包頭以上水勢平穩迨入石河水急灘險鹽船經過在在堪虞道遠費重售價不能過減窑礙者一烏鹽入晉向由豐寧鹽店與蒙民交易多在察哈爾馬王廟距烏珠穆沁鹽池一千六百里距豐鎮二百餘里光緒二十九年直隸張家口設棧收買烏鹽來路漸形減少窑礙者二土鹽產地本係瘠區貧民生計尤宜顧廬窑礙者三故收歸官辦仍當斟量蒙鹽銷數限制土鹽產額酌定中制兩得其平要之北路徒以河東運難遂致歷來辦法未能周妥異日同蒲鐵道路線交通北路情形又一變矣

計畫甫設事未及行故終清之世無所統一要之北路鹽務果能實行官辦酌定中制剔

除積弊逐漸經營其亦庶乎可幾而理歟

陝甘沿革

陝甘鹽區蓋禹貢雍州域產鹽之地甘肅居多陝西鹽池惟定邊一處又復錯入靈州界內陝甘情形就產區論當以甘肅為主就鹽務論當以花馬大小池為主甘肅鹽產多於陝西茲題為陝甘者蓋以大池區域隸在陝境地理所關各從主名也甘省東連邠岐西抵青海北邊蒙古西北一隅遠出塞外錯處於新疆蒙古青海之間鹽產所在隨地皆有粵稽漢代鹽法已與漢自武帝元狩四年創行專賣設立鹽官一於隴西郡一於西縣一於三水一於獨樂一於龜茲漢書地理志載隴西郡有鹽官安定郡三水縣上郡獨樂縣龜茲縣並有鹽官以今地理證之漢隴西郡兼有今蘭州鞏昌境郡治所在為今狄道州例如漳井皋蘭之鹽皆隸隴西郡鹽官三水即今固原州北境獨樂龜茲即今靈州及陝西定邊縣境水經注云隴西西縣漢水所出水北有鹽官在嶓冢山西五十餘里相承營煮不輟味與海鹽同故漢志言西縣有鹽則漢時西縣曾設鹽官而今本漢書缺載者蓋脫文也西縣即今西和縣其鹽產井而成發源最古亦可證矣考其區域悉在黃河東南河西四郡固未及也甘肅一省黃河斜貫其間漢置鹽官為隴西安定上郡均在黃河東南河西四郡固未設官四郡者本匈奴地元狩二年擊降匈奴始置武威酒泉郡元鼎六年析置張掖敦煌郡其地西通西域南隔羌胡時稱斷匈奴右臂謂之河西四郡邊要所在終漢之世未嘗榷鹽三國魏志徐邈傳載魏明帝時邈為涼州刺史請修武威酒泉鹽池以收斂穀供軍用此乃一時權宜非常法也武威酒泉等郡即今甘涼兩府並肅州安西兩州為甘肅北路元和郡縣

志載甘州張掖縣北有鹽池其鹽潔白甘美隨月虧盈涼州姑藏縣有武興鹽池眉黛鹽池肅州福祿縣東北有鹽池周回八十里玉門縣北獨登山出鹽鮮白味異常鹽沙州敦煌縣東有鹽池鹽常自生姑藏即今武威福祿即今高臺張掖敦煌玉門等縣今則名稱仍舊皆漢河西四郡地也

逮乎東漢羌戎爲患叛服不常郡縣荒廢鹽利損失漢自武帝北擊匈奴西逐羌戎羌乃去湟中依西海鹽池左右西海者即今青海也泊元帝時彡姐等七種羌入寇隴西擊降以後邊塞無事者垂數十年王莽之亂諸羌復叛沿及東漢叛服不常後漢書西羌傳載永建四年虞詡上言雍州之域沃野千里又有龜茲鹽池爲民利故武帝及光武築朔方開西河置上郡乘阸阻險軍用饒足今衆羌內潰郡縣兵荒棄沃壤之饒損自然之利宜復三郡仍如舊制此其所論實於屯田以外注重鹽利迨後三郡雖復然自永和間迄於興平羌種孳起寇患無已龜茲鹽利淪廢可知方輿紀要云龜茲鹽池即今花馬大小池

魏晉以降秦涼二州分而爲西秦爲五涼龜茲等處始沒於前後趙再沒於姚秦旋爲赫連夏所有割據相繼者垂百餘年按隴西諸郡漢置爲涼州晉分置秦州自晉永寧元年張軌始據河西是爲前涼及太元初併於符秦太元十年呂光復據河西是爲後涼及隆安初又附於姚秦其地遂分而三禿髮烏孤據樂都是爲南涼沮渠蒙遜據張掖是爲北涼李暠據敦煌是爲西涼迨後西涼爲北涼所併南涼爲西秦所併西秦者乞伏國仁據有隴西金城等郡及宋元嘉七年又併於赫連夏赫連夏所併者初隸姚秦義熙三年赫連勃勃自稱夏國龜茲獨樂等處悉屬焉當宋之時秦涼二州分據於北涼赫連夏元嘉八年北魏滅夏十六年復滅北涼由是諸郡皆爲魏有割據相繼兵連禍結者一百四十年間固無鹽法之可言矣

宋元嘉間北魏强盛併有其地榷鹽之法屢興屢罷迨至隋代鹽遂無稅按東漢以來羌戎爲患隴西各地鹽利已失晉永嘉後復爲割據時代晉書載姚興議增關津鹽稅其臣以爲不可興謂能踰關梁以通

利皆豪富之家損其有餘俾濟國用何爲不可遂行之曰增者則先已有稅是割據諸國固嘗徵取鹽利矣北魏鹽法屢興屢廢大概爲徵稅制書缺有間雖不可考然以河東證之鹽州鹽池亦可類推鹽州卽漢鹽茲等處北魏始置鹽州蓋因鹽池而名南史張暢傳言魏太武南征至彭城饋宋孝武以九種鹽曰各有所宜所云白鹽者卽鹽州產也周循魏舊亦行徵稅制隋書食貨志載北周掌鹽一職掌四鹽之政令一曰形鹽掘地而出一曰飴鹽產於西戎百姓取之皆稅焉卽今甘肅及河套等處鹽也至隋開鹽池之禁而鹽稅始除矣

唐開元間始更檢校鹽課鹽州有烏池白池瓦窑池細項池靈州有溫泉池兩井池長尾池五原池紅桃池回樂池弘靜池會州有河池皆輸米以代鹽

詳見新唐書食貨志按志言唐有鹽池十八皆隸度支除蒲州五池安北都護府胡洛池並會州河池外靈鹽兩州鹽池凡十有一均在今甘肅靈州及陝西定邊一帶蓋黃河自塞外入甘肅至此成兩大曲故鹽池獨多以今河道證之河自貴德循化東流至河州折而東北經皋蘭金縣靖遠迤而西至蘆溝堡又東北流出長城折而東南復入長城經中衛縣南又東北流經廣武城至靈州折而北流經寧夏平羅至鎮遠關出邊經蒙古阿拉善境至鄂爾多斯右翼後旗西折而東流經烏喇特旗南至山西薩拉齊廳又東南流至山西偏關折而西南至陝西府谷東北境周回曲折幾三千里杜佑通典言河水自靈武郡西南便北流凡千餘里過九原郡乃東流自靈武以北漢人謂之西河自九原以東謂之北河今黃河故道雖有變遷然轉曲之際仍循舊迹積潤千里伏脈地中聚而作鹹浸爲鹽池今靈州及河套內外所有鹽池星羅旗布例如花馬大池卽唐烏池也元和郡縣志載靈州回樂縣南有溫泉鹽池周迴三十一里懷遠縣有鹽池三所紅桃池鹽色似桃花在縣西武平池在縣西北河池在縣東北鹽州五原有鹽池四所一烏池二白池三細項池四瓦窑池細項瓦窑並廢烏白二池出鹽隸度支收糶與唐志所載互有參差以今地理證之懷遠回樂卽今靈州東北境鹽州五原卽今靈州東南及定邊北境方輿紀要言花馬池附近

有紅柳池石溝池蓮花池又有馬槽波羅濫泥等池俱產鹽硝靈州境內復有小鹽池與大池皆不假人力自然凝鹽凡此之類按合唐時鹽池未能詳證古今名稱固有相異者矣若會州河池據元和郡縣志謂在會州西一百二十里其地春夏因雨生鹽雨多鹽少雨少鹽多遠望似河故名河池以今地理證之當在靖遠小番縣境

初設判官以主池務貞元中始於烏池置榷稅使

舊唐書食貨志云烏池舊置榷稅使長慶元年勅烏池每年糶鹽收博榷米以一十五萬石為定額玄宗以前亦有鹽池使景雲二年令蒲州刺史充關內鹽池使此即鹽州鹽池開元十五年兵部尚書蕭嵩除關內鹽池使此是朔方節度常帶鹽使也按唐靈鹽二州隸關內道謂之邊州開元九年始置朔方節度以靈州為治所鹽夏諸州皆其所轄軍需之資除屯牧外以鹽榷為大宗故朔方節度兼帶鹽使管理池務設有判官舊唐書李涵傳言朔方節度郭子儀奏涵為鹽池判官即靈鹽等處鹽池時天寶末年也貞元初鹽州陷於吐番貞元八年收復其地貞元十七年更陷於吐番旋又復之始置烏池榷稅使蓋做河東之例並於靈州設分巡院主管溫泉等池唐制榷鹽其初多徵本色後皆折收鹽錢惟靈鹽會三州輸米代鹽定為折色緣邊鎮軍儲所關故變價取米就近收貯便充糧餽也係

鹽行本州及邠鄜涇原等處

舊唐書食貨志云元和五年度支奏邠鄜涇原諸州將士請同當處百姓例食烏白兩池鹽又云振武天德兩軍舊食胡洛池鹽自大中四年黨項叛擾餽運不通供軍使請榷市白池鹽按唐邠鄜坊州即今陝西邠鄜兩州涇原即今甘肅涇州當時例食為白池鹽是則行鹽分界自唐已然振武等軍榷市白池鹽必經奏請者此殆借運之例矣又按唐隴右道亦多鹽產皆今甘肅境新唐書地理志載秦州長道縣有鹽渭州漳縣有鹽井長道即今西和漳縣即今隴西縣屬志又載甘涼肅沙諸州皆有鹽池然考之載記鹽法無聞者蓋隴右道西接羌戎南連吐番北鄰突厥內地各州羌種雜處鹽榷雖興有同羈屬天寶之亂吐番入寇乘間侵軼寶應大歷間秦隴甘涼悉為所陷時自清水以西皆隸吐番榷鹽之利非唐所有追大中後收復河湟而唐室方微不暇疆理惟成州於貞元五年徙治同

谷西境權置行州改隸山南西道新唐書食貨志載成州有鹽井隨月督課山南西院領之即今西和鹽井也然自大順以來亦據於藩鎮矣天復而後靈鹽二州擅於藩鎮按自黃巢亂後唐室益微藩鎮叛命擅取鹽利例如階成等州當景福初爲李茂貞所據其後併於王建靈鹽二州天復後間亦附於茂貞五代梁開平三年茂貞將韓遜又以靈鹽附朱溫乾化初爲高行存所據時延州節度高萬興奏言鹽州與吐蕃黨項犬牙相接又有烏池鹽利戎羌意未嘗息宜取之以防寇患遂於是年收復鹽州然榷鹽之利仍爲藩鎮擅有五代唐同光間以鹽課虧損始加清理因於慶州置榷鹽務徵收青白鹽稅除正稅外更徵陌鹽沿漢迄周稅則益重且有私抽之弊周廣順三年乃禁絕之按五代之際自唐同光二年始行清理鹽法顆末鹽界多主禁榷行專賣制惟青白池鹽則以産銷各地番漢雜處但主徵稅五代會要載唐長興四年諸道鹽鐵轉運使奏鹽法條例議定顆末青白等鹽不許界分參雜顆末鹽地界如有青白鹽參雜依洛京條例科斷又載周顯德二年改立鹽法條例議定慶州青白榷稅院原有透稅條例所有驢畜鹽貨一半支與捉獲人充賞其餘一半並納入官依舊一斗以上至三斗杖七十三斗以上至五斗徒一年五斗以上處極刑此私鹽治罪法也至於榷鹽法顆末鹽界分有蠶鹽食鹽等名目青白鹽地則有陌鹽陌鹽者凡公私買賣商民貿易以加納陌錢留存於官即唐之除陌猶加稅也舊唐書食貨志載天寶九年敕榷鹽以斗量每貫除陌錢二十文又載貞元九年敕陌錢易於生姦法當禁斷新唐書食貨志載德宗時軍用迫蹙稅算除陌舊算二十加爲五十約値爲率民益愁怨是則除陌本唐弊法而五代猶沿用之陌鹽之名蓋昉於此舊五代史食貨志載周廣順三年詔言青白池務向有定規祇自近年頗乖循守比來青鹽一石抽稅錢八百文足陌鹽一斗白鹽一石抽稅錢五百文足陌鹽五升其後青鹽一石抽錢一千鹽一斗訪聞更改以來不便商販番人漢戶求利艱難宜與優饒庶令存濟今後每青鹽一石依舊抽稅錢八百文以八十五爲陌鹽

一斗白鹽一石抽稅錢五百文陌鹽五升此外不得更有邀求訪聞邊上鎮舖於番漢市易糶糴私有抽稅今後一切禁絕私抽之弊至是稍革矣文獻通考言青白鹽出鹽州烏白池隸慶州榷鹽務慶州卽今慶陽府烏白鹽池在其東南五代時例如寧慶涇原秦鳳等處皆行青白鹽而鹽運適中慶州爲最故榷務置於其地

宋承周制循而未改及咸平間烏白池鹽淪入西夏由是環慶鄜延等州改行解鹽解鹽味劣而價貴青白鹽味甘而價賤邊民私販莫能禁止解鹽銷路常被侵奪鹽法至此爲之一變

按青白鹽自唐以來行銷於環慶鄜延等處唐時黨項內附散居西北邊凡鹽夏綏宥環慶鄜延諸境多其族帳黨項者西羌之別種也故青白鹽利擅於羌人文獻通考云宋初陝西緣邊舊食烏白池青白鹽西羌擅以爲利淳化三年陝西轉運使鄭文寶以李繼遷叛請禁止之許商入販解池鹽可以資國計詔可自陝以西敢私市青白鹽者抵死宋史夏國傳云淳化四年鄭文寶議禁鹽池用困繼遷以邊人入寇乃弛其禁黨項傳云淳化四年禁青鹽羌族四十四首領同盟入寇因詔弛禁鄭文寶傳云諸羌部落樹藝殊少但用池鹽與邊民交易穀麥文寶建議以爲銀夏之北千里不毛販鹽爲命請禁青白鹽許商人販解鹽於陝西官獲其利而戎益困繼遷可不戰而屈詔從其請行之數月犯者益衆遂除其禁是則鹽禁未幾卽能矣咸平五年繼遷陷靈州因取有鹽州地烏白鹽池始爲西夏所有於是環慶等州改行解鹽故鹽禁寶行當在咸平以後天聖九年元昊嗣立西夏益強疆域日擴東至豐勝西至玉門南臨蕭關北控大漠延袤萬餘里兼有今甘肅甘涼寧夏三府肅州安西兩州陝西榆林一府及蒙古阿拉善鄂爾多斯境例如吉蘭泰池並河套鹽池亦爲所有而烏白池鹽逼近陝邊尤易侵入故解鹽銷地必以關防夏私爲要宋史夏國傳載慶歷四年元昊納款因定和市之約置榷場於保安軍及高平砦第不通青鹽保安軍隸延鄜路卽今延安府保安縣高平砦隸涇原路卽今固原州境榷場猶今通商口岸不通青鹽猶今通商條約鹽爲違禁物也宋史食貨志載是

時元昊請入青白鹽售縣官歲以十萬石為限仁宗因其亂法不許文獻通考亦云慶歷中元昊請歲入青白鹽諫官孫甫等言羌運疲勞又並邊民戶嘗謂青鹽價賤味甘故食解鹽者少雖刑不能禁今若許之則並邊番漢盡食青鹽不能禁止解鹽利削陝西財用絀矣乃不許其請然禁法雖嚴私販實未嘗免食貨志載慶歷八年范祥任制置解鹽司以並邊八州軍地近烏白池奸人私以青白鹽入塞侵利犯法乃將八州軍商鹽改行官賣而官鹽估貴土人及番部販青白鹽者益多犯禁抵死莫或肯止至和中詔番部犯青白鹽抵死者祇投海島嘉祐中詔遷配從者於近地自是禁法稍寬蓋羌族專畜牧販鹽易穀生計所關勢難禁絕熙寧間种諤議取橫山復鹽宥諸州謂橫山連延千里多馬宜稼且有鹽池之利夏人恃以為生若能規復則山澤利源盡歸中國而功未克成終宋之世不得志於西夏陝西邊患幾無寧歲非徒鹽法之擾壞也

熙寧間開邊置郡岷鞏所產復為宋有雖輸鹽課不過視同土鹽祇徵土產稅

按蘭岷諸州唐時沒於吐番宋熙寧間開拓邊境取有熙河蘭岷等處置為熙河路例如蘭州之蘭泉縣鞏州之鹽川砦岷州之長道縣皆係產鹽區域僅銷本處元豐間始徵鹽課祇取土產稅無所謂鹽法也宋史食貨志載元符元年解池被水聽岷州官井鹽及階州石鹽銷於本路蓋北宋之時階岷等州均為解池行鹽地階州隸秦鳳路石鹽者產於山巖之間亦曰巖鹽太平寰宇記言階州貢石鹽則當時且列貢品矣

南渡初關隴六路盡沒於金惟餘階成岷鳳隸利州路紹興間始將西和鹽井倣蜀鹽例改行鈔法收引稅錢

按宋時關隴六路總為陝西路除永興鄜延為今陝西地其餘涇原環慶熙河三路及秦鳳路屬之秦階岷成州皆今甘肅境紹興初悉陷於金紹興十一年與金議和劃關為界於是階成岷鳳仍歸宋有附於利州西路因改岷州為西和州並將西和鹽井倣照川井之例一律改行鈔鹽先是紹興二年張浚治兵川陝以趙開為隨軍轉運使總領四川財賦大變鹽法倣東南東北鈔鹽置合同場收引稅錢每引為鹽百斤斤輸引錢二十

五引錢以外又有土產稅過往稅約共十一錢有奇每引別輸提勘錢六十後又增貼納等錢稅目繁多鹽價頗貴至是推行於西和而銷路不廣民力已困文獻通考云紹興二十九年詔減西和州賣鹽值之半西和鹽井歲產鹽七十餘萬斤半為官吏之費半銷於西和成鳳州歲得錢七萬緡鹽多地狹每斤為值四百民甚苦之故有減價之令有元時陝甘之鹽聽民自由不辦課程陝西鞏昌延鳳等路任食韋紅池鹽認納解池鹽課名曰乾課歲由陝西運司委員赴池監採鹽斤立法抽分依例發賣定制黃河以西從便食用越境東渡者即以私論按金自天會間取宋陝西路地皇統二年分為東西路置慶原熙秦兩路謂之陝西西路仍沿宋制定為解鹽銷區金史毛碩傳載天德二年碩充陝西轉運司以鞏會道路多險鹽引斤數太重請一引分作三四俾改輕便從之其時鹽州鹽池既隸夏境西和鹽井復為宋有故雖道遠運艱不得不行銷解鹽元於太祖二十一年滅夏太宗八年取金秦鞏等州及宋關外祇成四州以甘涼寧夏等處置為甘肅行省以鞏慶蘭秦等處隸於陝西行省元制陝甘鹽聽民自由販賣鞏慶各境猶依宋金之舊通行解鹽而寧夏無課之鹽往往越境侵銷東起環延西至秦鳳私販相習莫可禁約故有乾課之例乾課者准食韋紅鹽仍納解池課即今河東鳳課所由昉也元史食貨志載寧夏所產韋紅池鹽不辦課程除鞏昌等處循例認納乾課從便食用外其池鄰接陝西環州味甘價賤百姓私相販易不能禁止元統以後議由陝西運司每歲遣員赴池監視聽民採取立法抽分照例發賣按解課原額收納鈔錠限定黃河為界自河以西任民販運因而夾帶東渡者同私鹽法罪之解鹽仍舊西行不在禁例韋紅鹽池即今花馬等池是則花馬池鹽與河東鹽法相關由來久矣蓋自元以前甘肅鹽區屢淪異域及元而始併於一鹽法至此又一變矣按甘肅自漢以來土地之權類非一國所有若漢則或隸於羌戎唐則或隸於吐番宋則或隸於西夏產鹽之地往

任論爲異域及至元代始有甘肅全境而鹽產運銷聽民自由不辦課程者元起漢北甘肅邊州多屬蒙古游牧之所故無引無課殆如清代邊鹽之例明時靈州大小鹽池置鹽課提舉司歲辦小引鹽一萬四千三百三十七引漳縣鹽井歲辦二千五百七十八引西和鹽井六百五十二引明史食貨志云陝西靈州有大小鹽池又有漳縣鹽井西和鹽井洪武時歲辦鹽西和十三萬一千五百斤有奇漳縣五十一萬五千六百斤有奇靈州二百八十六萬七千四百斤有奇弘治時同續文獻通考云洪武二年置靈州鹽課提舉司按明於洪武二年取有寧夏鞏昌等處洪武五年復取甘涼等處均隸陝西行省元時甘肅之鹽皆無引課明則漳縣西和兩處鹽井及靈州鹽池有引有課惟甘涼等衛產鹽仍循元舊不辦課程靈州鹽池即花馬等池明史地理志載靈州南有小鹽池寧夏後衛西有花馬池西北有大鹽池方輿紀要載花馬池周四十三里在寧夏後衛西距定邊營六十里又西北有大鹽池周八十里又西有小鹽池周二十七里三池皆寧夏之衛要明時邊儲多取於此鹽行鞏昌臨洮慶陽平涼等府明史食貨志云靈州漳縣西和鹽行陝西鞏昌臨洮等府及河州按明時蘭州河州隸臨洮府秦州階州隸鞏昌府寧州隸慶陽府固原隸平涼府皆行漳西及靈州鹽均今甘肅境此其初制也至漢中延鳳各府明初爲河東銷地隆慶以後始改食大小池鹽洪武四年行開中法令商人輸米給以鹽引續文獻通考載洪武四年定例商人於延安慶陽平涼寧夏臨洮鞏昌納米七斗蘭縣四斗靈州六斗並於靈州給鹽一引鞏昌臨洮蘭縣納米一石五斗漳縣一石八斗西和二石並於漳縣西和給鹽一引此洪武初制也其後中鹽則例增減不一率以米值高下爲準正德四年始於陝西行免支法凡兩淮雲南鹽客商中納支給不敷者許於陝西免支陝西鹽支給不敷者許於廣東海北免支此又開中之變例也正統三年以邊軍缺馬因定納馬中鹽例上馬一匹給鹽百引中馬八

十引成化元年又借西安地方行鹽招商納馬甘肅本產馬地故中馬支鹽多於花馬等池按甘肅自古以產馬著漢唐養馬多在涇渭間說者謂花馬一池本西秦牧地即土治鹽因有花馬之稱唐代而後馬政寖廢由是馬藏民間明初於秦州洮州河州置三茶馬司貿易番地其後易馬之外復行開中招商中馬給以茶引及正統間因倣其例始以靈州等處鹽令商人納馬支給鹽引續文獻通考載正統三年寧夏總兵官史昭以邊軍缺馬而延慶平涼官吏軍民多養馬乃奏請納馬中鹽每上等馬一匹給鹽百引中等馬一匹八十引成化元年又以寧夏備邊馬缺開靈州花馬等池課並借西安地方行鹽招商中馬成化六年寧夏缺馬復以陝西鹽招商中納至嘉靖時吏部侍郎何孟春請以中鞏昌等處鹽每引百道招商納銀銀二十五兩備各邊買馬明史食貨志云中馬之始驗馬乃掣鹽既而納銀於官銀入布政司宗祿屯糧展轉支銷銀盡而馬不至邊儲自此匱矣

弘治間開中法廢準改折銀每鹽一引徵銀二錢五分歲解三邊支用按弘治以來改開中例招商納銀其法始自兩淮推行於各區甘肅每引定例納銀二錢五分專備三邊軍需之用三邊者一曰延綏一曰寧夏一曰固原明自河套淪棄邊鎮多事花馬池地尤為衝要套寇往往闌入南擾則禍在慶環西掠則患在平固西北則瞰靈州阻寧夏由延綏定邊營至寧夏橫城堡橫亘四百餘里川原平曠無山谷之險實以固原為堂奧而寧夏與延綏並為藩籬花馬池正其門戶也故自正統以後特設重兵分護其地謂之防秋軍需所資多仰鹽利靈州課入專備三邊買馬漳西鹽課俱由隴右道監理徵收歲終解送花馬池營管糧衙門防秋兵馬支用

嘉靖八年以宗藩祿糧增加靈州鹽額共增五萬六千餘引照例徵課備給宗祿嘉靖十四年復將小池加引改備邊餉續文獻通考云嘉靖八年陝西巡撫寇天敘奏韓府宗支繁衍歲祿積負無所取給請將靈州鹽課自嘉靖九年為始大池歲增三萬三千六百二十六引小

池歲增二萬二千四百一十七引照例納銀專備歲祿原額鹽課備三邊買馬如故明會典云嘉靖八年議准靈州大小池增加鹽引歲增課銀一萬九千六百一十五兩送平涼府收貯備給祿糧嘉靖十四年題准小池鹽原額三千一百零五引專供花馬池一帶修邊支用其加增鹽引招商納銀以備三邊輪流買馬或解濟軍餉

自後課則遞加靈州每引為銀五錢二分

按明初開中輸米中鹽靈州漳西科則各異其後改納銀兩每引皆以二錢五分為則明會典載嘉靖三十四年奏准陝西地方每鹽二百斤為一引收課銀四錢五分漳鹽每引搭配西鹽二分隆慶五年題准花馬池大小二池鹽每引照鹽四倍河東令各商報納每引增課一錢二分臥引銀一錢二分西路另徵斗底銀一錢五分郡國利病書載花馬池原設批驗所二一在固原一在慶陽弘德堡主驗放鹽引嗣於靜涇二州立廠市收課以備賑濟弘治十四年總制秦紘移廠市於固原固原兵備主其課引銀移批驗所於慶陽慶陽兵備主其割引銀以備邊用固原立五鹽廠每廠五百引置老人斗行每車收門鹽一斗五升石收票銀五釐貯存州庫備給軍需批驗所每引收臥引銀一錢二分以備買馬斗行又納公用銀十八兩嘉靖二十八年又增斗底牙銀一錢五分斗行過取斗底而豪猾為斗行倍收私放商民乃受病焉此其所論僅屬固原慶陽是則靈州池鹽徵課情形已不一律漳西課例與靈州異又可知矣

隆慶四年以延安漢中二府距河東遠改食大池鹽萬歷四十一年更將鳳翔一府改食小池鹽銷區既廣課額日增鳳翔府屬雖食靈州池鹽仍納河東引課

按陝西延安漢中鄜鳳等屬原係河東行鹽地道遠運艱民間多販靈州池鹽隆慶時因將延安漢中兩府改食靈州大池萬歷末又以鳳翔府屬靈私易越解鹽難行改食靈州小池惟延漢鹽引改歸靈州鳳屬引額仍在河東領引納課鳳課之例蓋始於此

當時靈州漳西歲辦鹽額共為六萬二千六百八十餘引歲解餉銀三萬六千餘兩

課款奏報均隸河東較之元制又一變矣明史食貨志載萬歷時漳縣西和鹽井靈州鹽池歲共辦鹽千二百五十三萬七千六百餘斤歲解寧夏延綏固原餉銀三萬六千餘兩按明制陝甘行鹽照河東例每二百斤為一引萬歷間漳西靈州共辦鹽額為六萬二千六百八十八引有奇要以靈州大小池居其多數迨及明末李自成肇亂洮河靈州一帶首被蹂躪池廢工散鳳鄉等處改食陝西土鹽斯又當日權宜之計也清初依明之舊順治五年後始將引課實行規定按順治二年始定甘肅沿明舊例仍併陝甘為一省惟時甘涼等處回民屢叛臨洮鞏慶悉被其擾順治五年叛回既平而定邊軍民相繼作亂蒙古鄂爾多斯復據賀蘭山叛服不常故陝甘鹽務未遑治理順治五年以後兵事稍息始定大池引課及八九年復將小池並漳西引課漸次規定花馬大小池漳縣西和歲共行鹽九萬三千九百引清會典載順治五年定花馬大池行鹽三萬五千引內延鄜等處一萬引漢中府屬二萬五千引順治八年題准花馬小池行鹽五萬五千四百四十引順治九年題准漳縣行鹽二千八百零一引西和縣行鹽六百五十九引大池每引徵課銀一錢五分其行漢中府者每引徵銀八分小池每引徵銀一錢一分五釐五毫漳縣每引徵銀一兩一錢三釐五毫西和每引徵銀五錢八分五毫詳見清會典每引配鹽一百七十八斤至二百斤不等清會典載漳縣每引一百七十八斤五兩花馬大小池每引二百斤西和每引二百斤零四兩行鹽之地大池鹽行漢中延鄜小池行平慶寧夏漳縣西和行蘭鞏秦階清會典載陝西花馬大池鹽行漢中府延安府鄜州及綏德州屬之清澗縣甘肅靈州小池鹽行平涼府慶陽府寧夏府漳縣西和鹽行蘭州府鞏昌府秦州階州按乾隆以來平涼府屬之涇州固原二州升為直隸州並於固原州屬增置平遠海

城二縣花馬大小池及漳西鹽凡行陝西者四府州行甘肅者九府州共領六十五廳州縣至陝西鳳翔邠州所屬雖食花馬池鹽仍銷河東之引不在其列

於

鹽場惠安兩堡設場大使主管池務漳西鹽井則由地方官兼管

清初依明舊制於花馬大小池均設場大使以理場務漳西鹽井不設場官均由地方官兼管鹽場堡爲大池場所惠安堡爲小池場所鹽場堡在陝西定邊縣西北惠安堡在甘肅靈州東南清會典載雍正二年議准靖邊廳經管鹽場堡鹽務鹽場大使亦歸管轄靖邊縣丞兼管轄井鹽場二堡鹽務稽查私販乾隆三十二年裁甘肅惠安堡鹽大使將場務事宜改歸靈州州同管理自是大小池亦由地方官兼管如漳西之例

督徵課項隸於各道仍由河東兼轄

明制陝甘鹽課悉由地方官經徵督徵之責隸於道府清初仍依其例惟慶陽府屬於順治八年設鹽課同知專理課務康熙二十二年改鹽課同知爲捕盜同知自是慶屬課款亦由地方官經徵清會典載康熙四十年題准花馬小池產鹽在寧夏地方其平涼慶陽二府十五州縣並固原州四營堡行鹽辦課奏銷考成改歸平慶道寧夏二十九營堡仍屬寧夏道管理乾隆二十九年裁陝西驛鹽道改設鳳邠道兼管鹽法其延安漢中府屬由延榆綏道及漢中府兼管蓋陝甘鹽務與各區情形固不同也

順治十三年籌備兵餉花馬大小池共增一萬四百引康熙間計丁加額漳縣西和共增一千七百八十八引

清會典載順治十三年題准增大池四千四百引小池六千引康熙十年題准甘肅隴寧秦清禮洮靖七廳州縣計丁加九百四十三引二十年題准階文徽三州縣計丁加八百四十五引均照例徵課按順康年間三次加引比較原額大池共爲三萬九千四百引小池共爲六萬一千四百四十引漳縣共爲三千六百二十引西和共爲一千六百二十六引是則漳縣所加凡八百二十一引西和凡九百六十七引

康熙十九年又以軍需不足量增鹽課將大小池及漳西鹽每引加徵課銀七分

旋將大池每引復增課銀三分康熙二十一年議定小池照大池例增銀三分詳見清會典按加課以後大池每引徵銀二錢五分六釐其行漢中府者每引徵銀一錢八分小池每引徵銀二錢一分五釐五毫漳縣每引徵銀一兩一錢七分三釐五毫西和每引徵銀六錢五分五毫又按康熙十五年議准大小池並漳西鹽每引加徵課銀五分至二十四年復議停徵附著於此以備證焉自是歲行鹽額共爲十萬六千八十八引應徵正課銀二萬六千九百餘兩鳳引鳳課不預焉按康熙年間陝甘課額花馬大池歲共徵銀八千一百八十餘兩內延安等處三千六百八十六兩有奇漢中府屬四千五百兩小池歲共徵銀一萬三千二百四十兩有奇漳縣歲徵四千二百五十兩有奇西和歲徵一千五十七兩有奇至鳳翔一府依明舊例食小池鹽仍領河東之引名曰鹽稅引一歲頒額引一萬六千三百道該納正課銀六千四百八十八兩四錢由鳳翔府知府督催各州縣經徵鹽課解交河東所謂鳳課也先是順治十二年河東巡鹽御史朱紱疏稱鳳翔一府原係河東行鹽地明季改食花馬小池無如鳳翔距小池遠距河東近舍近就遠且令鳳民包納河東引課請仍行解鹽以釋民累部議謂課額無缺不必紛更康熙十二年河東御史何元英復以鳳屬有課無鹽疏稱鳳翔自明萬曆間改食靈鹽小民便於食私因而賠引課康熙七年招商往運方知靈州並無鞏鹽運鳳之事應請行銷解鹽部議照舊銷河東引不食河東之鹽此則順康時會有改食河東之議均經部駁蓋鳳翔府屬毗連甘邊接近花鹽引地明時立法准食小池鹽仍領河東引主在化私爲官若禁花鹽而食解池則花私侵越實難杜絕矣康熙二十九年以甘肅各處距河東遠徵收課款不便兼轄改令甘肅巡撫就近管理惟陝西延漢所屬隸於河東清文獻通考載順治二年河東巡鹽御史劉令尹疏稱臨洮鞏昌原食漳縣西和鹽請歸甘肅巡按從之又載康熙二十九年河東御史索禮疏稱花馬小池鹽並臨鞏

二府鹽課去河東遠不便徵收請令甘肅巡撫就近管轄徵課從之按明制甘肅鹽課均歸河東兼轄清初因臨鞏等處與河東相距二千餘里徵收課欵由甘肅巡按管理其後按臣停差照明舊例歸河東兼轄康熙二十九年部議漳西並花馬小池鹽課若令河東御史兼管文移往返四千餘里必致遲滯應如御史索禮所題改令甘肅巡撫管轄徵課每年另册奏報其延安漢中二府行大池鹽徵課一切仍由河東兼轄鹽務行政自此始變又按臨洮即今蘭州府乾隆三年始改臨洮爲蘭州茲附證焉

榆綏土鹽按鍋收稅另置票張聽民自售

按榆綏土鹽由來已久金史食貨志載興定二年延安行六部員外郎盧進建言綏德之嗣武城義合克戎寨近河地多產鹽請設鬻場管勾一員歲獲十三萬餘斤可輸錢二萬貫以佐軍三年詔用其言設官賣鹽以給邊用嗣武城在今米脂縣西北義合寨在今綏德州東克戎寨在今綏德州西北是則金時曾設鹽官矣續文獻通考載洪武三年戶部言察罕腦兒有大小鹽池請設鹽課提舉司專司煎辦募商入粟中鹽粟不足則以金銀布帛馬驢牛羊之類驗值徵之察罕腦兒即今榆林縣境是則明初亦設鹽官矣明時煎辦鹽斤招商開中後以鹽官裁撤遂由地方官兼理按鍋徵稅置票行鹽清初仍做其例清會典載康熙二年題准綏德米脂魚河三屬置票二萬六百六十四張覈銷鍋稅乾隆五十九年議准陝西榆林縣所屬之永樂倉馬湖峪並綏德州之三眼泉等處鹽池均係竈戶祖業相承其中界址各有一定應令照舊管業不必官爲經理遇有典賣報明地方官立案查考永樂倉馬湖峪魚河堡皆在榆林縣南與米脂縣接界三眼泉在綏德州南俱係產鹽之地向按鍋面徵取鹽稅蓋寓鹽課於鍋稅鍋稅之例猶淮浙等區所謂竈課也其鹽山資而成謂之小鹽僅銷本處每票行鹽一百斤現今歲徵稅額榆林縣計銀七百九十一兩二錢六分九釐綏德州計銀三百三十三兩八錢五分一釐米脂縣計銀一百七十一兩三錢六分又永樂倉缺額鹽課由懷遠神木府谷等縣徵收名曰幫課懷遠縣計銀七十九兩二錢六分三釐神木縣計銀二百五十七兩二錢七分八釐府谷縣計銀一百一十二兩一錢四分八釐悉由三縣收買蒙鹽舖戶完納統計額徵並幫課共銀

一千七百四十五兩二錢六分九釐若以鍋面計之例如米脂縣每一鹽鍋徵銀一兩四錢四分要之榆綏一帶附近黃河產鹽之處隨地多有惟榆林縣屬上下鹽灣所有灘地較爲整聚焉

陝甘行鹽類皆土商而平慶一帶更有無引私鹽侵占銷額商疲課虧每致賠累雍正初因將甘肅鹽課改歸地丁攤徵

甘肅產鹽之處例如甘涼肅安等府州均在黃河以西無引無課聽民自由其河東鹽產有引有課者惟花馬小池及漳西鹽井若靖遠寧夏等處鹽池皆無引課靖遠以妨礙官鹽嚴爲封禁私取之弊終未嘗絕寧夏鹽池附近郡城向以優待邊民任其自取頗爲官鹽之累而階州之崖鹽成州之土鹽產數雖少亦侵銷額邠環慶一帶尤多蒙私甘省地瘠民貧河東爲甚運鹽辦課率皆土商承銷州縣鹽有定引課有定限私鹽既盛官引自滯商力本薄益致疲敝雍正初年籌議變通將甘肅鹽課攤歸地丁徵收鹽由民間自運其陝西延漢府屬仍如舊制

並將陝西漢中府屬改食花馬小池鹽

清會典載雍正二年題准陝西漢中府屬向食花馬大池鹽自雍正三年爲始改食花馬小池鹽雍正十二年覆准漢中府屬改食小池後空截引角不能實運實銷令仍食花馬大池鹽其小池歲產餘鹽六千石每歲給六千引歸平涼慶陽寧夏三府所屬州縣商人行鹽辦課按漢中府屬食小池鹽僅行九年仍改大池將小池餘鹽引額歸入平慶等府行銷自是小池額課歲共增銀一千二百九十三兩

雍正九年以按糧攤徵轉滋弊竇仍照舊制招商辦課

按鹽課攤歸地丁本屬權宜原非經久之計引額多寡按銷鹽之暢滯爲分配之標準並未按照地畝通都大邑則多山僻小邑則少非通都大邑之民食鹽多於山僻小邑也行鹽雖有地界而四達之衢銷鹽多故配引多山僻之邑銷鹽少故配引少以甘肅當日引額論之例如平涼一府銷引三萬三千二百七十道固原一處銷引爲一萬二千四十道已占三分之一靜寧平涼隆德莊浪鹽茶華亭六處僅居三分之二固原地方四通八達可以融銷他處故也以甘肅當日地丁論之例如鹽茶廳地丁銀爲

六千五十七兩二錢八分七釐固原州地丁銀爲一萬一千八百一十二兩一錢一釐攤徵課項例如正課之外又有紙價及官吏飯食諸費鹽茶廳課費銀爲五百三十六兩七錢六分四釐八毫較之地丁幾及十分之一固原州課費銀爲三千一百九十三兩八釐較之地丁則及十分之三若樂已不能均況又令力田之民代商完課耶雍正九年平涼府以按糧攤課窒礙難行詳請依舊招商辦課運鹽經甘肅巡撫題奏覆准

雍正十二年以漢中府屬改食花馬小池未能實運實銷照舊改食大池將小池歲產餘鹽另給六千引歸入平慶寧夏三府銷售按陝西漢中府西連階秦南鄰廣漢北界鳳翔地處萬山之中運道艱阻僅通負販該處食鹽有自花馬大池經鳳翔運入者有自花馬小池經平涼階秦運入者而甘肅西和鹽川北南閬鹽亦由川甘邊界運入是漢中各屬名爲花鹽引地究非專銷花鹽所設土商向不持引辦運皆係小販到境抽錢抽鹽謂之抽鹽辦課課項交足即將官引截角繳銷謂之空截引角雖有商運之名並無商運之實雍正二年改食小池仍復不能實運雍正十二年甘肅巡撫題請依舊改食大池戶部議令如何實銷照例截角妥議題覆於乾隆元年會同陝甘總督河東鹽政具題謂漢中竄遠不得不賴小販以濟民食實運實銷勢所難行若課項有虧民食有誤自當責以實運今既兩無違礙仍應照舊空截引角毋庸更張經部覆准

甘肅地瘠民貧商運雖復虧累不免及乾嘉間又將鹽課攤入地丁甘省自雍正九年廢除民運更行招商原以課歸地丁流弊滋起不得不規復舊制而商本薄弱仍多賠累乾隆年間酌量情形將涇州鹽課攤入地丁平涼各屬或由官自辦運者係權宜行之非常法也迨嘉慶初積弊益甚官民交困陝甘總督松筠籌議變法擬仍一律改歸地丁蘭州知府龔景瀚條陳利弊謂按糧攤課弊端實多使其無弊則雍正九年何以忽改招商是當日之弊已不勝言甘省鹽課歲不過二萬四百有零而官民反受累者則立法之未善也就某所歷數任言之中衛鳴沙八堡商則挨戶輪充課則按戶幫派奸頑抗欠官

（爲賠墊良善拖累或至重科其害半在官而半在民平涼無充商之戶官或自行運鹽而衙途四達私鹽充斥勢不可行旋亦中止歲歲官爲賠累其害專在於官固原以富戶四五人朋充三年一換課項雖無逋欠而充商者多至賠累有力之家百計營免胥吏鄉保皆得高下其手每當點換一州騷然其害又專在於民以三州縣推之餘可概見大約非累官則累民官累必及於民民累亦必及於官實爲兩弊之道現在商力既疲議欲歸丁以甦其困不知課歸地丁足救目前之急固非久遠之計變法之初各州縣如釋重負無不樂從之數年其弊立見再思變法勢必有所難行何如愼之於始也若逕州鹽課早歸地丁自乾隆四十七年以來官之賠墊者每年或千餘兩或數百兩不等其名雖不累官實則不免於賠況官必嚴刑苦比無可如何然後甘心代之賠墊而民已不堪矣甘省產區本不止花馬小池查小池每年額引六萬七千四百四十道額課一萬四千五百三十三兩三錢二分每引一道配鹽一石應徵課銀二錢一分五釐五毫加公用紙價雜費銀四分九釐七毫計鹽一石爲銀二錢六分五釐二毫宜專責之鹽捕廳就池立局每石抽稅銀二錢七分官吏飯食雜費皆出其中已屬有餘一稅之後不論富商大賈貧民小販聽其隨地銷售計鹽一斤抽稅銀二釐有餘今平涼固原等處鹽價每斤十餘文至二十文不等除扣工本得利甚多人自樂爲腳販日廣鹽價日賤無攤派之擾無逋呼之煩無逋欠之憂無賠墊之累比之歸丁上不虧國下不病民良法美意莫善於此從前商疲引積由於私鹽過盛官鹽壅滯若行此法則透漏無從私鹽盡屬官鹽每歲稅入必不止於萬餘兩河西產鹽亦復不少應令各廳州縣通行查明除糞土爲鹽所得有限聽民自取外其餘有鹽池者皆設局收稅以通省之鹽供通省之食即抽通省之稅以完通省之額甘省鹽課必有盜而無緝此其所論主在就場徵稅嘉慶五年甘肅按察使姜開陽採取其說據以入奏然其時河東鹽務已改歸丁故徵稅之說未能議行甘肅鹽課攤入地丁遂爲永制矣）時河東鹽務已改歸丁陝西延漢等五府州均於乾隆五十八年一併照改（清會典載乾隆五十八年奏准陝西西安等七府州屬向食河東池鹽自

五十七年河東課歸地丁該七府州屬鹽課銀兩改歸地丁項下攤徵鹽聽民運延安等五府州屬因不食河東鹽未經議及今河東業已裁改該五府州屬引課奏銷未便仍循其舊一併改歸地丁攤徵五十九年議准延安等屬向食花馬池鹽歲額鹽引共三萬九千四百道由延榆綏道並漢中府赴部領繳今課歸地丁鹽聽民運所有每年行鹽部引毋庸再領紙價銀兩免其交納又議准陝西地方全係民運無論土鹽蒙古鹽及花馬池河東鹽悉聽民人到處運賣並無禁私之地即有就近買食土鹽蒙古鹽之類並有外來鹽販闌入者均不許禁阻亦不准私收稅錢惟甘肅四川湖廣三省與陝西之鳳漢商邠等屬連界之處應令各地方官留心查緝毋許越界偷販按課歸地丁本非良法其例實開於甘肅乾隆五十七年河東以鹽務疲敝改行歸丁惟時甘肅復商已久歸丁地方僅北涇州及乾隆五十八年陝西延漢等處均照河東之例故嘉慶初年甘肅鞏慶等處亦照河東辦理自是陝甘鹽務全係民運

嘉慶十一年河東復商延漢等五府州亦即倣行

按陝西一省凡有七府五州例如西安府同州府興安府商州乾州皆食河東鹽鳳翔府邠州食花馬池鹽仍須河東引延安府漢中府鄜州則為花馬大池引地榆林府綏德州則食本處土鹽然以河東關係延安等五府州鹽法改變每照西安等七府州之例嘉慶十一年河東改復商運依舊給引延漢等處一併復商甘肅鹽課歸丁攤納仍如舊制

嘉慶十四年以漢中府屬商販不安乃將土商裁撤歲徵課銀按里攤納

清會典載嘉慶十四年奏准陝西漢中府二廳一州八縣原設土商一概裁撤額引二萬五千道毋庸給發每年應徵課銀三千七百五十兩按里攤納按漢中一府自清初以來運銷鹽斤皆係小販雖設土商不過抽鹽辦課實未持引運鹽留壩定遠兩廳向無鹽課南鄭等九州縣共設額引二萬五千道當康熙間定例每引徵銀一錢八分歲徵四千五百兩其後酌減三分歲減課銀七百五十兩康熙三十三年洋縣以土商抽課苛勒小販議定由各里攤納西鄉一縣亦倣其例乾隆二年南鄭寧羌等七州縣以洋縣西鄉不設土商民情稱便照例倣行自此漢中鹽務

統歸一律抽課之法遂以廢止乾隆末課歸地丁議准停引嘉慶十二年改復商運又設土商抽鹽課漢中本無般實大商充商者率多市儈苛索販戶在所不免即或公平抽收而肩挑背負之人獲利無幾每遇抽課輒起爭端劾漢中鹽引並非商運商銷贅設土商坐分鹽利累民滋事徒開弊竇嘉慶十四年陝西巡撫題請比照鳳翔裁商攤課並以漢中運鹽向不憑引空載引角原同虛設應即停發引張俾歸簡易經部覆准又按鳳翔定制舊食花馬小池鹽課由土商抽辦弊與漢中相同嘉慶十三年改食大池裁去土商按里攤課蓋做乾隆年間漢中之例按里者陝西完納田賦係歸里長催交故攤納鹽課亦責里長按戶催收此與歸丁辦法名異而實同也

嘉慶十六年又以興安府屬毗連漢中私販侵越有礙河東官引做照鳳翔改食花馬大池鹽攤課領引均如鳳翔之例

清會典載嘉慶十六年奏准陝西興安一府照鳳翔府例改食花馬大池鹽聽民運銷所有應徵鹽課紙價餘平等銀一千九百七十七兩零亦照鳳翔府例在地丁銀內攤徵每年應銷餘引四千八百十道仍赴河東道照舊領繳應徵公務官錢等銀一千六百五十三兩零一體減免按興安府屬東界鄖陽南接夔州而石泉一縣漢陰一廳則與漢中府屬之西鄉緊相毗連與府七屬本係河東引地運銷鹽斤必由商州鎮安等處山路崎嶇道遠費重從前漢中鹽價貴於興安又以運道艱阻若由漢中陸運赴興大山重亘運本愈增若由漢江水運必經黃金峽內灘流迅急舟行最險重船向不敢行尚無大宗私鹽停引以後鹽價漸賤漢中鹽販往往偷越西鄉地界實於興安官引有礙故嘉慶十六年比照鳳翔例案將興安府屬改食花馬大池仍依河東課額歸丁攤納

嘉慶十八年延鄜所屬裁商攤課亦如漢中之例

按陝西延安西北一帶緊接蒙古鄂爾多斯及甘肅鹽州河套私鹽往往侵越定邊縣境又北有運花爛泥等池無引無課任民採取西自慶陽南至鄜州多食其鹽實為大池之累嘉慶十八年以漢中鹽課權法悉改惟延鄜各屬末經議及因將延安府鄜州並綏德州屬之清澗縣照漢中例裁去土商應徵課

銀按里攤徵額引一萬四千四百一道亦即停發自此陝西鹽務始歸劃一

自是陝西鹽引俱行停領惟甘肅照舊領繳辦法雖異攤課則同蓋雍乾以來陝甘鹽務屢改屢變及此而引岸盡廢悉聽民運矣

陝甘鹽務自雍正初迄嘉慶間八十餘年法制屢變一變爲歸丁再變爲復商旋又節次改行歸丁陝甘情形與東南異拘定引岸勢所難行故籌議者無不以攤課爲便究之商運無課之鹽民納無鹽之課課厚於商販薄於貧民立法固未善也以陝西言之延漢各屬均行花馬大池鹽課則本輕每地丁銀一兩攤課不過數釐民糧一石攤課不過數分屯糧一石攤課亦不過數釐以甘肅言之漳西引地課則本重花馬小池課則較輕每地丁銀一兩攤課自六釐至一錢五分不等民糧一石攤課自六釐至一分不等皆就課額之輕重比較民糧之多寡按合原課酌量攤收故各處科則不能相同然延漢等處鹽引停發甘肅依舊給領清會典載道光九年覆准鞏昌府屬之漳縣改爲隴西縣丞所有領引繳引均歸隴西縣丞經管又定甘省花馬小池及隴西西和鹽引歲額七萬二千六百八十八道按地搭配行銷課已攤徵鹽係民運猶復照例領引按引行鹽則以甘省私鹽多於陝西故未議停引目此又辦理之異也若陝西鳳興邠三府州原領河東之引不行河東之鹽謂之鹽稅引鳳興兩府共十四州縣領引三千八百四十七道食花馬大池鹽邠州並所屬三縣領引三千八百四十七道食花馬小池鹽課已攤徵而各州縣解交課款仍將引張空領空繳咸豐四年議定鹽課改解陝西交存藩庫始將河東鹽稅引一概停領由是陝西一省除西同商乾四府州爲河東引地其餘八府州俱不用引聽民運銷

民運既行鹽禁遂弛蒙古鹽斤漫無稽查咸豐八年始議招商承銷抽收商稅准其進口運銷甘境及陝西漢南一帶

甘省東北邊境毗連蒙古民間販食蒙鹽相習已久本無禁例嘉慶間蘭州知府龔景瀚條論甘肅鹽務言中衛邊外有大小鹽池爲阿拉善旗所轄其鹽潔白堅好內地之民多喜食之私販者衆一路自

中衛渡河經平涼府界入隴州鳳翔以達漢中一路自大靖堡裴家營經皋蘭界入鞏昌秦階以達漢中一路自鎮番柳林湖至甘涼一帶通計甘肅全省食花馬小池鹽者僅止十分之二食各縣私池鹽者十分之一食蒙鹽者約有十分之七陝西亦居其半阿拉善王但於兩池收稅不論蒙古漢人聽其轉運內地官鹽因之壅積應分沿邊州縣於各隘口設局收稅每鹽一駝納銀若干以所載之多少爲稅則之輕重蒙古所收者池稅內地所收者過稅既於蒙旗無礙又易私販爲官販誠屬兩便之道按察使姜開陽據以入奏謂蒙鹽私販十百成羣持挺格闘久非國法之所能禁不若明開其禁照內地稅額減半收稅另給稅票准其運銷時値河東正行歸丁蒙鹽運赴晉陝亦不禁阻故事未議行嘉慶十一年設立吉岸規定額引並將陝西延安府屬之宜川延川兩縣綏德州屬之清澗一縣改爲吉吉蘭泰池引地辦理鹽務由甘肅寧夏道就近兼管蒙古鹽產雖不止吉池一處要以吉產爲最旺自是有引有課便於稽察嘉慶十七年吉岸既廢又値陝甘鹽課攤入地丁蒙鹽內運仍無限制不能不徵取鹽稅清會典載咸豐八年陝甘總督奏言甘肅蒙古地方向產土鹽各處商民任便運販從未徵收稅課茲擬招商承銷明定章程酌收商稅每百斤收稅銀八分並抽釐銀八分准其進口由一條山五方寺至皋蘭靖遠條城經安定會寧隴西寧遠秦州轉運漢南一帶不准私繞小路侵銷別境違者倍罰部議題准所收稅釐銀兩即由陝甘總督按季報部蒙鹽徵稅蓋始於此歲銷鹽額約收稅釐銀一萬六千兩

自是甘肅復歸商辦陝西仍舊民運

甘肅鹽務自攤課後聽民自運自銷所有額引仍由各州縣照例領繳按額搭配與陝西停引辦法本不相同咸豐八年議准蒙鹽抽稅招商承辦因將甘肅鹽引一併改由商運頒發部帖帖謂之鹽帖商人各於所在地先行具呈地方官加給印結詳請咨領豫交捐輸帖本銀兩凡繁盛之區領帖一張納捐輸銀一千兩偏僻之區納捐輸七百兩每帖本銀均納一錢此其立法蓋倣商行牙帖之例嗣又徵取常年帖稅繁盛之區每帖納常年稅五兩偏僻之區納常年稅三兩回亂以後各商逃散所頒鹽帖陸續注銷迨至光緒年間惟秦州存有鹽帖二張隴西縣丞一張光緒二十七年每帖增加

常年稅五南宣統二年辦理統捐招商包運改由統捐總局發給執照並不領帖歲徵帖稅銀祇三十兩

同治初回匪搆禍陝甘各地蹂躪幾徧陝甘地方自關以西盡涇渭南北自隴以西則盡河湟北屬玉門回民種族所在皆是陝省漢多於回甘省回多於漢陝西渭灃一帶回漢滋事械鬭成習縣官辦理未能持平相治既久仇結益深迨咸豐時東南用兵渭南回民乘間肇亂由秦竄隴煽動回族及同治初甘回蠭起全省蹂躪河東各屬較之河西受害尤甚固皆花馬小池及漳西行鹽地也同治十年始克肅清鹽利損失已八九年矣鹽運梗阻商逃課懸蒙鹽課稅積欠至十五萬餘兩同治十年甘回平定同治十二年始行清理鹽務將新舊欠款全行豁免甘省自咸豐八年招商辦運酌收鹽稅當初立法未能盡善同治元年虧欠稅項已有二萬餘兩陝甘總督奏請緩追嗣遭回亂寧夏所屬例如平羅靈州中衛要皆回匪盤聚之處蒙鹽運道節節梗塞及同治十一年商稅積欠遂至十五萬餘兩陝甘總督左宗棠飭將一條山五方寺商產鹽價充公收銀二萬五千七百兩復變存鹽得價三千兩除抵償外尚虧十三萬兩有奇當以兵燹之餘奏請豁免經部覆准另招新商加抽鹽釐設立局所一於靖遠縣一條山一於寧夏府中衛縣凡此二局專理蒙鹽咸豐年間定例蒙鹽入口專運一條山轉赴鞏秦及漢南一帶每鹽百斤共收稅釐銀一錢六分給脚費銀三錢六分不准蒙民漢回私相買賣歲約銷鹽一千五六百萬斤稅入歲額祇有一萬六千兩漏稅之弊已可概見回亂平後改稅為釐以蘭鞏各屬鹽運恐匯一條山於此設局兼司稽驗又以漏稅之鹽多由中衛私運轉赴平涼隴鳳等處因於中衛設局抽釐凡蒙鹽內運除按照舊例每百斤收稅一錢六分外每鹽一斤加抽釐錢五文自此蒙駝到處銷售漢民回民得以直接蒙池販運繞越弊亦甚焉

內地之鹽向有引課者改課為釐漳縣鹽井設局專辦隴西分縣轄境本漳縣地城南五里

有鹽井鎮爲產鹽之所於此設局專辦抽釐每鹽一斤收釐錢十三文

西和鹽井靈州花馬小池均歸地方官兼理

西和鹽井舊用磚石砌隔爲二其西南角水味甚淡向稱無用東北角出鹽水鹹質甚濃每水一筒約重二十八斤熬鹽一斤額設水夫二百名額外六十餘名分爲八牌特設牌頭二名官置水桶五隻每日分派水夫二十六人輪流汲水自卯至申水涸而止所汲之水按照鹽戶資本多寡分別給散熬鹽之法先將淨土裝入竹皮笋內再將鹽水灌入令水從土內浸出然後入鍋每鍋容水八筒熬鹽八斤其鹽味佳而濕不能成塊俗曰水鹽是時改課爲釐就井抽收定例每日額繳錢一十一千七百文用水一千三百筒熬鹽一千三百斤按斤核數每鹽一斤計收釐錢九文然每日汲水實有二千餘筒除照額納釐外所得餘鹽作爲司事牌頭及水夫薪食之用若花馬小池產鹽地段周圍四十餘里南北長十六七里東西廣五六里有井八眼舊例於每年三月招集鹽夫四百餘名灌畦曬鹽如遇南風畦面積鹽約二寸許偶遇北風竟無顆粒曬鹽情形畧與河東相似甘鹽產額要以此處爲最多池在靈州惠安堡西南故亦名惠鹽改釐以後就池抽收定例每鹽一斗重五十斤收釐錢四十文帶收鹽夫口食錢五十文鹽斤發運每駝載鹽五斗另收稅錢三百六十文凡此二處皆未設局仍照舊制漳井歸隴西縣丞經理花馬小池歸惠安堡鹽捕通判經理均由釐金總局加給委札飭令兼抽鹽釐**向無引課者若臯蘭縣屬白墩子池舊有土鹽稅額併入釐金收納**白墩子池在臯蘭縣東北爲紅水縣丞所轄鹽池面積周圍約五十餘里東南錯入靖遠縣境北則緊接邊牆至蒙古界僅十餘里內外小池三百餘區製鹽之法以池瀦水須待烈日曝曬八九日水面結鹽如冰厚約寸許每逢大雨復化爲水故鹽產之歉旺恆視雨暘爲轉移蘭州府屬除靖遠一縣舊爲花馬小池引地其餘臯蘭金縣渭源三縣及河州狄道兩州皆無鹽引聽民買食土鹽即白墩子池產也舊例歲徵稅銀共五百七十四兩有奇內臯蘭縣徵銀一十七兩零金縣一十三兩渭源縣六兩零狄道州三十八兩零河州五百兩零均由地方官徵解落陣隨同丁糧奏銷回亂

平後停稅收釐將各屬原額併入釐金惟皋蘭以產區所在加抽釐銀十九兩九錢七分三釐每年均由釐局在釐金項內按數劃撥解交藩庫

一復以西寧府屬附近青海蒙番多運青鹽交易糧食乃由西寧釐局徵取釐稅青海本漢西羌地王莽時置為西海郡縣後漢魏晉皆屬西羌東晉以後又為吐谷渾所據唐宋為吐番地明為西番地正德四年始為蒙古所據清時額魯特部落散處其間部落有五一曰和碩特一曰土爾扈特一曰綽羅斯一曰喀爾喀一曰輝特雍正三年編為二十九旗青海鹽池在青海西南隸和碩特部為西右翼後旗南左翼次旗及北左翼末旗所轄地周一百五十餘里自西北至東南長五十二里五分自東北至西南寬二十三里三分論其面積約一千二百二十八方里池面遼闊一望無涯池外山巒環繞北有錫喇庫忒爾嶺東有敖蘇博嶺西有好來蘇濟嶺綿亘相連惟東南一隅山勢中分池水流出匯於柴集河名曰鹽河又東南流淪於功額細納等池今考青海鹽產著稱最古漢書地理志言臨羌塞外有仙海鹽池王莽傳言羌部獻納允吾鹽池後漢書西羌傳言永元間曹鳳上書謂西羌為患常從燒當種起以其居大小榆谷土地肥美又有西海鹽利故能強大是則青鹽為羌人利源由來尙矣然以地屬羌番故鹽權之利初無關焉清雍正初羅卜藏丹津叛詔命川陝總督年羹堯統兵進剿駐軍西寧以邊外池鹽向由蒙番販運入口貿易西寧各屬皆食此鹽於是置官收稅藉助軍需奏設副將一員領兵一千六百名駐紮博羅冲科克地方防守鹽池並將西寧通判移駐彼處專管池務雍正三年青海既平將鹽池駐兵及管鹽通判一律裁撤於西寧口外丹噶爾寺設立互市為蒙漢交易之處青鹽入口仍不徵稅青鹽質堅味正明潤如品本草圖經謂其形塊方稜色青帶黑者入藥最佳同治十二年酌定釐章因其可供藥品由西寧釐局併入藥材抽收釐銀歲僅十餘兩青鹽收釐蓋始於此

又以花馬大池銷路甚廣於陝西定邊縣設局抽釐名曰花定鹽局花馬大池本在陝甘交界向隸定邊縣為陝西官地由延榆綏道責成定邊縣丞就近管理池周十六里其鹽天然之產

撈鹽即成鹽池附近又有波羅池娃娃池周皆十里紅崖池周十三里均在池之東南全隸陝境爛泥池周十六里東九里隸陝西七里隸甘蓮花池周十八里東八里隸陝西十里隸甘則在池之西北凡此五池皆係治畦種鹽紅崖娃娃兩池多為沙湮產鹽已少大池鎖區自嘉慶間停止延漢等處鹽引課攤地丁由各州縣按額徵納解交陝省藩庫此定例也及同治間陝甘總督左宗棠督師秦隴駐兵濟州倣照淮浙鹽釐章程於花馬等池抽收鹽釐以供軍餉回亂既平甘省改課為釐因在陝西定邊設立局所專辦抽釐謂之花定鹽局定例每鹽一斤抽收釐錢三文自是以後陝省鹽池遂歸甘肅管轄至陝西本省徵收鹽釐始於咸豐八年按照百貨釐章約計貨價每兩抽銀四釐五毫嗣改每兩抽銀二分入境卸載兩道共抽釐銀四分除西同商乾四府州行河東鹽餘皆大池行鹽地陝西鹽釐舊與百貨不分初未另款列報收入之數不可得詳

自是甘肅行鹽以票代引陝西鹽池歸甘管轄鹽法至此又一變矣

甘肅鹽課自攤歸地丁後原有額引照舊行用同治十二年奏准改課為釐因以釐票代引凡完納鹽釐製票為據票由總局製就三聯式編號鈐印分發各局依次塡給自此甘省權鹽以抽釐為主商販行鹽以釐票為憑鹽法雖改而各地攤課均未免除仍隨糧納貧民負擔較前益重此又辦理之疏失也

光緒初又將甘涼道屬所產土鹽照臬蘭例亦徵鹽稅

甘涼兩府肅州一州產鹽之地隨處皆有其最大者曰土鹽池周百餘里在高臺縣西清一統志言高臺縣鎮夷營西南有白鹽池周回八十餘里產白鹽疑即此池也其次者曰蔡旗堡周七十里在鎮番縣西南曰馬蓮泉周四十里在鎮番縣東南曰鹽池堡周三十餘里在高臺縣西北最小之池曰蘇武山曰白土井曰董家莊曰小西灘皆在鎮番縣境曰哈家嘴曰紅灣皆在平番縣境凡此諸池周約五六里至十餘里不等清一統志言鎮番東北有白鹽池及三塌白鹽池鎮番西南有青鹽池證以現今名稱未能詳考要之涼州鹽產以鎮番為最多肅州鹽產以高臺為最多甘州府屬產區雖少例如蒙古雅布賴池諸爾土布魯池均在甘涼邊外甘涼各屬皆食其鹽甘涼肅

三府州向無鹽課聽民自由及光緒初倣照皋蘭土鹽之例一併徵收鹽稅約計高臺縣歲徵銀三百六十七兩零鎮番縣二百五十三兩零永昌縣四十三兩零高臺復有盈餘銀五十兩零茲其大概也甘涼徵稅蓋始於此通計甘肅全省惟安西州屬敦煌鹽產仍聽自由則以僻處極邊地多沙磧與此關內情形異也光緒十年各局暢銷釐入漸旺因將鹽釐歸入百貨並列比較甘肅鹽釐創辦於甘南推行於全省甘南者漳西產銷區也課則舊例較重他處故甘省抽釐以漳西爲最重例如蒙花土鹽每斤抽錢自二三文至五文不等西和每斤抽錢九文漳井每斤抽錢十三文科則縣殊約兩三倍鹽質雖有優劣立法究未能平開辦以來漳西收釐歲約一萬串花鹽四千串蒙鹽土鹽收數最少光緒十年各局暢銷漳西增至一萬七千串花鹽一萬九千餘串蒙鹽亦收四千餘兩是爲釐入最旺時乃將鹽釐比較歸併百貨一律彙報弊端叢生實原於此之無如甘省北路地多鹻鹵土私充斥限制非易甘肅北路自花馬池西稍北爲寧夏又北爲平羅自寧夏而西南爲中衛又西爲古浪古浪西北爲涼州涼州北爲鎮番又西北爲甘州又西爲肅州迤西而南爲嘉峪關關以外則安西州也其間地多鹻鹵幾於無處無鹽產地散漫銷路無定大都高臺所產多行於安西肅州二屬及甘州之撫夷廳鎮番所產多行於甘涼二府而武威永昌山丹等縣則兼銷雅布賴池及諸爾土布魯池蒙鹽民間私售久成習慣雖徵釐稅爲數無多至自墩土鹽行銷蘭州府屬產區所在錯入中衛古浪間緊接邊牆邊牆以外復有湯家海子爲蒙古產鹽地相距甚近私販亦甚此皆北路之情形也東南兩路蒙鹽暢行於北川鹽浸灌於南銷場狹隘無地無私自花馬池南稍西爲靈州迤而南稍東爲環縣又東南爲慶陽府爲寧州折而西南爲涇州爲靈臺自慶陽而西爲鎮原爲固原州自涇州而西爲崇信又西北爲平涼府又西爲隆德爲靜寧州又西爲會寧爲安定是爲甘省東路自秦州而西爲伏羌寧遠西北爲鞏昌府又西北爲渭源又西北爲狄道州自秦州而南爲徽成東爲清水東南爲兩當西南爲西和

禮縣又南爲階州自鞏昌而西南爲岷州爲洮州是爲甘省南路東南兩路例如漳西井鹽行銷鞏昌秦階鞏秦所屬半食蒙鹽漳西銷路僅在岷洮及成縣等處花馬小池行銷平慶寧固涇慶寧所屬多食蒙鹽小池銷路僅在平固涇州及安化縣之西峯鎮此蒙鹽行銷所由暢也而固原州屬有紅溝池面積甚廣北界中衛西接靖遠海城分縣有甘鹽池周亦十餘里均產土鹽行銷本處階州一帶附近川邊川私侵入由階州之姚家渡文縣之梁家壩浸灌甘南銷數不少固皆侵佔銷額者也大池之鹽本銷陝省回亂以後興漢則有川私延鳳則有蒙私鹽壅銷滯轉行甘境陝西興漢界連川邊故射洪南閬之鹽侵入漢中大寧雲陽之鹽侵入興安私運私銷久莫能禁咸豐年間陝省創辦釐金川鹽入陝比照百貨一律抽釐由是漢南一帶川鹽日多同治初又復借地收釐助濟軍餉歸川省代收名曰濟陝鹽籌實做濟楚之例同治三年始行停辦嗣以川東私鹽多由水運因於紫陽縣屬之毛壩關設立分卡專徵川鹽自後鹽禁已弛中經回亂花鹽運阻由是階鳳一帶亦受川鹽之侵灌大池銷路僅在延鄜等處然甘省改釐以來各處釐則重於大池商販嗜利往往避重就輕故大池之鹽轉銷於甘境大池區域在蒙漢交界池西毗連鄂套套內鹽池不一而足其與大池相近者曰狗池周八十餘里產鹽甚旺本輕價廉東距邊牆約五里許大池鹽稍貴商販爭赴狗池販運蒙鹽由是延鄜邠鳳又爲蒙私所浸灌而甘南一帶且被其影響矣私鹽紛出互相侵越鹽務情形紊亂若此改釐以後各局稅則輕重懸殊奸商牟利避重就輕局員各顧考成任意減讓弊端叢生收數遂絀鹽釐始於兩淮其後各省多倣行之皆因軍事時代取助餉需故有此權宜之計衡以鹽法實爲變例若甘肅改課爲釐則以鹽釐爲常制迨光緒間又將鹽釐比較與百貨並列商販偷漏釐金多方繞越各局委員以比較關係因開減讓之門用廣招徠之路此效彼尤幾成通弊例如惠安每鹽十駝讓三收七甚有減讓四五成者中條兩局每駝三百斤花定每駝二百

六十斤大都減收其半甚有減讓駝隻者減讓愈多收數愈少招徠之數未必盡入公家釐局弊端莫甚於此

當時籌攤賠款各省鹽斤加價甘省惟將花蒙鹽酌量加收

加價一項自光緒二十一年部議各省加價四文本因籌餉旋改為甲午賠款其時甘省以鹽務情形與東南異未能舉辦二十七年又以籌攤賠款每斤加價四文將惠安花馬小池及花定大池一律照加中衛一條山兩局蒙鹽酌加三文漳西等處均未加收甘鹽加價蓋始於此

光緒三十二年甘肅釐金改辦統捐於中衛一條山創設蒙鹽官局

光緒三十二年甘肅創辦大布統捐照舊日釐章酌量增加嗣因推廣百貨於是鹽釐亦改統捐謂之鹽捐始以蒙鹽多弊設法整理於中衛一條山兩處設立蒙鹽官局定為官商合辦招集股本共銀十萬兩官六商四歲以一萬兩租定蒙古擦漢池收儲鹽斤派員督運嚴禁私販定例每百斤收統捐銀四錢蒙駝運鹽至中衛局每百斤給脚價銀三錢八分至一條山局給脚價銀四錢五分駝夫分運鹽店均在官局領票凡鹽捐加價脚費等項暨一切開支統寓於鹽價之中酌定價目准商人什一取利蒙池起鹽向以斗計每斗重一百八十斤給銀八分名曰斗分租池以後斗一分一項例歸官局作為池租每百斤收銀八分亦由鹽價帶收復以零星商販未領部帖發給鹽照加徵照費每鹽一斤收錢一文每年銷鹽所得餘利按股均分旋將商本剔除專歸官辦三十三年又租同湖昭化兩池歲給租銀五百兩其附近之和屯池達賴把晉池那林哈克池概行封禁三十四年續將封禁各池及雅布賴池諾爾土布魯池一律租定歲共租銀三千兩開辦之初不准私相減讓歲運六萬駝約銷一千五六百萬斤然蘭州府屬及甘南一帶雖銷蒙鹽實則領票各商並不運之條山大半攙雜土私影射出售銷數銳減歲止七八百萬斤

皋蘭之白墩子設土鹽官局

白墩池鹽向由釐局兼辦旋以收數不旺招商包銷歲繳鹽釐四千串嗣緣商民滋事仍歸釐局辦理改行統捐始設土鹽官局發銀四千五百兩作為官本所產之鹽由局收買以升計數每升重十八斤分別鹽質酌定價格上等給價二十一文下等

一十九文商販領運除鹽價外每升收統捐錢三十六文加價錢三十六文照費錢九文按斤核計每鹽百斤共收錢五百一十文開辦之初民情稱便歲銷約千餘石後因蒙私浸灌存鹽遂多其鹽味淡而苦製造醬於多取用之蘭州出產以於條爲大宗故白墩土鹽銷路倘暢道宜統間歲計銷額約有一百五十萬斤

西寧之丹噶爾廳設青鹽官局

青鹽入口向由西寧釐局徵收鹽釐爲數無幾改辦統捐仍聽蒙番自行駝運酌量收捐光緒三十四年始於丹噶爾廳設立官局發官本銀一萬兩凡蒙番馱鹽由局收買每鹽一斤給青稞一升鹽價低昂視青稞之貴賤鹽捐定例分爲兩項行銷西寧各屬者謂之本銷行銷蘭州府屬之狄河及甘南一帶者謂之外銷本銷百斤收統捐銀二錢加價錢四百文外銷百斤收統捐銀四錢加價錢四百文惟道路紛歧本銷之鹽率多漏捐官局所收捐價等項全恃外銷歲銷不過三十萬斤

甘涼兩府亦設官局

甘涼肅州鹽向由地方官徵收鹽稅改辦統捐籌備官本於甘涼二府設立官局專理鹽事分爲蒙土兩項產於雅布賴池諾爾土布魯池者爲蒙鹽產於鎮番諸池者爲土鹽蒙鹽每百斤收統捐錢四百文加價錢四百文土鹽每百斤亦收統捐錢四百文加價錢四百文蒙鹽百斤運至涼州給脚價銀一兩五錢運至鎮番給銀七錢七分運至永昌給銀一兩四錢一分六釐二毫土鹽每石運至涼州給脚價銀一兩八錢九分五釐運至鎮番給銀五錢所有從前應徵鹽稅一律停徵即由鹽捐項內照額劃撥其高臺土鹽仍由地方官徵收鹽稅宣統二年始行設局就地抽收統捐要之甘涼肅州產地散漫私取私銷相沿成習雖改行官辦嚴禁私販而事屬創始整理實難故歲銷之額土鹽不過六十餘萬斤蒙鹽不過四十萬斤甘涼等處土鹽計稱皆以雙論雙稱者三十二兩爲一斤也

凡此數處定爲官收商運漳惠花定改設統捐局仍舊官督商銷

漳井及花馬大小池抽收鹽釐向設專局改辦統捐仍舊設立以惠安鹽局舊歸鹽捕通判管理事權不一弊竇多端改由統捐總局派員專辦花定鹽局舊設定邊縣該池起鹽論駝不論稱運鹽計駝不計斤駝夫每以大駝運出再行分運相距旣遠稽查

難周因將局所移設花馬大池起鹽運一律過稱其附近蓮花等池亦各派員巡守漳鹽每鍋貯水十筒熬鹽約得十一塊一塊重十斤舊例呈繳九塊按斤收釐所餘之鹽竈戶私賣與商朋分買爲弊藪因將呈繳塊數改爲十塊由局委員守井監熬此皆各就情形酌量變通者也徵收之法漳鹽每百斤收統捐一千三百文加價二百文鞏昌巡警費一百文照費錢一百文惠鹽每百斤收統捐銀三錢三分七釐七毫加價四百文照費錢一百文花鹽每百斤收統捐銀四錢加價四百文照費錢一百文漳鹽舊例竈戶工本每百斤給錢七百文惠鹽舊例鹽戶工本每駝二百五十斤給錢二百五十文均由鹽價帶收約計銷額漳鹽歲銷五十餘萬斤惠鹽一百六十餘萬斤花鹽四百四十萬斤

西和井鹽隸於秦州貨捐局

西和鹽關鹽向係就井抽釐所有鹽產聽民自運改辦統捐仍照舊例應收鹽捐由秦州百貨統捐局專派司事駐關經理每斤收統捐錢九文加價四百文先是秦州五屬定爲蒙鹽銷地招商包辦改章後發行運照依舊行銷旋以弊端日生將商包蒙鹽一律停止然蒙私究未能絕禮徵一帶復多川私西和井鹽僅由鹽夫在附近地方自行負售隨賫隨銷積鹽已少歲銷鹽額約計三十三萬餘斤

甘紅土鹽隸於固原貨捐局

甘鹽紅溝兩池產鹽素著惟以產地荒涼鹽戶赤貧鹽味略苦品質較次聽民運銷並無一定稅則改辦統捐始將甘紅鹽由固原百貨統捐局就近收捐每百斤收統捐錢二百文加價四百文照費錢一百文售鹽舊例向以車計每車載鹽重五六百斤共收統捐加價等項爲錢二千四百文然其銷路僅在附近歲銷之額約十五六萬斤

哈池土鹽隸於平番貨捐局

哈家嘴池鹽質最下池在平番東南境東距沙井堡三十里南至皋蘭縣北界爲黃河北岸地志所謂大鹽溝也池之西北有紅灣池在紅城堡附近爲平番南境產鹽較少與哈池所產統名哈鹽其鹽僅銷近地向無釐稅定章改辦統捐始由平番貨捐局就池收捐定例行銷河北者每百斤收統捐錢一百文行銷河南者收錢二百文加價等項概不徵收歲銷約五萬斤

凡此數處祇收捐價任民運售自是甘鹽酌改官辦稍形

整理三十四年抵補藥稅通行加價收數益增光緒三十四年抵補藥稅加價四文以一半解部備抵練兵經費以一半劃歸產銷省分甘肅鹽質優劣不一分別等次酌量加收例如西和惠安花定中條西寧涼州固原等局鹽質最佳每斤均加四文漳井鹽質雖佳稅則較重每斤酌加二文白墩大靖甘州等局鹽質稍次每斤均加二文中衛一局兼辦之同湖蒙鹽鹽質又次每斤酌加一文平番一局所辦哈池鹽鹽質最下銷路亦狹故未議加無如產地之散漫銷地之混淆徵收方法名目繁多此有彼無各自為制甘鹽稅則以統捐加價為大宗其餘細目例如商販運鹽由局發給執照另徵之款名曰照費嗣改為鹽課名曰照費改課漳惠花定中條白墩固原等局皆有之官辦地方另徵盈餘備還官本名曰餘利惟中條白墩西寧有之中條每百斤收餘利銀二錢三分白墩每石一千八百斤收餘利錢一千一百文西寧每百斤收餘利錢一百文稱捐一項惟固原有之每百斤收錢二百一十文備作局員工薪之用各處情形辦法雖有不同而科則紊亂已可見矣運銷緝私規畫甘鹽情形南有者少商販之偷漏局員之減讓積習未除弊終難革官鹽存積成本日虧川私北有蒙私西有青私腹地以內又有土私兼之交通不便運輸艱阻就事勢而論整理固難然鹽務大要自以產銷緝私為重統捐之法主在收捐仍與釐金無異改章而後例如租定蒙池官收青鹽及白墩土鹽於整理一切未嘗無效故光緒三十三四年銷路尚暢收入最旺究之運銷緝私從未規畫一銷無定地則影射多緝私不嚴則偷漏易熾各局積習賄放減讓夫豈能免迨宣統初弊端如故銷路頓減於是有包商之舉矣宣統二年將中條惠安花定白墩等局分別銷地及西寧本銷招商承領應收捐價令其包繳宣統二年因官辦各處私鹽充斥存鹽過多致虧成本例如中條兩局積鹽二千餘萬斤惠安花定白墩等局為數亦鉅西寧一局又以番民運鹽隨地灑賣不能不酌量變通於是招

商承銷應收統捐加價等項照例包繳名曰商課係局運省之鹽歲繳商課銀一萬三千兩中衛惠安花定等局行銷慶陽涇州之鹽歲繳五千二百兩行銷平涼固原之鹽歲繳六千兩白墩行銷皋狄河金之鹽歲繳一千六百兩西寧本銷青鹽歲繳三千兩鹽務之弊莫甚商包此則於無法之中設法變通矣

甘涼等局及西寧外銷併歸貨捐

甘州官局當開辦之初民情狃於習慣屢致滋事又因官鹽無利裁併百貨統捐局兼辦涼州官局辦理如舊宣統二年照甘州例亦併貨捐局其雅布賴諾爾土布魯兩池蒙鹽則由大靖貨捐局兼辦大靖隸古浪縣東北附近邊牆蒙鹽入口之要隘也復以西寧青鹽本銷業經包商無庸設局所有外銷之鹽應收捐價改由西寧貨捐局兼收中衛局所轄昭化和屯兩池相距較遠改由寧夏貨捐局兼辦祇准行銷寧夏寧朔平羅三縣比省酌量情形歸併貨捐者也

此又於無法之中設法變通者也矧花鹽加價陝省亦於鳳漢兩府設局專抽一價兩收漏私愈甚

陝西加價自光緒二十四年因舊案賠款加價四文奏准倣照花定鹽釐初章暫加三文在延安府屬之靖定兩縣鳳翔府屬之隴州設局試辦嗣以收不敷支改由花定鹽局代收行之未久復歸陝西釐卡兼辦光緒二十七年新案賠款部議每斤又加四文始行設局專收開辦之初奏准創立官運擬倣川鹽黔岸之例議定官運商銷旋以阻格多端改爲加價局無論何項鹽斤運入陝境持有甘省釐票者每斤加價八文其無甘省釐票者每斤加價十六文所有從前三文加價即行停徵是其立法重在杜川蒙之私而花定池鹽遂納兩省加價光緒三十四年抵補藥稅又加四文統計花鹽每斤加價十二文無甘票者概加二十文抽價過重商販爭赴狗池私運蒙鹽花池滯銷轉以滋甚省自爲制斯固鹽政之弊矣今以陝省情形論之鳳漢等處雖爲花鹽銷地川蒙侵佔相習已久花蒙入陝一由甘省之西案鎮運入長武一由邠州直達岐山鳳縣以轉漢中川鹽入陝一由保寧府屬之廣元運入陽平關一由鳳縣直達寶雞以轉鳳翔長武一縣爲陝甘出入門戶陽平一關爲川陝水陸要路當咸豐間創辦釐金已有鹽釐加價以後設局

專辦較為扼要鳳翔總局由鳳翔知府兼理所屬分局四一曰張家店在鳳翔縣境一曰天堂寺在麟遊縣境一曰高巖在汧陽縣境一曰隴州漢中總局設漢中府所屬分局三一曰方石鋪在鳳縣境一曰陽平關在寧羌州境一曰略陽鳳漢以外又有長武加價局設於長武縣所屬分卡三一曰窰店鎮在長武縣境一曰邠州一曰太峪鎮在三水縣境神葭加價局設於葭州屬之萬戶峪濱黃河鄂套蒙鹽由此轉運直達延綏一帶所屬分卡九一曰大會坪一曰譚家坪一曰古城一曰姚家渡皆葭州境一曰神木一曰沙梁一曰姚家溝皆神木縣境一曰哈拉寨在府谷縣境長武神葭於光緒三十二年歸併釐局兼辦收入之數以鳳漢為大宗光緒三十四年收額最旺約計鳳局實收加價銀二萬七千八百餘兩漢局二萬六百餘兩長武七千餘兩神葭五千餘兩徵收之例俱係收錢易銀儘徵儘解此外雜欵辦法不一鳳局每銀百兩加收火耗銀七錢漢局火耗分為新舊兩項舊加價火耗每銀百兩加收火耗銀一兩八錢新加價火耗收銀二兩平餘一項惟漢局有之方石鋪略陽每銀百兩加收平餘銀三兩五錢陽平關收銀二兩二錢而長武釐局私收加平每銀一百兩收銀六分神葭釐局收銀五分又其弊也然當時新政肇興經費所需往往就地籌捐陝省北山各屬多取於鹽謂之化私為官例如鳳翔鹽店捐歲收捐銀一千兩隴州鹽行捐收錢三百餘串岐山鹽秤捐收銀四十餘兩長武鹽秤捐收錢一百八十餘串綏德鹽票捐收錢四百餘串均係辦理學堂之用附述於此以備證焉

故陝甘鹽務終無起色每年歲入除歸丁攤課及陝省加價外

陝甘鹽課自歸丁後並無更改同光年間改釐改捐鹽價屢加而各地攤課仍未删除以陝西言之例如鳳翔府屬歲徵攤課銀六千六百餘兩漢中府屬三千七百餘兩興安府屬一千九百餘兩延安府屬一千九百餘兩邠鄜兩州二千三百餘兩綏德州屬清澗縣一百八十餘兩共計一萬六千八百六十餘兩以甘肅言之例如鞏昌府屬歲徵攤課銀四百餘兩平涼府屬二千餘兩慶陽府屬二千八百餘兩涇固兩州四千七百餘兩寧夏府屬中衛二百餘兩秦州屬禮縣一百餘兩階州屬文縣二百餘兩共計一萬四百四十餘兩或儘徵儘解或解不

及額徵收之例各屬雖有不同大都以錢異折銀以多報少論其弊端實與錢糧無異甘省收額約計捐價等項共為十六萬餘兩甘鹽稅入以統捐加價為主光緒三十二年歲入不過十萬自三十四年加價以後收數漸增約計捐價兩項漳井歲收六千一百餘兩西和三千三百餘兩惠安一萬二千餘兩花定三萬五千餘兩中條六萬餘兩白墩七千餘兩西寧二千餘兩甘涼六千餘兩甘紅哈三池一千餘兩捐價以外則有商包鹽課歲共二萬八千八百兩平遠高臺兩縣鹽稅六百八十餘兩其餘若蒙鹽分官局餘利照費改課八百兩固原稍捐則屬於雜款者也據宣統三年豫算冊共銀一十六萬七千五百一十八兩有奇夫以鹽產之富銷路之廣而稅入所得僅止此數由於積弊相沿辦法無定漏私過多稅源暗耗果能規畫運銷注重緝私統籌全局竭力整頓陝甘鹽務庶幾可理不有良法抑奚以善其後哉

新疆沿革

新疆蓋禹貢西戎地在甘肅西北漢唐以來皆曰西域按禹貢西戎在雍州外王肅尚書注謂為西域西域當漢武時始通其地自天山以南為于闐今和闐等國東接玉門陽關西則限以葱嶺置使者校尉開置屯戍以領護之即今新疆南路自天山以北東則屬於匈奴為今塔爾巴哈臺西則屬於烏孫為今伊犁即今新疆北路漢宣帝時鄭吉為都護治烏壘城始領北道洎乎東漢西域諸國旋絕旋通安帝即位詔廢都護遂棄西域魏晉以降北則烏孫蠕蠕高車鐵勒迭長爭雄常為邊患南則仍為于闐龜茲唐貞觀間攘鐵勒平高昌逐蠕蠕西突厥於伊麗河外西域之地悉為所定置伊西庭三州建北庭都護以領北路安西都護以領南路開實而後唐室中微北渝回鶻南入吐番逮及五季邊禍不絕宋時遼最強盛天山南北皆降於遼元起朔漠

盡取塞地山北爲阿力麻里及回鶻五城諸王海都行營治軍之所山南爲別失八里諸城置宣慰司元帥府以統之明時瓜州以西地盡棄失其後畏兀兒吐魯番諸族更盛迭衰而山北復分爲四衛特部雖時一朝貢終不能撫而有也清乾隆間蕩平準回定爲新疆新疆之名蓋始於此清初蒙古內附惟準噶爾[illegible]強西北負固不服準噶爾者卽明衛拉特部之一也歷康雍乾三朝一討噶爾丹再俘達瓦齊三殲阿睦爾撒納由此準部悉平是爲北疆底定之始時乾隆二十二年也未幾回部波羅泥都霍集占相率叛命移師進討克有諸城由此回部悉平是爲南疆底定之始時乾隆二十四年也開拓疆土凡周二萬餘里建立軍府設將軍以統之並於各地酌設參贊辦事領隊諸大臣俾資鎭攝新疆建置實始於此光緒八年改設行省省制之立又始於此新疆當乾隆間劃烏魯木齊以東地置迪化昌吉等州縣隸甘肅省其餘諸城仍屬蒙回封土歲時朝貢比於列藩咸同以來回匪肇亂南北兩路遂以全陷俄人又復乘機入據伊犁論者多持閉關之議惟時左宗棠督兵秦隴獨主西征疏言重新疆所以保蒙古保蒙古所以衛京師地不可棄兵不可止詔如所請同治十年甘回既定於是移師出關盡復所失地光緒四年奏准改設行省其時伊犁未歸事不果行光緒六年宗棠復申前議計畫甫定而宗棠內召光緒七年伊犁款成俄人反我侵地光緒八年始克實行建省將蒙回封土收隸縣官由此軍府之制變爲郡縣自後歷次增置規模漸備南北兩路凡設道四府六直隸州二共領三十二廳州縣茲考新疆鹽則新疆沿革所宜詳也撮其大概畧述於篇新疆地勢外接新疆一省在廿英俄內連蒙藏東界玉門西限葱嶺天山諸脈橫亘其中分爲南北兩路肅西北東界甘肅西安州東北界蒙古東南界靑海南界西藏西南與英屬印度之克什米爾爲界西與帕米爾爲界西北與俄屬七河省爲界北與俄屬斜米帕拉廷斯克省爲界東西七千餘里南北三千餘里葱嶺蔽其西崑崙障其南天山亘其中劃爲南北兩路此又新疆之形勢也天山者葱嶺之支

幹也地層所積鹽質極厚新疆諸水皆導源於葱嶺天山故河流所瀦無不產鹽

鹽質因水而生水浮天載地高下無不至東南之水皆匯於海西北之水皆源於山水氣布濩山澤相通故東南鹽產必資海水西北鹽產關係山脈中亞山脈皆起於岡底斯山在西藏阿里部地層所積鹽質極厚水經注引釋氏西域記云阿耨達山有石鹽色白如水晶大段則破而用之安息天竺皆仰此鹽阿耨達山即阿今岡底斯山也山之北支繞阿里入後藏西邊與喜馬拉雅山脈相接兩山之間爲印度河源所出次北一支曰葱嶺爲後藏新疆與印度北部之界山長春西遊記云出鐵門入大山中行山根有鹽泉流出見日即爲白鹽又東南上分水嶺西望高淵若冰乃鹽耳山上有紅鹽東方惟下地生鹽此方山間亦出鹽大唐西域記亦言出鐵門至吐火羅國其地東扼葱嶺西接波斯南抵大雪山北據鐵門過雪山入北印度境過信度河至信度國信度國出赤白鹽及石鹽信度河即今印度河信度國即今印度爲克什米爾諸境今英領北印度多產礦鹽鹽池所有鹽池均在印度河附近北史西域傳云女國世以女爲王在葱嶺南出鹽尤多恒向天竺興販獲利數倍新唐書言女國在于闐國南即今後藏東北邊也今後藏諸地亦多礦鹽池鹽池之最著者曰查布薩噶池廣二百五十餘里內產白鹽是其澄也葱嶺自克什米爾迤西北爲新疆之天山橫分新疆爲南北兩路又北與阿爾泰山脈相接爲中俄兩國之界山自克什米爾迤而西南經後藏入和闐境爲新疆之南山亦曰崑崙山綿亘橫貫至青海中部曰巴顏喀喇山之東北其重岡曰積石山兩山之間爲黃河潛源所出今新疆多石鹽池鹽青海亦有大鹽池則關於山脈也岡底斯山南支諸脈歷衛藏入雲南四川衛藏統曰前藏今前藏鹽池無數其最著者曰公努木擦噶池曰里牙爾擦噶池曰爾布擦噶池曰牙根擦噶池曰必老擦噶池曰那木擦噶池曰馬里擦噶池俱產白鹽曰苦公擦噶池曰那木鄂岳爾擦噶池俱產紫鹽凡此諸池大者廣一百八九十里小者廣五六十里均在牙爾佳藏布河兩岸河之上源出巴薩通拉木山西其東則金沙江源所出揚子江之上源也山之北與烏蘭達布遜山相接烏蘭達布遜山產紫

色鹽亦石鹽也支幹既遠則鹽產所在必賴巨川浸漬之功例如四川鹽井爲揚子江之流域雲南鹽井爲潞江瀾滄江之流域河東甘肅及蒙古阿拉善鄂爾多斯鹽池爲黃河之流域然揚子江流域自宜昌以下無有鹽井黃河流域自解州以下無有鹽池此則地體漸低鹽分漸少雖斥鹵之處間有鹽產不過硝鹽而已若新疆西藏及印度北部山脈最近故池鹽以外復多石鹽西北鹽產關係山脈斯實水氣布濩山澤吸化之理矣

漢書敘西域之河匯於鹽澤鹽澤者猶今所謂鹽湖也漢書西域傳云西域南北有大山中央有河河有兩源一出葱嶺一出于闐于闐在南山下其河北流與葱嶺河合東注蒲昌海蒲昌海一名鹽澤廣袤三百里其水停居冬夏不增減皆以爲潛行地下水經注云葱嶺之上河源潛發其水東流謂之北河一出于闐南山其水北流謂之南河兩河相合通爲注濱河又東注蒲昌海水積鄯善之東北龍城之西南龍城故姜賴國也蒲昌海溢蕩覆其國地廣千里名曰龍城皆爲鹽而剛堅行人所逕掘發其下有大鹽方如巨枕以次相累故蒲昌有鹽澤之稱涼州異物志亦云姜賴之墟今稱龍城剛鹵千里蒺藜之形其下有鹽累碁而生以今地理證之蒲昌海即今羅布淖爾在婼羌縣東北吐魯番廳西南則古所謂龍城者當在淖爾東北例如敦煌境外之白龍堆哈密廳南之戈壁及吐魯番廳以南其故地河水自蒲昌伏流侵漬沙磧內結而成鹽新疆諸水均導源於葱嶺天山皆多含鹽分南路之水全以羅布淖爾爲尾閭而今淖爾鹽產反遜他處者蓋上源諸河附近山脈河流所瀦鹽分較厚耳至北路之水所匯巨澤例如特穆爾圖淖爾即伊斯色克庫里湖周迴八九百里俗稱鹹海在伊犁外鹽產雖著劃歸俄境宰桑淖爾即鴻和圖湖周迴四百餘里在塔城外淖爾之北有鹽湖曰遂布遜淖爾產鹽極旺亦隸俄境其隸新疆者惟巴爾庫勒淖爾阿雅爾淖爾額畢淖爾皆產地也

北史載焉耆國有魚鹽之饒龜茲國出沙鹽高昌國出赤白鹽詳見北史西域傳按漢書西域傳敘述各國物產記載頗詳而末及於鹽惟北史載之謂高昌所產赤鹽其味甚美白鹽其形如玉高昌人取以爲枕貢之中國名曰鹽枕唐書西

城傳亦言焉耆有鹽利以今地理證之焉耆即今焉耆府龜茲即今庫車州高昌即今吐魯番廳皆隸新疆南路唐書載伊州納職縣有陸鹽池庭州蒲類縣有鹽泉鎮詳見新唐書地理志按元和郡縣志載陸鹽池在伊州南六十里隸納職縣池無水自生如海鹽月滿則鹽多而甘月虧則鹽少而苦庭州鹽泉鎮在蒲類縣東北蒲類縣者因蒲類海爲名以今地理證之伊州即今哈密廳隸於南路蒲類即今鎮西廳蒲類海即今巴爾庫勒淖爾一曰巴里坤湖隸於北路蒲類產鹽故唐於其地置鹽泉鎮又按唐志所載羈縻州有鹽泊州即今綏來縣境唐時設都督府隸於北庭都護志又載伊吾縣南二里有鹽池海元和郡縣志謂在縣南三百里然據清一統志則謂今哈密南無鹽池海蓋沙磧之地故迹或湮附著於此以備證焉是則

鹽產之著由來尚矣今考新疆產地自天山以北曰迪化迪化本漢蒲類前國唐後庭縣地也乾隆二十五年始置迪化廳隸甘肅省三十八年改設直隸州光緒八年改設迪化縣即省治也產鹽之處曰達阪城即達阪驛附近有昂吉爾圖淖爾一名鹽池海其鹽撈曬成粒色青味正行銷迪化府屬曰昌吉昌吉本漢蒲類後國唐後庭縣地也乾隆三十九年始置昌吉縣隸迪化州改省以後仍隸迪化府產鹽之處在縣屬西北呼圖壁境曰東溝灘其鹽天然凝結所產無多行銷本處曰綏來綏來本漢烏孫國地唐鹽泊州也乾隆四十四年始置綏來縣隸迪化州改省以後仍隸迪化府產鹽之處曰東鹽池曰南鹽池東池鹽色黃白其味純南池鹽色灰白其味雜皆係天然凝結行銷本境並孚遠奇臺縣及塔城廳科布多等處曰鎮西鎮西本漢蒲類前國地唐蒲類縣也乾隆三十八年始置鎮西府領宜木奇臺兩縣隸甘肅省光緒六年改爲直隸廳改省以後仍舊設廳產鹽之處曰蒲類海鹽池即巴里坤湖周一百二十餘里在廳之西北其鹽天然凝結色白味苦僅銷附近各處曰精河精河本漢烏孫國地唐雙河都督府屬也光緒十四年始置精河直隸廳產鹽之處曰東鹽池曰五個井曰七個井其鹽撈曬成粒色白味正行銷本境及伊犁府屬又有紅鹽池亦係撈曬而成色紅

味雜僅銷本處考其產區皆屬於額畢淖爾蒙古游牧記云淖爾即鹽海子西域水道記云淖爾一名喀喇塔拉額西柯東西百五十里南北八十里周四百里在城西北冬夏不盈斷戽水於岸自然成鹽伊犁之境是焉仰給故又曰鹽海其北岸即塔爾巴哈臺境也

自天山以南曰焉耆

焉耆本漢焉耆國地唐焉耆都督府屬也光緒十四年始置喀喇沙爾直隸廳光緒二十四年改升焉耆府領新平輪臺婼羌三縣產鹽之處曰新井子曰紫泥泉其鹽揭去土鹻鹽乾成粒色白味正行銷本境及迪化府屬並吐魯番等處西域水道記云焉耆東南有大澤曰博斯騰淖爾長二百四十里廣四十里周五百餘里淖爾之側產硝及鹽

曰新平

新平本漢尉犁國唐焉耆都督府屬也光緒二十四年始置新平縣隸焉耆府產鹽之處曰窮可力曰英格可力其鹽色白味正曰西尼爾曰東河灘其鹽色灰味雜皆係天然凝結俱銷本境

曰輪臺

輪臺本漢西域小國漢於其地置使屯田唐爲輪臺州光緒二十八年始置輪臺縣隸焉耆府產鹽之處曰塲紅地其鹽天然凝結色黑味劣僅銷本境

曰婼羌

婼羌本漢樓蘭國地唐焉耆都督府屬光緒二十八年始置婼羌縣隸焉耆府產鹽之處曰羅布莊曰阿布旦莊曰阿拉港驛其鹽色白味正曰布拉希灘曰凹石峽其鹽色黑味雜皆係天然凝結俱銷本境按漢時西域有婼羌國在陽關西其地崙入戈壁非今婼羌縣也今婼羌縣在羅布淖爾西南

曰庫車

庫車本漢龜茲國地唐置龜茲都督府光緒十四年始置庫車直隸廳二十八年改爲直隸州產鹽之處曰巴拉海山其鹽色白曰屈支格其鹽色黃四鄉各莊亦多產鹽色青皆係天然凝結質味純佳行銷本州

曰沙雅

沙雅本庫車屬沙雅爾城光緒二十八年析置沙雅縣產鹽之處曰阿合墩莊其鹽天然凝結色灰味濇僅銷本境

曰溫宿

溫宿本漢溫宿國唐置溫宿州光緒十四年始置溫宿直隸州二十八年改升溫宿府領溫宿拜城二縣產鹽之處曰可拉阿瓦提其鹽色白光明如水晶曰克濟阿瓦提其鹽色白微紅皆係天然結成巨塊質味純佳曰阿濟克阿瓦提產鹽必須雨後自然凝結色白味苦曰柯坪天然凝結色白味鹹鹽質甚堅用水煎熬方供食用行銷之地俱在本境

曰拜城

拜城本漢姑墨國唐置姑墨州光緒十四年始置拜城縣隸溫宿州產鹽之處曰庫勒呼洛克山其鹽味正光明如水晶曰托孜巴什瑪札山曰古里阿提瑪札山其鹽色紅味正行銷本境按拜城之鹽皆產於山天然結石有紅鹽白鹽之分清一統志云紅圖格哈納嶺在拜城西南山出白鹽皎然瑩潔遠近賚之西域水道記云水經注言北河東流逕姑墨國南姑墨川水注之水導姑墨西北歷赤沙山東南流姑墨川水即今阿爾巴特河出阿克蘇城北瑪札爾山中東南流繞鹽山東鹽山者自麓至巔赤土壁立土中產冰鹽小者如拳大者如盤光明似水晶水經圖說云天山正幹今謂漢騰格里山亘阿克蘇城庫車城北迤邐而東庫車北山出磠砂紅鹽赤沙山當以此得名水經注言龜茲川水亦逕赤沙山則赤沙綿亘甚遠今考天山支幹在溫宿者有木素爾山在拜城者有鹽池滿山在庫車者有丁谷山丁谷山一名鹽山口驛是則溫宿以東庫車以西山多產鹽故有鹽山之稱

曰烏什

烏什本漢尉頭國唐置尉頭州光緒十四年始置烏什直隸廳產鹽之處曰托司滿山其鹽天然凝結內含石子色灰味劣僅銷本境

曰疏勒

疏勒本漢疏勒國唐置疏勒州光緒九年始置疏勒直隸州二十八年改升疏勒府領疏附伽師巴楚三州縣產鹽之處隨地皆有其鹽自然凝結雜沙泥中色黑味劣僅銷本境

曰疏附

光緒九年始置疏附縣隸疏勒州二十九年改州為府仍隸焉縣在府城北相距二十五里產鹽之處曰塔什密里克莊山其鹽色青紅味甘曰烏帕爾莊山其鹽色白味苦皆係天然結石僅銷本莊曰阿爾瓦特莊其鹽天然凝結色黑味正澄水去泥方可食用僅銷本境

曰伽師

伽師本疏附縣屬伽師城光緒二十八年析置伽師縣產鹽之處曰罄必磊鹽池其鹽撈曬而成色青味正行銷本境

曰巴楚州

巴楚亦漢尉頭國地光緒九年始置瑪喇巴什廳二十八年改廳為州隸疏勒府產鹽之處曰上斯洛可山其鹽天然凝結色白味正行銷本境

曰英吉沙爾

英吉沙爾本漢依耐國唐為朱俱波國光緒九年始置英吉沙爾直隸廳產鹽之處多屬蘇地天然硝片其味苦濇僅銷本處

曰莎車

莎車本漢莎車國唐為毗沙都督府屬光緒九年始置莎車直隸州二十八年改為莎車府領葉城皮山二縣

產鹽之處曰和什瓦提莊灘曰熱瓦奇莊其鹽色白味正行銷本境及葉城縣曰下英額斯塘莊灘其鹽雜有泥沙質味不純僅銷本處

曰葉城葉城本漢子合國光緒九年始置葉城縣隸莎車府產鹽之處曰江格艾思口莊曰庫木什坎莊曰齊盤莊其鹽色黑味苦僅銷本處

曰皮山皮山本漢皮山國光緒二十八年始置皮山縣隸莎車府產鹽之處曰帕卡塔哈曰波內阿瓦提其鹽色黃味苦僅銷本處

曰和闐和闐本漢于闐國唐置毗沙都督府光緒九年始置和闐直隸州產鹽之處曰伯爾藏莊南石灘其鹽天然石結色白味正曰卡浪古明土沙阿哈其莊天然石結逢雨卽消色白味苦曰圖薩拉莊天然土結色白味苦曰奎鴉明塔里什板欄杆天然土結色紅味苦曰奎鴉明塔吾卡子欄杆天然土結色白味濇曰布華明色拉克莊天然硝結色黑味苦曰卡浪古明北伯爾莊天然硝結色白味雜曰哈拉沙爾明哈拉沙莊天然潮結色白味濇俱銷本境

曰于闐于闐本漢拘彌國光緒九年始置于闐縣隸和闐州產鹽之處曰自新莊曰叉新莊其鹽糞水曬成色白味正曰白石多洛可曰葦土拉克曰牙阿拉克曰牙提凍曰固拉哈瑪達木溝曰坎塔拉耆係天然凝結色味雜劣俱銷本境

曰洛浦洛浦舊屬于闐光緒二十八年析置洛浦縣隸和闐州產鹽之處隨地皆有其鹽天然石結色灰味濇行銷本境

其在甘肅安西州外者曰哈密哈密本漢伊吾廬地唐置伊州乾隆年間設立通判巡檢等官初隸甘肅省光緒九年始置哈密直隸廳在敦煌西北爲甘新交界第一孔道產鹽之處曰長流水驛曰一顆樹其鹽撈曬而成色白味苦行銷本境

曰吐魯番吐魯番本漢車師前國隋高昌國唐置西州光緒九年始置吐魯番直隸廳產鹽之處曰底湖莊南灘曰雅木什曰葡萄溝其鹽天然凝結色白味佳行銷本境

曰鄯善鄯善本漢狐胡國唐屬西州非漢西域鄯善國也漢時鄯善國淪入戈壁今鄯善縣蓋闢展舊屬吐魯番光緒二十八年析置鄯善縣仍隸吐魯番廳產鹽之處曰梧桐窩鹽池卽東鹽池曰西鹽池驛其鹽天然凝結色青味正行銷本境

通計全疆共領三十二廳州縣產鹽區域幾占十分之八

南路產地較之北路尤居多數論者謂新疆之鹽或產於山或產於池蘊藏蟠積偏天山南北實爲西北一大產區新疆一省廣袤二萬餘里面積四百四十餘萬方里地大物博利源繁衍例如吐魯番之棉花阿克蘇之稻米和闐之玉均其特長產物而五金煤鐵之富偏天山南北說者謂中國礦產甲於五洲新疆礦產甲於全國寶藏蟠積亘古未洩寔其然矣即以鹽產而論新疆山脈鹽質極厚水氣所周自然石結名曰巖鹽即礦鹽也雪峯冰嶺蜿蜒數千里分支環抱萬壑爭流瀦爲湖泊其餘小水支河或流或沒滲入沙磧無不含有鹽分綜考全疆山脈分三大支南山一支自葱嶺東趨至英吉沙爾折而西南至莎車葉城曰英額齊盤山又東迤於和闐曰哈朗歸山附玉河而南入洛浦境又南迤於于闐其間多產鹽又南則綿亘不絕毗連藏界迤於青海矣天山一支自葱嶺東北延袤而趨當疏勒之北其支幹曰烏魯阿喇特山又東迤於烏什曰額圖克山曰喀克沙勒山折而東南經柯坪入溫宿曰薩瓦布齊山其起於拜城庫車之交者曰圖格哈拉山在拜城西南則木素爾山之西幹也又南曰額什克巴什山一名鹽山即古赤沙山也山形寬廣橫絕庫車北境其間出鹽潔美皆巖鹽也又東北迤於焉耆岡巒糾互名稱不一高峯崛起者曰海都山爲焉耆之北屏即古敦薨山也水匯集因名海都河流繞焉耆城注於博斯騰淖爾淖爾之側多產鹽即古敦薨山藪也天山正幹其在伊犁溫宿之交者曰木素爾山又東曰漢格騰里山天山最高峯也其在迪化焉耆之交者曰哈克博達山又東曰博克達山亦天山最高峯也自此東北行則紛布於綏來昌吉呼圖壁諸境自此東南行則綿延於輪臺鄯善吐魯番諸境產鹽之處巖鹽居多其迤而東者則至鎮西哈密諸境是爲天山之尾閭產鹽之處鹽池居多矣北山一支自額布圖山折而西其首曰哈什山一名哈喇古顏山迤邐西行爲伊犁之北屏分爲南北二支北支經綏定寧遠入精河境山水所匯瀦爲額畢淖爾北路鹽產精河稱最則淖爾爲之也又東迤於塔城陂隴相屬出塔城東北橫障科布多境與阿爾泰山連接山水所匯瀦爲宰桑淖爾其南支經伊犁西南邊入俄羅斯境山水

所匯潴為特穆爾圖淖爾即古碎葉川也凡此兩淖爾鹽產雖旺今歸俄有矣山脈既分故新疆河流亦分三大支在北疆者以伊犁河為綱悉注於特穆爾圖淖爾在科塔之交者以額爾齊河為綱悉注於宰桑淖爾在南疆者以塔里木河為綱悉注於羅布淖爾固皆產鹽之所也今新疆之鹽或產於山或產於池或產於鹻鹵之地北路所產以迪化精河為最佳南路所產以溫宿拜城為最佳自此而外北則綏來南則焉耆莎車疏附庫車吐魯番等處鹽質亦佳和闐所產純雜各半若北路之鎮西南路之哈密葉城烏什等處質味漸次矣蓋新疆鹽產關係山脈論其豐富實與礦產並著云

惟以地處邊陲交通阻絕產溢於銷任民採食故設省以來初於鹽利無所經營新疆當乾嘉之際屯營列戍屹稱重鎮軍需所資率由甘肅撥解其由本地籌取者除屯糧外則有金稅玉稅煤窰稅以及牲畜木植莫不有稅每年歲入不過數萬兩而鹽稅一項初無聞焉蓋其時準回各部仍同藩屬劃設州縣惟鎮迪等處皆在烏魯木齊以東故所有鹽產任其自由殆如蒙古青海之例光緒二十八年始將溫宿府屬酌收鹽稅每鹽百斤徵銀一錢二分行之未久旋即停止三十三年復將精河廳鹽包商承辦歲繳鹽課銀一萬四千餘兩又以迪化縣鹽行銷省會亦由商人包辦歲繳課銀六百兩其後迭次增加共為四千四百兩宣統元年以迪化包課繳不敷額改設局所由官運賣並於焉耆府屬設局收稅歲徵鹽稅銀一千四百兩按宣統元年曾於塔城設局收稅旋又改為商包宣統二年將阿喀道屬定為隨糧攤納每糧一石帶徵鹽課銀四錢此其立法或歸官辦或歸商包或歸攤課大都倣照甘省之例新疆自回

亂後全疆被禍當開省之初瘡痍未復方事休養行政經費悉由內地協助故於鹽權未嘗經營光宣之際北疆戶口倍於從前南疆惟新平婼羌壤地荒僻烏什土墝人民稀少新疆情形漸稱富庶然以交通阻絕實業礦務廢滯莫舉非獨鹽政已也雖光緒末年議收鹽稅而辦法不一用途亦異例如迪化稅入提撥學款爲三千八百兩精河稅入提撥廳署津貼爲二千八百兩蓋創辦之始視同雜稅無所謂鹽政矣夫以新疆一省幾於無地無鹽

鹽質有優劣鹽價有貴賤各地情形彼此互異鹽價貴賤必以鹽質之優劣爲標準新疆鹽價或以斤計或以斗計例如烏什廳屬府屬每斤紅錢一文庫車州屬每斤一二文不等拜城縣屬每斤二三文不等焉耆府屬每斤四文精河廳屬每斤銀二分五厘于闐縣屬每百斤自一兩至一兩五六錢不等此以斤計者也巴楚州屬每斗十六斤銀一錢二分哈密廳屬每斗二錢吐魯番屬每斗二三錢不等此以斗計者也鹽質優劣既不相同價格低昂因之亦異訂立稅則不能不酌量情形分別輕重輕重不一則偷漏繞越弊必叢生此又創辦之未易者也矧產額過多銷路甚少爲今之計祇宜就繁盛之區徵取稅入鹽務之要不外產運銷新疆偏地產鹽緝私非易交通不利運銷亦難若欲與辦鹽政自非內地情形可比祇能暫就繁地設立局所酌行收稅例如迪化伊犁外若古城處四達之地東趨哈密北趨蒙古西通省城南通吐魯番南北商貨由此轉輸一都會也吐魯番地當孔道居南北之中亦一都會也自焉耆以西巴楚以東此東城也庫車民富而多賈溫宿營壤千里逾西爲喀什噶爾當西南之衝俄商由塔什干城過阿賴嶺而入伊爾克什坦英商由北印度踰因都庫什山塔什庫爾干而入蒲犁悉匯於喀城亦一都會也自喀城折而東歷英吉沙爾至莎車再東南入和闐此西城也土地沃衍家給人足和闐爲南路菁華市廛櫛比富庶稱最亦一都會也凡此諸處果能倣照迪化精河一律設局次第辦理於新疆歲入不無裨益迨及成效稍著再行變通鹽務基礎且將由此而立近者中國鐵路漸次與修西北路線一由洛溢至西安抵蘭州巡甘涼出嘉峪關以達新疆是

爲中原直幹一由張家口趨歸化逕蒙古抵科布多以達新疆是爲關外橫幹異時輪軌棣通以新疆鹽產之富鹽質之佳其必運銷於秦隴間內地鹽區難免侵越不有良法何以善後然則規畫新疆鹽務又今日所當籌及者也若欲興辦鹽政則必以限制產額規畫運銷爲第一要義非俟鐵路大通之日豈易言哉

民國三年十二月

中國鹽政沿革史

鹽務署印行

長壽

長蘆沿革

長蘆蓋即滄州北周始置長蘆縣唐以長蘆隸滄州宋廢爲鎭併入清池清池滄州治也明廢清池縣徙滄州治於長蘆設都轉運司駐其地故直隸之■以長蘆名■水名以其旁多蘆葦故曰長蘆北周大象中始置長蘆縣蓋以水爲名也唐貞觀時以長蘆縣屬於滄州自唐以來滄州爲河北重鎭宋熙寧初廢長蘆縣改爲長蘆鎭併入清池清池唐時滄州治也宋金元皆因之明永樂初徙州治於長蘆滄州舊治去長蘆四十里自明移滄州治長蘆後人遂以爲滄州而莫知長蘆之所在矣直隸鹽產以長蘆稱則滄州與長蘆之沿革所宜詳也

長蘆鹽產發源最古周有幽州之利秦有上谷之饒周禮云幽州其利魚鹽史記貨殖傳云自上谷至遼東有魚鹽之饒按長蘆鹽場如永鹽爲禹貢冀州域滄鹽爲禹貢兗州域皆與青州分界之處其在周時則與奉天同屬幽州也及至秦時滄鹽屬上谷郡地永鹽屬遼西郡地矣漢置郡國鹽官長蘆有其四一爲泉州一爲章武一爲海陽一爲堂陽按漢書地理志漁陽郡泉州縣渤海郡章武縣遼西郡海陽縣鉅鹿郡堂陽縣皆有鹽官泉州今天津縣地章武今滄州地海陽今灤州地堂陽今南宮縣地南宮今無鹽場而漢時置有鹽官蓋即硝鹽之類當時產額尚旺又無硝鹽之禁故於堂陽適中之地設官主稅元和郡縣志云鉅鹿縣大陸澤畔有鹹泉煮而成鹽百姓資之是亦硝鹽之類此直隸硝鹽所以廣也北魏傍海煮鹽滄瀛各州皆置竈所通典言魏自遷鄴後於滄瀛之境傍海煮鹽滄州置竈一千四百八十四瀛州置竈四百五十二皆今長蘆鹽場境而滄州一區竈所獨多然則蘆鹽之盛蓋自後魏始自漢以來迄於北朝或主專賣或主收稅隋暨唐初聽民自由貿易是爲無稅時代洎唐中葉復收

鹽稅天寶末安史肇亂顏眞卿爲河北招討使時軍費困竭眞卿收景城鹽使諸郡相輸用度遂不乏見唐書顏眞卿傳　滄州在唐爲景城郡當兵興之際軍用不足故眞卿收其鹽使諸郡轉輸運銷蓋爲官收官運乾元初第五琦循用其意創立鹽法則是唐之鹽法固以長蘆爲先導矣肅宗之時大難雖平然河朔三鎭擅地自強河北鹽法羈縻而已河朔三鎭者朱滔據幽州曰盧龍建中初擅有幽薊嬀檀平營瀛莫諸州張忠志據恒州號其軍曰成德大曆中擅有易定深趙滄冀諸州田承嗣據魏博號其軍曰天雄大曆中擅有相衛潞貝諸州自是以來屢降屢叛唐室威命不復能及蓋藩鎭之禍亦自河北始考唐時河北一道凡二十四郡兼有今直隸山東河南三省境當時鹽利爲諸鎭所擅取而不輸於司農故唐書食貨志謂自天寶末兵興以來河北鹽法羈縻而已　元和中皇甫鎛又奏置榷鹽使榷法一如江淮犯禁者多長慶元年罷河北榷鹽約計課利錢數付榷鹽院舊唐書食貨志云長慶元年勅河朔初平人希德澤且務寬泰使之獲安其河北榷鹽法且權停仍令度支與鎭冀魏博等道節度審察商量如能約計課利錢數分付榷鹽院亦任穩便自置稅鹽院以來同江淮兩池榷鹽利人苦犯禁戎鎭亦頻上訴故有是命　自後河北三鎭更相叛據終唐之世鹽課收入遂爲節鎭所擅有矣河北三鎭自元和中淮西既平始皆順命及長慶初朱克融復據盧龍王庭湊亦據成德史憲誠亦據魏博由是河北復爲化外權鹽課利悉爲諸鎭擅取矣　流及五代鹽法益峻唐立蠶鹽食鹽等名蠶鹽者授人以鹽而徵其錢其法於育蠶時期以鹽俵散鄉村人戶限期納稅故曰蠶鹽舊五代史唐本紀云同光三年詔興唐府管內有百姓隨絲鹽錢每兩與減五文逐年所俵蠶鹽每斗與減五

十文五代會要云天成元年敕諸州百姓合散蠶鹽今後每年祇二月內一度俵散依夏稅限納錢據此則蠶鹽實始於後唐文獻通考言諸州俵散蠶鹽祇得供食不得博易貨賣故又有食鹽之名興唐府今大名府境也又行兩稅鹽錢兩稅鹽錢者免鹽之榷而均諸田稅以夏秋兩季同地租徵收故曰兩稅舊五代史食貨志云唐天成四年戶部奏諸道逐年所徵夏秋稅租兼鹽錢起徵各視其地節候早晚分立限期據此則兩稅鹽錢蓋亦始於後唐及至宋代猶循其法晉天福中河北諸州俵散蠶鹽徵錢外每年末鹽界分場務約糶一十七萬貫有餘議者謂雖得此錢民間私售甚多乃將食鹽錢計戶分為五等配之任人興販鹽價頓賤後復重加鹽稅民甚苦之舊五代史晉本紀云天福元年詔北京管內鹽鐺戶合納逐年鹽利昨者偽命指揮每斗令人戶折納白米一斗五升極知百姓艱苦自今後宜令人以原納食鹽石斗數目每斗依實價計定錢數取人戶便穩折納天福七年詔州郡稅鹽過稅斤七錢住稅斤十錢先是諸州除蠶鹽外每年海鹽界分約收鹽價錢一千七萬貫以所在禁法抵犯者衆遂開許通商令州郡配徵人戶食鹽錢上戶千文下戶二百分為五等時亦便之至是鹽掌禁賦者欲增財利難以驟變前法乃重關市之徵蓋欲絕其興販歸利於官也其後禁如故鹽錢亦徵至今為弊焉食貨志亦云天福初計戶配鹽任人逐便興販既後不鹽斷官又益百姓俄而鹽貨頓賤去出鹽遠處州縣每斤不過二十文近處不過一十文掌事者又難驟改其法奏請重制鹽場稅既而糶鹽雖多而人戶鹽錢又不放免至今民甚苦之周廣順初榷河北鹽犯輒處死其後北伐父老遮道泣訴願免鹽榷而以均之兩稅錢鹽禁稍弛及其甚也鹽不及而徵錢如故舊五代史食貨志云周廣順元年詔改鹽法凡犯五斤以上者處死煎鹻鹽犯一斤以上者處死顯德三年勅漳河以北州府界原是官場糶鹽今後除城郭市內仍舊禁法其鄉村並許鹽貨通商逐處有鹻鹵之地一任人戶煎煉

興販不得踰漳河入通商界按後周重禁私鹽行鹽各有分界自漳河以南皆食顆鹽漳河以北皆食末鹽末鹽出瀕海即長蘆產也夫自唐天寶末以至五代河北州郡常陷兵禍鹽屢榷而屢罷及晉割地遺遼幽薊各州悉爲契丹所有故榷鹽之法未能有一定之制也按石敬塘割幽薊十六州以獻契丹惟雲應朔三州爲今山西北路行鹽地餘皆今直隸境宋呂祖謙言河北自安史亂爲藩鎮據有所以鹽無禁榷然唐元和中嘗榷河北鹽長慶初始罷之五代時又行榷禁周顯德間雖鄉村稍稍弛禁而城市仍由官榷蓋河北鹽禁之罷實始宋初也

宋承五代之法河北一路仍舊禁鹽建隆四年令邢洺磁鎮冀趙六州許通鹽商開寶三年始罷河北鹽禁悉令通商官惟收稅止過稅錢一文住賣者倍之舊榷鹽錢仍均兩稅隨輸通商之地爲大名眞定二府貝冀相衛邢洺深趙滄磁祁定保瀛莫雄覇十七州德清通利永靜乾寧定遠保定廣信安肅八軍宋史食貨志言河北鹽場曰濱州場歲煑二萬一千餘石以給本州幷京東之青淄齊州若大名眞定府貝冀相衛邢洺深趙滄磁德博棣祁定保瀛莫雄覇州德清通利永靜乾寧定遠保定廣信安肅軍則通商後濱州分四務又增滄州三務而京東之青淄齊既通商不復給鹽曰給者蓋置買不賣場由官自賣也曰通商者聽民貿易官收其算也曰既通商不復給者商人買鹽不論何場皆可自由購運也其法顯然易見至通商之地除德博棣三州係山東境此外若大名眞定府貝冀諸州德清安肅等軍皆今直隸河南境爲長蘆行鹽區域也

自是河北鹽聽人貿易官收其算歲額爲錢十五萬緡慶歷初議者請禁榷以收遺

利時余靖爲諫官言前歲軍興河北揀點義勇數年之間未得休息乞且仍舊通商其議遂止宋史食貨志載余靖言燕薊之地陷入契丹且百年而民無南顧之思契丹之法大率簡易鹽賤科役不煩故也昔太祖推恩河朔故許通商止令收稅若一旦榷絕價必騰踊民苟懷怨悔將何及河朔土多鹽鹵小民稅地不生五穀惟刮鹻煎鹽以納二稅今若禁止便須逃亡鹽價若高犯者必衆邊民怨望非國之福乞仍舊通商後王拱辰爲三司使復建議榷滄州鹽都轉運使魚周詢以爲不可請重算商人可得緡錢七十餘萬仁宗曰使人頓食貴鹽豈朕意哉於是三司更立榷法張方平以爲河北既行兩稅鹽錢未可再榷其議復止宋史食貨志云慶歷六年三司使王拱辰建議悉榷滄濱二州鹽入官以專其利都轉運使魚周詢言商人取鹽與所過州縣吏交通爲弊所算十無二三請敷州縣以十分算之聽商人至所鬻州軍併輸算錢歲可得七十餘萬三司奏用其策仁宗謂不可使人頓食貴鹽於是三司更立榷法而未下張方平曰河北再榷鹽何也仁宗曰始議立法非再榷也方平曰河北鹽課均之兩稅今兩稅鹽錢是也且今未榷也而契丹常盜販不已若榷之則鹽貴契丹鹽益售是爲我斂怨而使契丹獲福也契丹鹽多非用兵不能禁邊釁一開所得鹽利能補用兵之費乎仁宗大悟命方平密撰手詔下之立能榷法文獻通考云兩稅鹽錢行之河北五代法也稅已納而禁榷再行蓋誤以兩稅爲經常之賦而不知其源出於鹽河北之榷方平一言之仁宗聽之惠及一道矣蓋自開寶以來至於慶歷河北一路行通商法八十餘年久則弊生稅入益耗迨皇祐中視舊額幾減半時王伯瑜監滄州鹽山務獻議商人受鹽以囊貯之囊毋過三石三斗斗爲鹽六斤除三斗爲耗勿算餘算其半予劵爲驗州

縣驗劵縱之聽至所鬻州軍併輸算錢其法由官限制法定鹽袋所貯斤重不得過數每鹽一袋三石三斗每斗爲鹽六斤每袋爲鹽一百九十八斤除三斗爲耗則正鹽凡一百八十斤准帶滷耗一十八斤鹽斤加耗蓋始於此受鹽之時交納算錢除耗鹽勿算正鹽止收半算給以憑單所過州縣驗單放行運至住賣之地將算錢全輸算即稅也倘所貯過數予及受者皆罰商人私挾他鹽幷沒其貲行之踰年歲增稅額三萬餘緡遂以爲定制至是河北通商法稍稍詳密矣熙寧八年三司使章惇言河北陜西並爲邊防陜西榷鹽河北獨不榷請遣使詣海陽及煮小鹽州縣與兩路轉運使度利害施行蘇軾文彥博論其不便乃詔如舊（按海陽卽今灤州也小鹽者刮鹻爲鹽今謂之土鹽宋時曰小鹽河北鹵地甚廣所在多煮小鹽文獻通考云小鹽僞鹽也）元豐年間改行榷鹽法其法置買賣鹽場盡竈所煮鹽官自賣之重禁私市歲獲鹽利十有六萬七千餘緡蓋自皇祐以來王伯瑜變通鹽法取緡商販行之又三十有餘年至是始改榷法（宋史食貨志言元豐三年京東轉運副使李察請用今稅法置買賣鹽場盡竈戶所煮鹽而官自賣禁私爲市者吳居厚爲轉運制官承察後治鹽法利入益多詔令河北都轉運使蹇周輔制官李南公受法於居厚行之河北玉海云元豐五年編修鹽法六年六月詔以京東鹽法榷之河北據此則宋時河北榷鹽蓋在元豐六年）元祐元年監察御史王巖叟

言河北二年以來新行鹽法所在價增一倍既奪商賈之利又增居民之價以爲息聞貧家至以鹽比藥河朔天下根本願不以損民爲利而以益民爲利復鹽法如故會河北轉運使范子奇奏議鹽稅欲收以十分巖叟復言河北商賈亦有自請於官乞罷榷買願輸倍稅主計者但知於商賈得稅緡以爲利不知商賈將於民間復增賣價以爲害也哲宗嘉其言遂於元祐二年罷河北榷法仍舊通商按宋史王巖叟傳巖叟於熙寧中監晉州折博煉鹽務哲宗即位爲監察御史入臺之明日即上書言河北榷鹽法尚行民受其弊錄大名刻石仁宗詔書以進願復其舊據此則巖叟曾任鹽官洞悉利弊故入臺之始即建議入奏哲宗從其言遂罷河北榷法蓋河北行榷法自元豐六年至元祐二年僅三年有餘耳其後巖叟知齊州又請以所言河北鹽法行之京東矣元祐六年河北提舉鹽稅司請令商賈販鹽於場務輸稅給小引量道里爲限即非官監鎮店聽其銷賣鹽稅舊額五分者增爲七分蓋是時雖仍通商而加稅之法則已行矣紹聖四年河北官復賣鹽仍行榷法玉海云元祐二年詔河北鹽用舊法通商紹聖四年復榷據此則河北行通商法蓋又十年矣元符崇寧而後逮於宣和凡二十年未之或改京畿四輔及滑州河陽斥鹵之地悉墾爲田刮鹻私煮之弊亦以稍革宋史食貨志云宣和元年京畿四輔及滑州河陽斥鹻地悉墾爲田革盜刮煎鹽之弊知河陽王序以勸誘推賞按宋都大梁據宋史地理志皇祐四年置京畿路於開封府以曹陳許鄭滑爲輔郡崇寧四年以許州爲南輔升襄邑曰拱州爲東輔

鄭州爲西輔滑州爲北輔謂之京畿四輔卽今河南省境河陽卽今懷慶府孟縣皆長蘆行鹽區域也當宋之時河北一路民間多私煑小鹽呂祖謙曰河北之鹽是鹵地鹽又易成與他地不同風俗慓悍小人圖利最易犯禁也宣和三年推行新法改爲鈔鹽令商人赴榷貨務算請給予鈔引准其通販專用換鈔對帶之法其法始於崇寧間至是乃行之河北甫及十年而靖康之禍遽作河北鹽利非復宋有矣

宋時河北逼近契丹邊民多盜販契丹鹽禁榷難行實由於此契丹者遼也契丹於石晉天福二年始改國號曰遼宋太平興國四年仍稱契丹治平四年復改曰遼遼當唐之末葉南犯入寇恆在平州及五代梁唐之際據有營平其後石晉獻地幽瀛與焉一時產鹽之區如平州之海陽幽州之蘆臺皆爲所有始得中國煑鹽之利於是薊瀛涿檀等州皆遼行鹽地矣周顯德時復收瀛莫兼取易州宋初乘勝北趨幽薊屢致敗卻端拱二年易州仍陷於遼自是河北州郡常被遼犯景德初澶淵議和與遼以白溝河爲界按白溝河上流自易州而東經保定府雄縣至順天府霸州又東至武清縣由直沽口以入於海河以南爲宋地食滄州鹽河以北爲遼地食平幽二州鹽皆今長蘆產也遼既有幽平營三州之境置爲南京道又分爲燕京平州二路立鹽鐵轉運司以領鹽事遼史百官志云南京轉運使亦曰燕京轉運使食貨志云五京及平州置鹽鐵轉運司以掌出納按平州卽今永平府雖

煎取之法歲入之額史無明文然宋史言契丹鹽賤易售民多私販則其法大概簡易邊民趨利終宋之世河北鹽法未能整理蓋外鹽輸入必求抵制之方綜其大要在使鹽價不貴此事理之易見者觀於余靖張方平王巖叟之論可以鑒矣（余靖方平巖所論已詳見前）迨宣和末與金合兵攻遼僅得燕京路而平灤爲金所有遂自平州入寇燕山不守宋以南渡由是河北鹽利皆屬於金宋之邊釁日滋斯又變之大者也

金既據有河北鹽場因仿中國榷鹽之法俾資用度故金制榷貨之目有十而鹽爲稱首大定初置滄州鹽使司以重其事大定十一年又以新倉鹽榷日盛於其地置寶坻縣謂鹽爲國寶也（金劉晞顏寶坻縣記云大定十有一載冬鑾輿東巡幸於新倉顧謂侍臣此鎮人烟繁庶可改爲縣明年有司承命以鹽乃國之寶取如坻如京之義析香河縣東偏爲縣命之曰寶坻）十三年併榷永鹽爲寶坻鹽使司榷者蓋新倉鎮榷鹽院永者謂平灤鹽產當時有永鹽之稱故曰榷永（劉晞顏寶坻縣記云新倉鎮榷鹽處寶坻西其東則永濟務有永鹽之號別爲使司與榷鹽對峙而角規規然犬牙爲強弱朝廷病其乖戾不一因校售利害併永鹽於榷爲一司歲入課利計一百三十餘萬貫仍署爲寶坻鹽使司）二十年併滄州山東兩鹽司爲海豐鹽使司（金史食貨志云益都濱州舊置兩鹽司大定十三年併爲山東鹽司二十一年滄州及山東各務增羨冒禁責鹽朝廷慮其久或隳法遂併爲海豐鹽使司）二十五年仍置滄州鹽使司隸河北路其寶

坻鹽使司則隸中都路滄州之鹽行山東河北大名河南南京歸德諸府路及許亳陳蔡潁宿泗曹睢鈞單壽諸州兼有今直隸河南山東安徽四省境按宋自南渡後與金以淮河中流爲界淮以南爲宋地淮以北則爲金地故滄鹽行銷區域其廣如此其後以鹽司侵課爲之變通將滄鹽行銷地均於山東鹽司分辦焉金史食貨志云泰和五年詔以河北東西路大名府恩州南京睢陳蔡許潁州隸滄鹽司以歸德府曹單亳壽泗州隸山東鹽司各計口承課寶坻之鹽行中都路大興府及通薊涿易保順雄霸諸州平灤之鹽行本州別設副使於馬城縣置局徵課以隸於寶坻鹽司按馬城縣故城在今灤州南唐開元中始置馬城縣唐書地理志謂爲古海陽城遼置灤州以馬城隸焉金時仍因之行鹽亦用鈔引法每鹽三百斤爲一袋袋二十有五謂之大套鈔引公據三者俱備始可販運小套袋或十或五或一每套鈔一引如袋之數寶坻零鹽較其斤數又爲小鈔引給之以便零販鹽之製造蓋由官煮金史食貨志云灤州諸地嘗令民煑鹽後以不便罷之據此則金時製鹽多係官煑食鹽州郡各輸乾辦鹽錢乾辦者令民折納鹽課不給鹽斤故曰乾辦此五代之敝法至金猶行之五代時計戶配鹽按價納錢其後鹽不給而徵錢如故即金所謂乾辦也金史食貨志云大定二十九年戶部尚書鄧儼言民既輸乾辦錢又必別市而食是重費民財而增煎販者之利也且今之鹽價蓋昔日錢幣易得之時所定今日與向不同況太平日久戶口蕃息食鹽歲課宜有羨增而反無之緣官估高貧民利私鹽之賤致虧官課乞減乾辦鹽課禮部尚書李晏言乾辦鹽錢既非美名又非良法必欲杜私煑盜販之弊莫若使公私價同則私將自已明昌元年上封事者

言河北路乾辦鹽錢太重以故民多逃徙乞緩其徵據此則當時乾辦鹽錢病民可知然終金之世固未放免也 先是滄州舊法每鹽一斤爲價四十一錢寶坻每一斤四十三錢自大定二十九年減爲三十錢後以國用不足遂定每一斤加錢三文爲三十三錢至永安三年復定每斤加爲四十二錢滄州舊課歲入百五十三萬一千二百貫增爲二百七十六萬六千六百三十六貫寶坻舊入八十八萬七千五百五十八貫增爲一百三十四萬八千八百三十九貫迨及泰和年間鹽價日增官司侵課虧欠歲積而交鈔之數多於見錢錢法敗壞鹽務亦受其影響矣金之鹽法大概如此金史食貨志云永安時交鈔所出數多於見錢民間成貫例者艱於流轉若以鈔買鹽引者每貫權作一寶一百文赴權場納鈔從便易錢永安四年又以銀鈔阻滯乃權止鹽引從便易錢之制權貨所賣鹽引收納寶貨與鈔相半銀每兩止折鈔兩貫命在都權貨務鹽引聽收寶貨附近鹽司貼錢數亦許帶納本權時之制非經久之法遂罷寶貨泰和而後國虛民貧經用不足專用交鈔以愚百姓而法又不常其弊彌甚據此則金末鹽法之敗壞更受錢法之影響矣

元自太祖年間攻取金人東畧平灤南至淸滄盡收河北及燕京諸地由是滄寶平灤產鹽之所悉爲所有及太宗初始行鹽法分大都河間兩路大都所屬爲寶坻平灤各場河間所屬爲淸滄各場太宗二年立稅課所徵收鹽稅定制每鹽一引重四

百斤六年改稅課所爲鹽運司十二年又改爲提舉鹽榷所十五年又改爲提舉鹽課使所定宗四年又改爲課程所憲宗二年復改課程所爲提舉鹽使司按元史載太宗時所立鹽官名目初爲河間課稅所後爲提舉滄清鹽課使所又改爲鹽榷所亦曰課程所大都之制與清滄等鹽務官名屢改不一史言自壬寅以來法度無常不其然乎世祖中統元年設宣撫司提領鹽使所元史徐世隆傳中統元年世隆擢燕京等路宣撫使清滄鹽課虧不及額世隆綜覈之得增羨若干據此則宣撫司提領鹽事殆如清代以督撫管理鹽務之制中統四年改鹽使所爲轉運使至元元年改立都轉運司官制名稱更改無常蓋至是而始定矣凡鹽場竈戶煎辦鹽斤歲給工本每引爲中統鈔三兩寶坻各場與清滄同工本者蓋竈戶傭値及煎辦之成本也每引中統鈔三兩當錢一貫五百每引爲鹽四百斤則每斤工本錢三文半有奇按元史食貨志中統元年始行鈔法有交鈔有寶鈔交鈔者以銀計寶鈔者以錢計每寶鈔一貫同交鈔一兩每鈔一貫當見錢五百每鈔兩貫同白銀一兩蓋是時銀錢見貨與鈔幣爲對折現銀一兩當錢一貫中統鈔三兩實當現錢一貫五百也是時鹽價每引中統鈔九貫每鈔一貫當錢五百則每鹽一斤官定賣價爲錢十文有奇此至元初年之情形也至元八年以大都民戶多食私鹽因虧國課按籍計口給以食鹽自是計口授鹽之法行於大都與河間鹽法稍殊矣十九年罷大都河間鹽運司設戶部尚書員外郎各一員別給印令

於大都置局賣引鹽商買引赴各場關鹽發賣竈戶工本由省臺遣官逐季分給引票之法蓋始於此而創行之初大都河間實爲模範按元史百官志至元十九年以戶部尚書行河間等路都轉運使司事尋罷二十七年復令戶部尚書行河間等路都轉運使司事又按元史世祖本紀至元十九年議賣鹽引法令諸鹽運司親行調度鹽引據此則引票之法實始於此而大都河間以戶部尚書行鹽事者蓋改法伊始畿輔之地特由中央簡任專員所以重其事也二十二年復立大都河間都轉運鹽使司二十五年增河間竈戶工本爲中統鈔五貫二十八年又增大都竈戶工本爲中統鈔八兩是時鈔法既弊鹽法因之亦弊鹽價增漲至五十貫較之至元初年幾加四倍有奇則鹽法之敗壞已可概見按元史食貨志至元二十四年改造至元鈔與中統鈔通行每至元鈔一貫當中統鈔五貫又按元史世祖本紀至元二十八年桑哥言初改至元鈔欲盡收中統鈔故令天下鹽課以中統鈔與至元鈔相半輸官今中統鈔尚未可急斂宜令並輸至元鈔商販有中統鈔聽易至元鈔以行然後中統鈔可盡由此觀之世祖時代自中統初及至元末三十有四年鈔法凡兩變而至元之鈔五倍於中統倍斁太多輕重失宜鹽法遂受其影響蓋欲釐理財政必先釐理幣制幣制不理而凡關於財政者無不受其害豈獨鹽法也元之已事可以鑒矣又按元史世祖本紀載至元二十六年尙書省言南北鹽均以四百斤爲引今權豪家多取至七百斤莫若先貯鹽於席來則授之爲便從之據此則當時夾私之弊其多如此鹽法敗壞蓋已極矣大德間裁大都鹽運司併入河間於是河北鹽法爲之一變惟時商販把持行市鹽價日貴民食不便因於燕京南北二城置局設官賣之自茲京廠之鹽行官賣法及泰

定間所任局官不得其人遂罷官局仍聽商賣元統二年更置官局至正三年復改商賣官賣商賣至是兩法交弊矣按元史食貨志元統二年御史臺備監察御史言竊觀京畿居民繁盛日用之中鹽不可闕大德中因商販把持民食貴鹽乃置局官賣中統鈔一貫買鹽四斤八兩後雖倍其價猶敷民用及泰定間所任局官不得其人致有短少之弊於是罷官局復從民販賣自是鈔一貫僅買鹽一斤無籍之徒私相犯界煎賣獨受其利官課為所侵礙民食猶益貴貧者多不得食如仍設局官賣庶課不虧而民受賜矣既而大都路備三巡院及大興宛平縣所申又戶部尚書建言皆如御史所陳戶部乃言自大德七年罷大都運司令河間運司稟辦每歲存留鹽數散之米鋪從其發賣後因富商專利遂於南北二城設局十有五處官為賣之當時立法嚴明民甚便益泰定二年因局官網船人等多有侵盜之弊復從民販賣而罷所置之局未及數載有司屢言富商高擡價值之害且各處俱有官設鹽鋪與商賈販賣並無窒礙豈有京城之內乃革罷官賣之局宜依舊於南北二城置局委官賣鹽每中統鈔一貫買鹽二斤四兩凡買鹽過十貫者禁之不及貫者從所買與之若有侵盜者依例追斷其合賣鹽數令河間運司分為四季起赴京厫用官定法物兩平稱收分給各局所賣價鈔逐旬起解由戶部委官提調之仍委官巡視如有豪強兼利之徒頻買局鹽而增價轉賣於外者從提調巡督官痛治之仍令運司嚴督押運之人設法防禁毋致縱令綱船人等作弊其客商鹽貨從便發賣中書省上奏如戶部所擬行之至正三年監察御史王思誠等建言京師自大德七年罷大都鹽運司設局官賣鹽泰定二年以其不便罷之元統二年又復之迨今十年法久弊生在船則有侵盜滲溺之患入局則有和雜灰土之奸名曰一貫二斤四兩實不得一斤之上其潔淨不雜而斤兩足者惟上司提調數處耳當時置局設官但為民食貴鹽殊不料官賣之弊反不如商販之賤徒費國家而使百物貴也御史臺以其言具呈中書省上奏遂罷官局聽鹽商從便入京興販據此則元時大都官局賣鹽屢設屢罷商賣既弊乃設官局官賣復弊仍從商賣兩法交弊遂無法之可言矣元史所載足以證明當日之情事故備錄之

然自

元貞年間鹽戶工本錢每引中統鈔十貫鹽價每引爲鈔六十五貫按元史成宗本紀元貞二年增鹽價鈔一引爲六十五貫鹽戶造鹽錢爲十貫獨廣西如故據此則大都河間及淮浙等處鹽價皆增惟廣西仍如故也迨及至大二年鈔法復變鹽價愈增至延祐時累增爲一百五十貫食鹽之貴未有甚於斯者也按元史武宗本紀至大二年變易鈔法詔以中統鈔歲久法隳亦既更張印造至元鈔逮今又復二十三年物重鈔輕不能無弊乃改造至大鈔每鈔一兩準至元鈔五貫中統鈔限日盡數赴庫倒換鹽課加收至大銀鈔以一當五食貨志云元之鈔法至是蓋三變矣大抵至元鈔五倍於中統至大鈔又五倍於至元未及期年仁宗卽位以是倍數太多遂有罷鈔之詔而中統至元二鈔終元之世蓋常行焉由此言之元代鹽價之貴固緣鹽法不善然亦未嘗非鈔法之弊有以致之刱復私鹽盛行侵礙官課欲求鹽法之無弊不亦傎乎元史食貨志至正二年河間運司申戶部云近年以來各處私鹽販賣者衆蓋由官失於禁治以致侵礙官課鹽法澁滯實由於此又云河間行鹽地方累歲旱蝗買食者少大都路所屬地方多私賣疙疸鹽有司亦不奉公巡禁由此言之元代鹽價既貴私鹽勢必充斥宜其法之日弊也

明於洪武元年經畧河北克取元都改大都路爲北平府置北平河間鹽運司洪武二年改爲河間長蘆都轉運鹽使司後定爲長蘆都轉運鹽使此長蘆之稱所由起也明史食貨志言洪武初置北平河間鹽運司後改稱河間長蘆職官志則言洪武二年置長蘆都轉運使今以歷史證之宋有河北都轉運使之名元爲大都河間都轉運鹽使洪武初改大都爲北平府故仍元制置北平河間鹽運司至洪武二年以滄州長蘆爲鹽產匯集之所運使駐於其地因改稱長蘆自是以來直隸之鹽遂

以長蘆爲名至今猶沿其稱長蘆所轄分司有二南曰滄州運同領之北曰青州運判領之故長蘆鹽場有南場北場之分按青州即清州爲今天津靜海兩縣境漢曰章武縣宋曰乾寧軍元曰清寧府後復改爲清州明洪武時廢州爲縣名曰青縣於其地設分司故稱青州分司所轄鹽場起嚴鎭至歸化蓋北場也顧祖禹方輿紀要誤以山東之青州當直隸之清州遂謂明長蘆鹽場二十四屬滄州分司者十二屬山東青州者亦十二考之地理直隸東南與山東武定府接界山東青州尙在武定之南長蘆分司豈能遠設於是顧氏殆失考矣清一統志亦沿其誤茲特辨正之而鹽場二十有四各設鹽課司按明初滄州青州兩分司各轄鹽場十二爲二十四場至隆慶間裁併鹽場青州分司轄北所十一場滄州分司轄南所九場是爲二十場萬曆年間改青州分司爲運同滄州分司爲運判於是兩司印務交相更調矣行鹽之地爲直隸及河南彰德衛輝二府後增開封府之二十三州縣按明直隸凡八府曰順天曰保定曰河間曰眞定曰順德曰廣平曰大名曰永平直隸州二曰延慶曰保安以及河南之衛輝彰德二府共一百四十六州縣皆食蘆鹽者也開封一府初食山東鹽後改食河東鹽萬曆十七年始將祥符等二十三州縣改食長蘆鹽其杞縣通許太康蘭陽儀封陳州仍食山東鹽洪武初仍循元制歲給竈戶工本凡竈戶納鹽以四百斤爲一引官給工本米一石後改給錢鈔以米價爲準長蘆每引給鈔八百文至洪武十七年增爲二貫設司於滄州置場於近海編戶於州縣簽民爲竈區畫瀕海地土給竈戶爲恆產謂之竈地樵採草芻煎辦鹽課者謂之草蕩斥鹵之地刮土取滷盤煎池曬資以成鹽者謂之灘地官鍋名雖不同其爲竈業則一也止辦

鹽課絕無民糧歲辦大引鹽六萬三千一百五十三引有奇按宋時歲給亭戶工本元承其制各場置令丞管勾掌鹽出納所給工本有多寡明初仍依元舊然其間有丁產多而額鹽少者有丁產少而額鹽多者洪武十三年乃令各運司就鹽場所屬地方驗其丁產多寡地利有無官田草蕩納鹽免科薪鹵得宜約量定額分爲等則逐一詳定不拘戶籍同異務使均平凡屬竈戶免其雜役其竈戶自置民地名爲竈產者照常辦納民糧此洪武年間定制也及萬歷時民田與竈地年久混淆致虧國課巡鹽御史曹一夔奏言長蘆竈地灘蕩與民地疆界混淆糧差互派議令運司會同有司官弔取黃一竈二冊並鹽法志書查明竈地灘蕩原額若干新置民地名爲竈產者若干分別丈量某鹽場坐落某處見今實在竈地若干灘蕩若干附場竈地若干離場零星竈地若干某置買民地若干各照畝區界限與原額增減數目每戶類爲一總彙造清冊三本一存有司衙門一存運司衙門一存巡鹽御史衙門仍造簡明冊送部查核自是地存則丁存丁存則課存竈戶地蕩灘鍋指掌可分矣 其初行開中法開中者仿宋之折中而益精之宋制利折色明制利本色自洪武三年召商輸糧邊塞給以鹽引謂之開中各省邊境多用此例長蘆令商輸米北平倉一石八斗給鹽一引報中於邊其鎮有三曰宣府曰大同曰薊州按例中鹽聽商支運明史食貨志長蘆所輸邊宣府大同薊州鹽法舊志載宣府倉五十二大同倉十八薊州倉十一各商赴各邊鎮報中鹽引撥派倉場出給倉鈔場鈔實收將收過糧草數目申報該鎮管糧郎中將各商報到倉鈔場鈔比對勘合皆同聽商支運鹽斤銷賣 其法蓋令商人納粟於邊粟入給引赴場支鹽鹽出場經批驗所依數掣驗長蘆批驗所二一曰長蘆掌驗南場之鹽一曰小直沽掌驗北場之鹽所過官司驗單放行轉賣之處

各照所定行鹽地若鹽與引離及越境賣者卽以私鹽論邊儲鹽法相輔而行斯誠良法矣明史食貨志洪武四年定中鹽例輸米諸倉計道里近遠自五石至一石有差先後增減則例不一率視時緩急米値高下中納者利否道遠地險則減而輕之編置勘合及底簿發各布政司及都司衛所商納糧畢書所納糧及應支鹽數齎赴各轉運提舉司照數支鹽轉運諸司亦有底簿比照勘合相符則如數給與賣鹽有定所刊諸銅版犯私鹽者罪至死僞造引者如之鹽與引離卽以私鹽論蓋法令之嚴密如此及永樂初以北京諸衛糧乏悉停天下中鹽專於京衛開中又以長蘆私鹽盛行因遣御史巡視同時各省亦遣御史巡視鹽課巡鹽之官蓋始於此按長蘆之以御史巡鹽始於永樂十三年渤海之間私販蠭起因以御史彈壓之同時各省亦遣御史巡視明會典云永樂十三年差御史給事中於各處關支鹽課明史職官志云永樂十四年初命御史巡鹽是其證矣然永樂年間雖以御史巡視鹽課固未嘗專設也宣德間或數歲一遣正統以來始令御史巡鹺依巡按例歲更代以爲常於是御史巡鹽遂爲定制正統十一年以山東諸鹽場隸長蘆巡鹽御史由濟寧迤北抵張家灣由長蘆御史兼理之清時山東鹽法歸長蘆鹽政兼管實沿明制也近場之處民多食私又行戶口食鹽納鈔之法續文獻通考云食鹽納鈔始於洪武三年令民於河南開封等處輸米以佐軍食官給鹽償之每戶大口月一斤小口半之永樂元年以廣東鹽課無商中納令發實食鹽大口歲食十二斤小口半之每斤納鈔三百文近場支給至永樂二年左都御史陳瑛言比歲鈔法不通皆因出鈔太多收斂無法莫若行戶口食鹽之法通計天下人民不下千萬計口收鈔鈔必可重乃命定大小口歲食鹽斤如元年所定每斤納鈔一貫據此則長蘆行戶口納鈔之法蓋始於永樂二年其後則僅於近場之處行之顧炎武郡國利病書云香河縣界去鹽場路甚近鹽多私販價賤民不樂買商鹽萬曆九年間以商鹽難行鹽課未完則官不得考滿商鹽到縣按丁派散每鹽十六

斤定價銀一錢遂爲例此近場食鹽法也洪熙元年以鈔法不通又定中鹽則例至宣德年間減輕開中其例始停明史食貨志云仁宗立以鈔法不通議所以斂之之道戶部尚書夏原吉請令有鹽之家中鹽遂定各鹽司中鹽則例滄州引三百貫宣德元年停中鈔例三年原吉條上豫備策言中鹽舊則太重商賈少至請更定之乃定每引自二斗五升至一斗五升有差召商納米北京戶部尚書郭敦言中鹽則例已減而商來者少請以十分爲率六分支與納米京倉者四分支與遼東永平大同宣府等處至已納米者他處中納悉停之鹽法自此稍變矣正統時又以商人守支年久中納者少於是別之爲常股存積常股者挨次行支存積者不分次第引到即支各定分數以八分爲常股給與守支客商以二分爲存積收貯於官凡中常股者價輕中存積者價重然人困守支爭趨存積而常股壅矣明史食貨志云正統時商人有自永樂中淮浙鹽祖孫相代不得者乃倣洪武中例加鈔錠以償之又以商人守支年久雖減輕開中少有上納者議他鹽司如舊制而淮浙長蘆以十分爲率八分給守支商曰常股二分收貯於官曰存積遇邊警始召商中納常股存積之名由此始按正統五年以商所應支之鹽別之爲常股爲存積其法行之於長蘆及淮浙長蘆分派常股鹽一十二萬六千五百六十五引存積鹽五萬四千二百四十二引迨至景泰年間邊圉多故存積增至六分乃令減納糧米兼納草束明史食貨志云景帝時邊圉多故存積增至六分中納糧米兼納穀草秋青草秋青三當穀草二續文獻通考云景帝時密雲古北口俱令減納糧米兼納草束又令召商於大同宣府中納長蘆及淮浙鹽每引米豆六斗至三斗或穀草八束至三束或秋青草十二束至六束各有差及成化時常股大壅因減存積作三分然商人樂有見鹽仍爭存積於是別之爲內商

爲邊商凡內地守支者謂之內商各邊中引者謂之邊商內商之鹽不能速得邊商之引又不賤售報中寖怠存積之滯遂與常股等於是以深州海盈等場鹽斤堆積年久消折分二大引爲四小引議價折布解庫此成化五年事也按深州海盈及利民阜民利國海豐益民海阜潤國阜財富民海潤凡十二場皆屬滄州是爲南場折布議價蓋由南場始也成化十九年更定給年遠守支商資本鈔長蘆每引二十錠續文獻通考云成化十九年令正統以前中鹽未支者給資本鈔長蘆每引二十錠復爲兌支之例凡淮浙鹽不能支者配給長蘆及山東鹽惟時客商多以引目典當於人名爲夥支或轉賣有勢之人名爲賣支又有以假引賣與商販冒頂眞引及以舊引賃人影射私鹽者因禁報中客商引數不許過多并轉賣及包攬蓋以防其弊也而弊終未能除鹽法之壞自茲始矣續文獻通考云成化十九年定夥支等俱問罪引目鹽貨入官又客商派定場分守支畢即打引出場如無現鹽止許於本場買補若將已完鹽課捏作未完遺留空引侵盜影射私鹽者鹽貨價錢俱入官官吏縱容以枉法論按明會典言景泰元年令商人支鹽賣畢截角退引過期不繳者行各處巡鹽御史查題立法未嘗不密然自景泰初至成化十九年僅三十五年耳而空引影射之弊已如此各處皆然固非獨長蘆也

明初開中徵納本色內地商賈爭赴各邊墾田積糧鹽朝中而暮支價平息倍商樂轉輸成化間始有折銀之例然未嘗著爲令也弘治五年戶部尚書葉淇言商輸粟

二斗五升給鹽一引是以銀五分得鹽一引也按明自永樂中令商於各邊納米二斗五升支鹽一引於是富商大賈自出財力招游民墾田田日就熟甘肅寧夏粟每石値銀二錢則是每鹽一引價僅値銀五分也請更其法輸銀於運司銀四錢可得粟二石是以一引之鹽坐致八倍之利且商人納銀運司道近而便於是改徵折色長蘆每引南所納銀三錢五分北所納銀三錢八分遂爲定例是爲鹽課折銀之始鹽法由此變矣又令客商買收餘鹽補充正引餘鹽者竈戶正課外所餘之鹽洪武初制客商支鹽例有定場不得越場買補無所謂餘鹽也買補餘鹽實起於弘治初年行自兩淮而長蘆及各區皆倣行之於是始納折色蓋明初鹽課止有鹽糧無納銀之例鹽課折銀亦自變賣餘鹽始也續文獻通考云弘治二年令守支客商成化十五年以前無鹽支給者許收買竈丁餘鹽以補官引成化十六年以後至二十年以前正支不敷者亦許買補據此則餘鹽之例蓋始於弘治二年也明史食貨志云至孝宗時而買補餘鹽之議興餘鹽者竈戶正課外所餘之鹽也由是以餘鹽補充正課而鹽法一變餘鹽既行鹽法寖壞況易粟爲銀不之邊而之部開中法廢邊儲日虛弘治末年閹宦權勢奏討殘鹽殘鹽者謂以舊引而買餘鹽也鹽法益以大壞孝宗實錄云弘治十二年尚衣監秦文奏討長蘆鹽五萬引鬻取其價充造南京緞疋戶部議不可命以二萬引及兩淮鹽價給之明史侶鍾傳云弘治十五年奸商投外戚張鶴齡乞以長蘆舊引十七萬免追鹽課每引納銀五分別用價買各場餘鹽如其數聽鬻販許之後奸民援例乞兩淮舊引至百六十萬鍾

爲戶部尚書力持皆不聽自是鹽法大壞矣續文獻通考云弘治時外戚周壽張鶴齡各令家人及商人譚景清等請買補長蘆兩淮殘鹽至百八十萬引戶部尚書韓文條鹽政夙弊論殘鹽尤切孝宗嘉納未及行而崩武宗卽位詔能之未幾壽等復請乞下部更議文等再三執奏弗從按此則明時鹽法之壞實自長蘆開其端而淮浙繼之

正德初因加清理時權要開中既多又許買餘鹽每鹽一引有用至十餘年者至是始申截角之令將舊引立限追繳然每引增納紙價引價加重鹽弊如故按運鹽以引鹽鎖引繳此宋元以來定制也明初亦倣其例景泰元年以商人多有將舊引影射私運者令商人支鹽賣畢截角退引自景泰初至正德蓋已五十有六年其間弊端復生故正德二年又申截角之令引紙之例始於正統二年每紙百張收銀一錢景泰五年令長蘆兩淮山東鹽商免其納紙每引收鈔一貫俟鈔足用紙或不敷一如舊輸納至正德間增納紙價每引徵銀三厘遂爲定例矣而權要奏討仍復紛紜奸人橫行官司無可如何夾帶影射弊端百出長蘆額引正統時分派常股存積引數共一十八萬八百有奇正德時改常股存積皆爲正課除正引應關支鹽外得買補餘鹽如正鹽額復得買割沒鹽割沒者例定斤重外多五斤以下照例割沒入官令商人按時估納銀中賣名曰割沒五斤以上則爲夾帶照例問擬然舊制已壞夾帶雖多皆聽納價鹽官承權要風旨徇私不究鹽法之壞於斯爲極嘉靖初方加整理而奸商賁緣近倖復以增價爲名奏買餘鹽夾販私煎弊益日甚皆餘鹽爲之也續文獻通考云嘉靖七年爲始各邊中正鹽一引令添中餘鹽

(二引先納引紙價銀六厘添刷引目二道給與商人正鹽照舊派場關支添中二引聽各商自行買補過所如法稱掣據此則餘鹽倍於正鹽矣明史食貨志言自弘治時以餘鹽補正課初以價適課後令商人納價輸部至嘉靖時餘鹽盛行正鹽守支日久願中者少餘鹽第領勘合即時支賣願中者多於是正鹽未派先估餘鹽商竈俱困姦黠者藉口官買餘鹽夾販私煎法禁無所施鹽法大壞則當時鹽法之狀況已可見矣)嘉靖十三年給事中管懷理論鹽法之壞由於餘鹽欲通鹽法必先處餘鹽欲處餘鹽必多減正價正鹽賤則私販自息正鹽價銀不必解赴太倉俱令開中關支餘鹽以盡收爲度事下所司卒未議行(明會典云嘉靖十三年給事中管懷理奏言每正鹽一引定價五錢或四錢餘鹽一引或二錢五分或二錢不等俱令開邊中納正鹽給以引目下場餘鹽給以小票商自收買每正鹽一引許中餘鹽三四引以盡收爲度明史食貨志言管懷理論鹽價不必解赴太倉戶部議覆以爲餘鹽銀仍解部如故而邊餉由是益虛矣)至二十年世宗以變亂鹽法由餘鹽敕罷之長蘆淮浙悉復舊法然令甫下而吏部尚書許讚即請復開餘鹽戶部覆允於是餘鹽又行矣(嘉靖二十年給事中郭鋆請革餘鹽世宗嘉納之故有敕罷之令至二十一年又令各運司餘鹽照舊納銀於部)先是例定每引準鹽四百三十斤內二百五斤爲正鹽二百二十五斤爲餘鹽其後又加包索二十斤共四百五十斤至嘉靖三十七年題準每正鹽一引二百五十五斤外加六十斤其赴邊勞苦連包索十五斤共三百三十斤許帶餘鹽二百六十五斤共五百九十五斤四十四年又增包索十斤南所納銀三錢

九分七厘五毫北所納銀四錢三分七厘二毫此外多帶二十斤納銀一錢若仍復夾帶則問罪有差立法未爲不密然商人貪利築鹽一包或至七百斤者奸竈惟知多賣商人惟知夾帶遂使節年引目經久不完於是私販益多正鹽壅積由東安永清來者則以進鮮爲名由靑縣竇坻來者則以啖馬爲名糧船北行則夾私抵通州南歸則販賣抵臨淸皆權貴勢力窩頓興販也及隆慶時始行察治其弊稍息（隆慶五年盧明章爲長盧巡鹽御史條陳鹽法請嚴督行鹽地方驗單銷繳不得阻滯御馬監歲用啖馬鹽止許現賣商鹽不得交通私販撓壞鹽法又以天津一帶多有私運請責成天津道查懲窩頓以塞弊源皆報可議行一時稱快焉）延至萬歷年間弊竇復生萬歷十九年因議掣出鹽斤多至四十斤者納銀二錢過六百斤以上者引鹽銷毀二十一年又以解額虧欠因於掣出鹽斤四十斤外再加四十斤亦納銀一錢（續文獻通考載萬歷時巡鹽御史雷嘉祥言長蘆舊例每沒官鹽二百零五斤爲一引每銀一錢得鹽五十斤後因峻懲商弊令二十斤定銀一錢責其自納既倍時值加以運載諸苦遂致數年積鹽五萬四千餘引日漸耗失商民兩病宜令每三十五斤定銀一錢部覆於所議三十五斤外再加五斤共四十斤定銀一錢盡將積鹽責商自納從之此每鹽四十斤納銀一錢所由始也）然其時引價參差至萬歷三十二年部議蘆鹽開在薊永每引納價三錢大同價止二錢宣府一半運商納價三錢一半土商納價二錢一引二價似啓爭端因將未經加價

之鹽照運商例各加一錢其大同偏輕亦加一錢引價過多商苦賠累而又有挨單之稅商力疲敝爲已極矣（挨單者自正統時定爲常股存積之法常股挨次行支凡商執引下場支鹽由官給單挨次驗掣謂之挨單萬曆二十七年太監馬堂張日華爲通灣稅使欲莞鹽柄議加挨單鹽稅戶部許之時吳達可爲長蘆巡鹽御史上疏抗爭力斥其奸事雖得寢而挨單加稅則已實行至三十七年始有裁罷之令蓋挨單鹽稅行之長蘆已及十年事載於明史吳達可傳及續文獻通考至其加稅之法每鹽一引徵銀若干史文不詳無可考矣）其後以商困不支遂復減價仍照舊例每引納銀二錢（萬曆三十三年大同巡撫張悌以大同士商每年有召募賠累之苦額派難加請照舊例每引二錢三十八年巡撫吳亮疏准宣府引價仍舊二錢四十年巡鹽御史馬孟貞疏准薊永引價亦仍照舊二錢）鹽引斤重正鹽二百零五斤餘鹽二百六十五斤割沒鹽八十斤寧餉鹽十斤酬商鹽六十斤包索三十斤共重六百五十斤徵銀八錢五分七釐零遂爲定制斤數重則秤掣難欵目多則朦混易此明代鹽法所以愈變而愈壞也綜而觀之自成化以前重在開中而壞於存積自成化以後變爲折色而壞於餘鹽終明之世鹽務未能整理各區皆然非獨長蘆也洎天啓時閹宦擅權恣意搜括務增引超掣（按天啓元年增開封二萬引正順彰輝等府三萬引）魏忠賢黨郭興崔呈秀等巧立名目取利無算崇禎時頗欲有所釐革而時方用兵軍餉困絀雖欲加以整理烏可得耶

清初依明舊制設立鹽運使及所屬各官仍以御史巡視鹽課清會典載國初定長蘆差御史一人巡視鹽課設運使一人運同一人副使一人運判一人經歷一知事並所屬各場鹽課司及鹽引批驗所庫大使各一人是其官制一依明舊也懲明之弊將各項名目盡行削去止徵正課改明舊引剖一爲三共引七十一萬九千五百五十道每引連包索重二百二十五斤徵課銀二錢六分五釐明季長蘆歲行大引二十三萬九千八百五十道每引正鹽之外加包索餘鹽割沒等名重至六百五十斤引重課繁弊竇滋多順治元年詹事府舍人王國佐條奏鹽政十弊言除變價以止奸欺查私鹽變價繫明朝舊制變價之鹽比引倍重價更輕是以奸徒俱以運到之鹽假充私鹽變價告運貨賣不由製放故夾帶不賣可窮詰又言革防銷以省商費查鹽斤製銷自有定額無容私自增減嗣後每引連包索二百二十五斤外多帶者即係私鹽查出官商一體治罪又言復兩坨以備稽察查私鹽夾帶惟藉已製之官鹽混行堆坨今宜已製之鹽歸之舊坨未製之鹽歸之新坨庶夾帶可杜又言核場竈以清竈囤查商竈出鹽原有定之額惟私鹽窩囤販賣以致官鹽數少宜責成各場大使每月將場竈出鹽數目據實開報運司間行查察如有隱匿即治大使以通同之罪皆切中鹽弊者也部覆從之又將包課地方一律改引增引三萬五千四百五十三道明制順天永平正定河間四府州縣多鄰場竈私販盛行當初按派地畝人丁納課後募土商包納課銀不須引目順治元年議定順天府屬薊州遵化豐潤玉田寶坻平谷香河三河八州縣永平府屬灤州盧龍遷安撫寧樂亭昌黎六州縣正定府屬冀州深州南宮武強饒陽安平衡水武邑八州縣河間府屬滄州獻縣靜海青縣鹽山慶雲六州縣向來包課者皆改行引鹽責令各商比照引數給引行鹽不得仍前包課長蘆綱引謂之正引薊永正河謂之改引正改引課一例徵納較之明季已減三分之一凡徵正引課銀

十九萬一千二百二十四兩四錢一分二釐改引課銀一萬一千一百十九兩六錢六分九釐由部刷印引目令各商完納隨給鹽引赴場支鹽因明舊法釐定坨規商人入場領鹽席築成包運赴鹽坨南北二場皆有坨南坨在滄州西門外有內坨外坨之分北坨在天津海河東岸有新坨舊坨之分鹽包到齊皆儲外坨舊坨謂之生鹽赴司告掣運司發批驗所查驗引鹽數目申司詳院巡鹽御史親蒞過掣掣過擡入內坨新坨謂之熟鹽藉以杜混淆之弊也（按明制南北二場皆有坨所凡舊坨置未掣之鹽新坨置已掣之鹽夾帶混行莫可究詰萬曆三十八年巡鹽御史畢懋康陳請更定坨規以釐宿弊將坨分為二中築界牆以半坨置未掣半坨置已掣未掣之坨臨河設門以便運入已掣之坨臨河亦設門以便運出界牆中間東西設門以便擡運上堋掣官到坨逐商查堋逐坨查數其法固甚善也清初仍循明制定例南坨六引為一堋北坨九引為一堋數十堋為一梁皆編列號籤以便掣驗隨掣隨貯備商領運此長蘆坨規所以有生鹽熟鹽之分也）明制發民為竈辦納鹽斤謂之竈丁丁有丁課每丁徵銀自二三錢至八九錢不等（例如利民場為二錢四分有奇歸化場為三錢七分有奇嚴鎮場為八錢七分有奇越支場為九錢二分有奇）竈戶業產謂之竈地竈地有課每畝徵銀自二三釐至一分零不等（例如豐財場為二釐七毫有奇歸化場為三釐有奇嚴鎮場為一分二毫有奇）刈草供煎謂之蕩地蕩地有課每畝徵銀自一二釐至一分零不等（例如興國場為一釐七毫有奇豐財場為二釐五毫有奇惠民場為一分三釐有奇）晒必資於灘灘

有灘課每畝徵銀自六分至二三錢不等例如興國場爲六分八釐有奇利國場爲二錢三分有奇利民場爲三錢三分有奇煎必資於鍋鍋有鍋價每鍋徵銀自五分至二三錢不等例如濟民場爲五分六釐有奇越支場爲二錢一釐有奇豐財場爲三錢一分有奇清初悉照舊額徵收明時長蘆歲辦供用庫光祿寺內官監神樂觀青白鹽及官吏食鹽清初亦照舊例由各場辦解明史食貨志言長蘆上供光祿寺神樂觀內官監及百官有司鹽即清所謂貢鹽也清會典載順治初年定供用庫白鹽二十四萬一千六百六十六斤內官監白鹽六萬二千斤青鹽七萬二千五百斤光祿寺青白鹽一十四萬二千斤鹽甎一萬斤鹽滷二千四百斤戶部都察院巡鹽御史官吏食鹽二十一萬百有六斤均由興國等場煎辦自順治二年起至十六年照解本色順治十二七年將各衙門食鹽均令變價解部充餉鹽甎六百六十七塊每塊重十五斤折價二錢八分康熙二十八年題准長蘆煎辦貢鹽九十餘萬斤內務府光祿寺每年取用三十餘萬斤自後止辦四十萬斤其餘五十餘萬斤停其煎辦每包折價七錢五分康熙六十年又定貢鹽止辦二十萬斤乾隆四十一年題准貢鹽二十萬斤備內務府調用所餘按數變價每斤折銀三釐有奇故長蘆各場有按丁徵鹽之例此又明清以來之掌故也此外又有昌平牙稅明制每引納銀二分二釐一毫順治六年題定額徵銀三百兩諸如此類固皆於正課外依明舊制徵納者也明制昌平房山良鄉順義懷柔密雲各處之鹽在通州發賣共二萬二千一百餘引每引額納牙稅銀二分二釐一毫後因不便於民聽商赴各處自行發賣不納牙稅萬歷年間仍征牙稅如故順治六年始定爲額徵三百兩每引徵銀一分三釐三毫有奇蓋即所謂順引也順治十二年又按明制舊課查出內有寧餉酬商滴珠缺額邊布及京山等藩府食鹽折價各欵寧餉者

因寧夏用兵加徵者也每引應徵銀七釐零明萬曆三十四年將歲行額引帶鹽十斤徵銀四分充寧夏兵餉至三十九年商稱帶鹽賠累止徵二分順治十三年以此項銀兩向未徵解自十三年始照舊徵收每引徵銀七釐有奇蓋以明時大引折合小引也酬商者運引許多帶鹽而加徵者也每引應徵銀二分五釐明時大引斤重原有酬商鹽六十斤包索三十斤清初一引分三商引每引行鹽二百零五斤外加包索二十斤是明時一包清分三包三引共包索六十斤台之明引酬商與包索九十斤內除去包索六十斤止有酬商鹽三十斤每小引該鹽十斤照例每引增價二分五釐滴珠者傾鎔課銀之火耗也每引應徵銀三釐明制長蘆滴珠銀共一千七百八十三兩有奇順治十三年始行照舊徵解缺額者當初起科比照明制每引缺銀一分三釐零補入正引一併徵解者也每引共增銀四分八釐零明制大引每引課銀八錢五分七釐有奇清初剖一為三定為小引每引課銀二錢六分五釐有奇比照明時引課少征五分零是則每引缺銀一分三釐零也順治十三年題准每引增課銀四分八釐有奇補徵缺額亦在其內矣邊布者明代竈戶皆按丁徵鹽商人納粟於邊報中給引是曰邊鹽其有場分窵遠鹽無商支堆積消折令以鹽八百斤折布三丈二尺後改徵銀三錢是曰布鹽邊布之名蓋原於此故明時有邊布折價清初並無此項後以倒追折價按畝徵銀而邊布之名則仍舊稱也明時邊布折價共銀一萬一千四百九十兩零清制引不邊中並無此項順治十三年以折價銀兩久未徵納議於各場竈丁地畝融派徵解由部題准故長蘆竈課仍有邊布也京山各藩食鹽折價者明時藩府各給鹽引每引折銀仿照舊例融派各

場徵解者也明代京山順慶柘城汝寧嘉定新昌太和泉寧建德太康陽夏德平滁陽慶雲十四藩府每年各給若干引每引折銀一兩三錢三分三釐於長蘆徵給順治十三年以此項原繫舊例分派各場地丁徵解又仿明制議定割沒贓罰之例割沒者明時各商所掣鹽包有額外多䊮者割其鹽而沒之官故曰割沒贓罰者因有割沒而贓罰及之以割沒之斤重定納贖之多寡計贓相罰故曰贓罰明時大引原有割沒一項此在引斤之內者也引斤之外復有割沒之鹽例設贓罰其目有二一曰巡鹽贓罰萬歷九年長蘆御史曹一夔疏准每年解部贓罰銀三千四百兩是也一曰開歸贓罰萬歷十七年河東御史秦大夔疏准開歸所屬三十七州縣改食蘆鹽應令長蘆解贓罰銀八百兩是也其後巡鹽贓罰增減不一而開歸止八百兩清初除去此項順治十二年題定不論秤掣時有無割沒鹽引例設贓罰銀二千三百兩與開歸贓罰銀八百兩共三千一百兩按引徵收遂以爲例此皆於正課外查照明時浮增各項而加徵也明時本有備用大引一萬五千道原備引目不敷之用亦於順治十二年剖一爲三計引四萬五千道照正引例徵課按明制備用鹽引本在額引之外將引發司存貯以備各商支用然後納課解部謂之存司備用清制責商赴部納課而後領引行鹽與存司備用者名同而實異矣又按年加引十二萬道派令綱商行銷於是商困而鹽壅矣又將正引課銀分別綱開開封引課每引增銀六分六釐零謂之補額於是各商咸以開引課重遞納綱引矣明末開封引價每引徵銀四錢清初與綱引一例徵銀二錢零部頒引目雖有綱開之名例定引價原無輕重之分順治十二年題准開封每引增徵補額由是開引之課重於綱引矣故自順治十三年以後增

課增引種種加派與明季無異鹽引滯銷商力日絀情願帶課而不行鹽順治十五年停止備用新增二項引目一十六萬五千道將課銀加於正引之內每正引攤納課銀七分一釐零於是正引與改引斤重雖同課則遂異然各商賠累逋欠實多迨至十八年又定帶徵之例蓋長蘆鹽務之壞自順治末年固已肇其端也順治十八年鹽臣張冲翼疏稱長蘆自十二年加增引課商苦賠累相繼逃亡逃亡之引加於見在諸商各商難支欠課尚多請將逋欠課銀自十八年爲始分作四年帶徵又稱商竈相依竈戶不窮商始無累自十二年加增浮課又行倒追各竈難支尚多拖欠請自元年爲始於本年額徵雜課每銀一千兩帶完三百兩戶部議定引課限二年內帶徵完全竈課於每年額徵每銀一千兩帶完四百兩據此則彼時商竈之困已可概見

康熙初年以鹽引壅積因定附銷積引之法納三引之課行二引之鹽三引兩鹽通行帶銷每三引統毀一引存司繳部以防影射之弊康熙元年因長蘆引商自順治十二年增課之後商多逃亡所蘆縣引加派於見在各商鹽無疏銷之地引多壅積之處遂照兩淮歸併之例將長遺積引三引兩鹽定限二年內壅鹽盡疏積引俱銷仍遵舊制行一引一鹽之法

又以開引課重引滯難銷課銀積欠因將順治年間所加補額均派於綱引之中不分綱開每引納銀三錢九分六釐零此皆權宜之計僅僅補救於一時非鹽法之常制也康熙二年因開封引課自順治十二年分別綱開開課重於綱引以致引壅課欠遂將開引增加之課均派綱引之內無分綱開總在綱開引內不失歲徵課

額開引既無偏重之苦綱引得以通融疏銷然此不過一時之補救局若減輕開課故彼時鹽法未爲得也

康熙五年開封府屬杞通太蘭儀等改食蘆鹽增引一萬三千一百八十九道徵課一千六百四十餘兩是曰儀引康熙五年巡鹽御史李粹然上言開封二十八州縣內祥符等二十三州縣皆食蘆鹽杞縣通許太康蘭陽儀封則食山東鹽一府之中食兩處之鹽難查越境私販之弊亟當就便統食蘆鹽照長蘆納課每引三錢九分六釐零減山東之額而增長蘆之額議行

六年宣鎮地方改食蘆鹽增引一千五百道徵課四百七十兩零是曰宣引康熙六年巡鹽御史孫錫齡題稱口北道屬深井東西城三處原繫煎鍋地方改食蘆鹽定額一千二百引自應責商照數納領辦運至保安衛向銷綱引三百道今既禁革煎鍋當另立宣引計增一千五百引應與包課改引之薊永正河一例納課每引徵銀三錢一分三釐零此宣引所由始也迨至康熙二十九年深井東西城三處仍行聽民煎鹽將額引除去令其包課三十年懷來等衛六處改食口外蒙鹽照舊徵納包課三十二年宣鎮等處改設州縣所有包課銀歸併徵收遂爲定例清會典載康熙三十二年題准永寧衛歸併延慶州該包課銀九百七十九兩深井堡改宜化縣該包課銀四十二兩懷來衛改懷來縣保安衛礬山堡亦歸併懷來縣該包課銀五百八十四兩西城東城二堡歸併西寧縣該包課銀四百六十六兩保安州該包課銀五百二十二兩各有奇每年例徵包課共二千五百九十四兩四錢零自康熙三十三年始至光緒二十九年直隸省在張家口設立督銷局收運蒙鹽方將宜引包課豁免

二十四年河南懷慶府屬改食蘆鹽增引三萬七千二百五十一道徵課一萬九千二百九十八兩零並徵河東鹽丁賑濟一款計銀四百六十三兩零是曰懷引康熙二十四年河東巡鹽御史李時謙疏稱河南懷慶府屬河內濟源修武武陟溫縣孟縣路途遼遠兼池多積水無鹽可買請改食蘆鹽部覆議行比照原額鹽

引令長蘆募商行鹽辦課照正引例每引納課四錢六分八釐零河東向有賑濟鹽
丁一欵照引徵納每引徵銀一分二釐四毫零亦由長蘆照河東例徵解此懷引所
以有賑濟鹽
丁之款也
二十六年河南陳州府屬改食蘆鹽增引二萬四百一十九道徵課九千五百二十兩零並徵落廠輸租銀計銀一百六十三兩零是曰陳西引
康熙二十
六年河南
巡撫章欽文疏稱陳州項城等處舊食解鹽明朝改食淮鹽各屬距淮遼遠額引難
銷請改食蘆鹽部覆議行於二十七年題准陳州六屬原納淮課每引一兩四分零
兩倍於長蘆應將兩淮課銀照數增入蘆額每引納銀四錢六分零共該額引二萬
四百一十九道二十九年又以陳州六屬應倣開懷二府改食蘆鹽之例入店輸租
由潞縣立廠照衞輝輸租例每引該銀八釐就近納交長蘆運庫故長蘆商課惟陳
西引有輸租一款至若衞輝輸租者蘆鹽運赴河南多在衞輝落廠再行分運引鹽
入廠輸租每引八釐每年共銀二千五百二十三兩零
歸入河南錢糧不在長蘆引課之內玆特附著於此
故長蘆引目除宣引包課外有直隸河南兩省綱引京引順引薊引永引正引河引津引懷引儀引陳西引之別要以綱引爲最廣京引爲最多津引爲最少京引者大興宛平兩縣共引十萬五千九百三十七道課重額大常係多商分辦先於康熙十六年因歷年積引曾行三引兩鹽其後積鹽銷完商人仍以爲便又於康熙二十九年因外府州縣引積鹽壅勻令京商代銷至康熙四十二年停止代銷之例再加引三萬五千三百一十三道以符原額始復一引一鹽之舊五十九年又將加引勻令通綱分銷自是蘆綱各岸皆

有分認京引之責惟是京鹽衆商共處一岸難以劃分界限豪强者往往壟斷良商反多倒歇此輪勾之法所以定也京引自康熙十六年納三引之課行兩引之鹽代銷外引自康熙二十九年始至康熙四十二年停止代銷規復一引一鹽之舊是則三引兩鹽之法行之已二十有餘年代銷之例行之亦十有餘年矣輪勾法者始於康熙二十二年置京鹽公局名曰長蘆京館將引分爲十勾按股挨賣謂之輪勾迨後日久弊生因禁革長蘆館於康熙五十四年題准分衆商在張灣買鹽仍按輪勾銷賣之法內城曰內勾外城曰外勾淸會典載康熙五十四年革除京館令衆商赴張灣委員處領收循單驗換環照運鹽止許從廣渠一門進城循單環照月終彙繳其法固密矣津引者天津本產鹽地原無引目自康熙十七年酌增四千引按丁派食深爲民病至康熙二十九年因將增加新引減除三千三百道此津引七百道所由始也淸初天津本爲衛地屯丁分隸各州縣故不設引課康熙年間按丁派引民怨沸騰始將增引減除酌留七百道及雍正時改衛爲州又升爲府置天津縣劃附近村莊以隸之然其戶口多在各州縣按丁計派之內未易更張仍依舊額七百引照例輸課附靜海縣疏銷緣天津城外即係鹽坨鹽價甚賤故不更定引額乾隆十七八年因天津靜海等縣舊有牌鹽之例致多影射透私遂將牌鹽停止開設官店並將天津一縣作爲公共口岸選商輪値一年更換所銷餘引免其輸課額引七百道飭商照例納課行銷乾隆五十年又以津邑逼近灘坨爲私鹽淵藪防範宜周天津公共口岸選商輪辦向係一年更換不能實心經理漸次廢弛議定五年更換自後雖有限定年期不無展辦之習道光十年題准五年期滿卽行更換毋得再請留辦以符定制長蘆初制以二百二十五斤爲一引掣出多斤議罪罰金謂之割沒康熙十六年停止割沒之名每引加鹽二十五斤增課銀七分此加斤而增課

也割沒之設原因鹽包有例定斤重額外多築者割其鹽而沒入於官也先是順治十二年題增長蘆割沒銀四萬五千兩懸坐定額實爲無名之徵奸商借割沒之名反多夾帶康熙十六年除去割沒將銀兩攤入正引之內作正額徵收每引加鹽二十五斤其課銀照攤入之數加徵每引徵銀七分共銀五萬四千一百三十兩

薊永正河等處引鹽斤數舊與綱引相同而鹽課較少康熙十七年題准薊永正河每引增課銀四分此不加斤而但增課也康熙十七年戶部題請薊永正河照綱引一例徵課巡鹽御史邁色覆稱薊永等處濱海傍灘附近場竈故定爲包課自順治初年改行引鹽雖課比綱引較少然比包課已增數倍又將割沒均派加課七分辦納已艱若復照綱引納課勢難增加恐致商逃部議仍酌增四分征收

康熙十七年計丁加引綱引地方增引五萬七千四百六十七道徵課二萬九千六百七十七兩零包課地方增引二萬五千四百九十五道徵課一萬二千七十五兩零四十七年增薊引一萬道徵課四千二百三十六兩零永引五百七十二道徵課二百四十二兩零此又課之隨引而增者也康熙十七年計丁加引至康熙二十八年直隸巡撫于成龍疏稱新增之項原屬軍與需餉浩繁始議暫加數年以來鹽積難銷應請豁除部議題准減除綱引趙州滑縣等處共引二萬八千四百一十二道計減課銀一萬三千二百五十一兩零正河南宮慶雲等處共引四千八百五十一道計減課銀二千五十五兩零所減新增鹽引共三萬三千二百六十三道仍留五萬三千六百九十九道未能全免此康熙年間長蘆額引歷年壅積茲其一端也

通計康熙以來鹽引增加至康熙末年共額引九十二萬一千五百四十六道額課四十二萬六千八百五十二兩九錢零當時惟

以加引爲增課之務以致引課積欠商人受包賠之累雖歷年緩徵帶徵而拖欠課項仍有百十餘萬則知鹽法之要在於疏銷不在增引矣按康熙時長蘆鹽課歷年積欠至五十七年止已有百十餘萬即大宛兩縣京引一處共欠課銀十九萬九千七百餘兩之多其餘各處約略可知追比催解商力實難兼辦故至五十九年遂定分作十年帶徵之例雍正元年巡鹽御史莽鵠立以爲課虧由於引壅引壅由於滯銷滯銷之原由於私盛附近灘場則有竈戶之私賣路通運河則有糧船之夾帶滷鹹之地則有硝私之充斥此等地方竟有全不能銷者是長蘆引地實有能銷不能銷之分因照康熙二十九年代銷之例將滯銷之處令各商通融運賣舊欠錢糧每引加鹽五十斤以三百斤爲一包免其輸課鹽既多運課亦易完上以保課下以保商斯誠通變之法矣清會典云長蘆定例每引行鹽二百五十斤雍正元年因商欠甚多每引加鹽五十斤以三百斤爲一包令各商照例運銷免其加課俟商欠徵完將所加鹽再議增課又題准如地近場竈私鹽充斥銷不及額者令各商通融代運銷賣又以長蘆鹽務自順康時代積弊已深陋規成習不以爲非於是徹底清查嚴行裁革酌留充公數目定爲經制有鹽花領告銅斤河工灘工巡費號銀公費飯銀養廉平色等項鹽花者鹽號花紅二欵並稱相沿謂之鹽花銀共徵銀二萬五百四兩零通綱全引於領引前一日商人投具手本每引納銀一分謂之鹽號共銀九千二百十五兩四錢六

分預備獎賞每引納銀一分四釐零謂之花紅共銀一萬一千二百八十八兩八錢四分五釐領告者領費告費二款並稱相沿謂之領告銀共徵銀二萬七千八百八十八兩零商人於領引時每引交銀八釐一毫六絲謂之領費共銀七千六百一十七兩四錢五分二釐領引之後告運開船時每引交銀二分六釐六毫三絲謂之告費共銀二萬二百七十一兩一分銅斤者康熙時令各鹽差一體買銅應捐腳價率多私取規費謂之銅斤考察雍正時改隨引地按年收納謂之銅斤水脚共徵銀七千四百八十五兩零康熙十八年定例令鹽差買銅長蘆派銅二十五萬斤動支課銀採買每銅一斤開銷銀一錢脚價照各關例出銀五分至四十三年五十二年兩次增派銅斤脚價加重各州縣例有呈送鹽政規費名曰銅斤考察雍正初年始行清查定入引地收納河工者舊例每年有幫貼河工銀兩由鹽官捐解每致亂派商人至是始定每引納銀二分共徵銀一萬九千五百三十兩零灘工者灘池僱覓巡役稽察走私工食銀兩例由各商捐給不無需索之弊至是始按引地核納共徵銀三千五百三十五兩零灘工銀係酌各州縣引地核算於領引時交納每引納銀自二釐七毫至一錢二分五釐不等巡費者四黨口爲蘆東交界之處私販出沒派兵堵截巡緝之費亦按引地核納共徵銀二千二百兩四黨口巡費銀每引納銀自二釐二毫至七分三釐零不等號銀者督號道號二款謂之號銀共徵銀一萬二千二百九十三兩零長蘆每年例解直隸總督衙門公費謂之督號於領引時每引納銀六釐共銀八千二百九十三兩九錢一分每年額支天津道天津縣養廉謂之道號

亦於領引時每引納銀五釐四毫六絲共銀四千兩公費者巡鹽御史舊帶筆帖式二員例有鹽規雍正初裁去筆帖式將所分銀兩半解內務府半撥護軍校公費共徵銀七千九百八十七兩零雍正元年裁去筆帖式規費隨引納銀五釐共銀四千六百七兩七錢三分解交內務撥解護軍校者每引納銀三釐八毫共銀三千三百八十兩五分一釐飯銀者長蘆每年例解都翰內閣銀謂之飯銀共徵銀一千五百六十一兩零長蘆例解都翰內閣飯銀計都察院飯銀一千三百七十四兩六錢六分八釐翰林院飯銀五十三兩三錢三分二釐共銀一千四百二十八兩按引徵納每引納銀一釐五毫內閣飯銀一百三十三兩三錢三分按引每引納銀一毫養廉者各官養廉由運庫額支共徵銀一萬四千六百八十九兩零養廉一項有運司養廉庫官養廉將軍養廉三款皆按課引徵納運司養廉銀一萬二千一百三十二兩八錢四分按正課每百兩納銀二兩七錢庫官養廉銀按每引納銀九毫奉天寧古塔黑龍江三處將軍養廉銀二千兩按引納銀二厘五毫平色者收納課銀隨帶補水謂之平色共徵銀一千三十二兩零按平色一項亦係計引核算每引納銀一釐三毫三絲惟坨租一項則仍舊例徵解租銀四千零二兩按南坨向係商人自買並非官地故無地租天津北坨本鑾儀衛庭燎廠地後裁交商貯鹽於順治元年定例歲徵坨租銀四千零二兩後於同治時減徵二百一十八兩一錢九分實徵坨租銀三千七百八十三兩八錢一分諸如此類總曰雜課雜課多係相沿陋規裁留歸公者自此以後遂爲定制而鹽務之積弊稍稍廓清矣雍正十年薊遵等處八州縣增引二萬五千道灤州等處三州縣增引五千道共增課銀一萬

四千兩謂之薊永再加引十二年薊遵等處六州縣增引九千五百道灤州等處增引五千道共增課銀六千三百五十六兩零謂之薊永新加引雍正年間長蘆加引惟此兩次固由商力未復亦由欠課未能全完之故然欠課之原實因鹽價過低不敷運本當時鹽臣屢請增價世宗愛民爲懷務期商民兩便故自雍正六年至雍正十年六年之久始行議定以康熙二十七年原定鹽價作爲標準酌議變通每鹽一斤加價銀一釐雖長蘆加價實始於此然議加之初蓋亦審慎而周詳矣長蘆鹽價自康熙二十七年經撫臣鹽臣會議題准計道路之遠近水陸之運費酌定鹽價每斤價銀一分四毫至一分二釐六毫不等雍正六年巡鹽御史鄭禪寶疏稱商人完課俱係用銀民間買鹽便於用錢直隸鹽價自康熙年間議定彼時每銀一兩祇換制錢一千四五百文每鹽一斤錢十六文今每兩合錢二千文而鹽價仍每斤十六文亦有減至一十三四文者以錢易銀不敷原數商運消乏欠課之原實由於此故課項拖欠至有一百餘萬之多長價則累民減價則累商應請部臣會同督臣秉公詳議至雍正十年題准將康熙年間原定鹽價作爲標準而以見賣價值稍爲變通以期商民兩便酌量每斤增加價銀一釐今考雍正上諭有云朕視商民均爲一體若便於商而不便於民朕必不爲也從前楊宗仁在湖廣時議減鹽價本欲加惠於民乃致商人裹足不前百姓至於淡食因悉此弊是以見鄭禪寶之議允交部議本爲便民起見並非因商欠難清而令其取償於民尋繹諭旨則知當時加價固以商民兩便爲主非漫然議加也夫代銷之法所以疏積引加價之例所以釋商累此皆運銷上事而非場務上事鹽產於場則場務者實爲鹽務之根

原場務之要重在竈產長蘆竈地自順治以後久未清查或爲豪强侵佔或爲竈戶私自典賣民地竈地互相爭控此於鹽業既有所關於竈課不無欺隱故雍正三年有清理竈地之舉也長蘆竈地自順治十八年命巡鹽御史親歷場分清丈不許豪右隱占各正疆界後遂久未清查以致民地竈地錯綜參雜爭控不已雍正三年巡鹽御史莽鵠立疏請照民地之例將竈戶灘地細加丈量造具圖冊世宗諭以當年竈地轉售於民其年分久遠有百餘年者業主售主多有變更應將年近交易確有實據者令竈戶備價取贖其餘年久迷失之地爭告無憑均行註銷嗣後竈地止許賣與竈戶爲業如有仍行典賣與民戶者照盜賣官地例治罪如此則數年之後竈地漸歸於竈戶自無不清之弊飭部議行長蘆竈課向係分地與丁爲二其後有有地之丁有無地之丁竈戶賠累不在於地而在於丁故雍正六年又有攤丁於地之例也長蘆初制地以畝計丁以額計丁地糧額雖若適均然竈地徵糧每畝不過三四釐而止人丁徵銀每丁或至三四錢不等地有鹽粒之可收丁苦逃亡之無著雍正六年巡鹽御史鄭禪寶請將竈丁銀攤入竈地徵收俾有地之戶易於完納無地窮丁得釋重負部議從之攤丁於地蓋始於此長蘆鹽場自康熙時裁併後定爲十六場日久灘廢如利國阜財等場從不煎晒整理場產旺收者宜擴充荒廢者宜裁棄故雍正十年又有裁併鹽場之制也蓋雍正一朝非徒注意於運銷其重場務也又如此長蘆鹽場明初本爲二十四場隆慶三年裁三叉沽場併入豐財潤國場併入阜民益民場併入阜財海阜場併入海豐是爲二十場清初沿明舊制至康熙十八年裁厚財場併入興國惠民場併入歸化海潤場併入阜財海盈場併入海豐是爲十六場雍正十年以利民阜民利國富民海盈阜財

六場灘地荒棄遂行裁廢定爲十場曰興國曰富國曰海豐曰嚴鎮曰豐財曰蘆臺曰越支曰濟民曰石碑曰歸化迨至道光十一二年間又將富國興國二場裁併惟存八場遂爲定制

乾隆年間代銷之例無所更易但令各商將代銷鹽引呈由鹽政批准立案報部察覈復以滯銷口岸仍有積壓包賠之累酌量銷售情形每年再勻一二分令於暢銷地方融消長蘆鹽引通融代銷自康熙二十九年始定其例彼時不過以積引過多爲此調劑之法然亦祇令京商一處勻銷而已雍正元年題定以各州縣銷不及額者皆令代銷彼時不過以引變課斷商欠甚鉅援照舊例權宜變通實非鹽法之定制也故乾隆三年朱軾條奏鹽法有停止代銷之議經直隸督臣河南撫臣長蘆鹽臣會同覆稱勢難停止於是代銷之例幾爲長蘆之常法矣清會典云乾隆四年令各商代銷鹽引鹽政於批准之後報部察覈仍於奏銷冊內聲明乾隆三十六年議准長蘆鹽引行銷直豫兩省共一百八十四州縣兩營今滯銷之四十六州縣及舊州采育二營每年應銷八分引目銷售未完年復一年壓本包課積困日深州應於八分引內再勻出一二分於暢銷之九十七州縣通融銷賣先是雍正時每引加鹽五十斤免輸課銀原以蘆商積欠甚多冀紓商力至乾隆六年將所加之鹽議定納課舊欠未清而加課遽行於是商困日深矣長蘆額引當雍正時共九十六萬六千四百六十六道每引加鹽五十斤通共加鹽四千八百三十萬二千三百斤舊例每引二百五十斤合算加鹽計有一十九萬三千二百零九引乾隆六年部議按照所加鹽斤折中核算每年應加課銀一八萬六千一百四十餘兩攤歸額引內完納每引增課銀八分九釐零嗣因商力竭蹶於乾隆十七年諭令加鹽所增課銀減半徵納永爲定額課額加增商累益重然代運之法行之已

久積引宜可疏銷而引壅如故者則由私鹽之所致私鹽之弊莫甚於牌鹽故乾隆十年因有停止牌鹽之令牌鹽者乾隆元年定例貧窮老少男婦負鹽四十斤以下者不許禁捕自是各處設立貧販按名給牌許一日一次赴場負鹽四十斤易米度日名曰老少牌鹽本以惠養貧民奸徒因之收買囤積恣意販私一經拏獲皆以牌鹽爲詞影射行私弊端實大例如灤州遷安等五州縣貧販四五六十名不等以每人日負鹽四十斤合算約計一年共有一萬一千餘引之鹽而天津青滄等處尚不在此內是則牌鹽名色實爲私販之護符故乾隆十年停止灤遷等處牌鹽十七年停止天津青滄等處牌鹽自是長蘆牌鹽盡行裁汰矣牌鹽既停影射囤積計無可施私販不禁而自戕引銷課裕認引行鹽之商專心承辦此亦商力轉移之機也然而報効之例開於斯時捐輸軍需淮商動輒數百萬蘆東亦以百萬爲率其餘尋常之捐難以枚舉雍正十年蘆商捐銀十萬兩備充軍需是爲長蘆商人捐輸之始名曰報効報効之例蓋始於此自此以後每過大軍需淮浙蘆東各商無不捐輸鉅款例如乾隆十三年金川用兵淮商捐一百萬浙商十萬蘆商二十萬二十年西域蕩平淮商捐一百萬以備賞需二十四年伊犁屯田淮商捐一百萬浙商二十萬蘆東共二十萬以備屯餉三十八年金川用兵淮商捐四百萬浙商一百萬蘆商六十萬東商三十萬五十三年平定臺匪淮商捐二百萬浙商六十萬蘆東共五十萬五十七年後藏用兵淮商捐四百萬浙商一百萬蘆東共五十萬迨至嘉慶初年川楚用兵淮商捐八百萬浙商二百五十萬蘆東共百萬總計乾嘉兩朝鹽商報効軍需將近三千萬此外尋常捐輸若賑務若河工淮商動輒捐至百餘萬蘆東及浙商或十萬至數十萬不等商力幾何雖曰踴躍急公究之何一非出之於鹽卽何一非取之於民然捐輸既多商亦因之日困故報効之例實有清之弊政也而尤莫甚於乾隆一朝茲特詳述於此庶鹽法敗壞之原可以考焉津門跨滄海之勝逼

近京邑巡幸所至首先駐蹕行宮船塢歲資經費至於翠華莅止供應尤豐（天津行宮於乾隆三十年由蘆商公捐公辦至兩次南巡供應差費多係淮浙商人報効）是以鹽商當乾隆時代特邀恩幸或召對或賜晏賞賚優渥擬於卿相際遇之隆至此而極奢侈之習亦至此而深日用則僭踰無度酬應則糜爛無節商本由是日乏課額由是日虧國家以其報効也於是額加優恤一則曰加價再則曰帶徵加價徒增人民之負擔帶徵更重商人之欠累年復一年積欠愈多至於一年帶交之款浮於額交之款而商困益深矣（蘆鹽加價自雍正十年始開其例乾隆二十九年因物價增長每斤增制錢一文三十五年因錢賤銀貴商人易銀完課多虧成本每斤又增制錢二文四十七年因運本加重又增制錢二文五十三年又以錢賤賠折增制錢二文統計六十年內先後五次共加增制錢八文當其加價何嘗不布令明諭曰俟錢價稍昂即將所增鹽價停止鹽斤爲食用所必需一經加價則人人均受其累且私販本爲官鹽價昂而起鹽價加增私鹽更爲充斥況既增之後即不能復減雖爲清完商欠而設究之加價以後商課之積欠如故然則乾隆時加價一事徒然病民以博恤商之名而已蘆課帶徵自順治十八年始開其例康雍以來屢次做行乾隆年間商累益重非徒積欠帶徵甚至本年額交之款亦復不能完納分作帶徵愈積愈多商欠永無清完之日是則帶徵一者又徒博恤商之名而已考雍正末年蘆商舊欠未完僅一十六萬有奇乃至乾隆一朝歷年舊欠竟有三百三十餘萬兩而請借帑項各款更有七百七十餘萬兩商困不問可知豈非報効之鉅階之厲耶鹽法敗壞實原於此）當斯時也鹽商苟有緩急資本偶闕內府亦嘗發帑金數百萬兩給商領借以資周轉謂之帑本商交息銀

謂之帑利其後商力不齊逐年誤課接踵叅革不一而足所有帑欵虛懸無着於是通綱衆商公議完課之外每引捐銀二錢彌補無着之款名曰叅課（叅課始於乾隆四十八年因長蘆各叅商虛懸帑本銀五十七萬六百六十三兩零帑利銀二十二萬六千二百五十六兩零共銀七十九萬六千九百二十餘兩悉屬無着之款令通綱按引均攤每引繳銀二錢隨課完納以備彌補故曰叅課嗣後如遇有叅退之商帑款無着均照此例此長蘆所以有叅課之目也叅課項下除按年撥補無着帑款其餘地方公事經費及津貼撥船飯食銀亦多由叅課取給焉）又如永慶號之引地二十一州縣范毓馪之引地二十州縣拖欠課帑一百數十萬兩相繼叅革惟以窩價重大無人接充因將引地變價入官招商承辦按引出租解交內務府名曰內府租息（永慶號引地改歸官產定於乾隆五十六年每年應交租銀三萬五千兩范毓馪引地歸官定於嘉慶二年每年應交租銀二萬兩均由運司徵收解交內務府充公故長蘆有解交內府租息一款也）夫以蘆商當積困之餘課欵帑項虧欠既重而又加之以報効雖有充裕者亦將不支故鹽法之壞實基於乾隆一朝各區皆然匪獨長蘆也洎乎嘉道年間商力竭蹶輾轉愈困適值南河大工每斤增價二文以資經費名曰河工加價後以商苦賠累加價多欠遂行停止而道光五年又值高堰大工做照南河之例名曰堰工加價（河工加價定於嘉慶十四年約加徵銀五十萬兩商人當疲困之際增此鉅款愈不能支至道光元年始將加價停徵道光五年又因高堰大工援照南河成案每鹽一斤加制錢二文奏明三年以後所加之價

一半充官以完商欠一半歸商俾資成本如有拖欠照正課未完例辦理其實三年之內所完加價不過一半而正課雜款因而積欠者又復不少則加價爲之也自是厥後帑利與河工交相遞增及至道光八年清查積欠已有一千數百萬不能不亟爲調劑於是議加斤議加價而商之困敝如故也長蘆鹽引雍正元年定例每引包重三百斤嘉慶十八年題准直隸每包加耗鹽十斤河南加耗鹽十五斤道光八年題准每包再加鹽二十斤免其加課自是直隸每引共加三十斤河南共加三十五斤道光八年將堰工加價項內一文充公者一併歸商貼補舊欠二十二年又定每斤加價二文凡此加斤加價皆以紓商力而爲調劑之法也抑知商累在於積欠與滯銷第議加斤加價以爲調劑未有能濟者矣於是又議爲減引併包之法以十引之鹽併爲九包仍按十引完納課銀於現行額引內每包加鹽三十三斤按斤升課抵補所減之引以符原額然此不過節省脚費等費課額實未能減而商之困敝仍如故也減引併包自道光元年試辦至道光十年始著爲定例永遠遵行將十引改築九包減引一成每引三百七十八斤二十年又再減引一成照前十引改築九包每引四百一十八斤兩次併引共減二成引十八萬三千五百九十四道將減引之課增於併包之內此於鹽費水脚及築包等費稍可節省而課額實未嘗減故商困莫蘇也於是議減額引裁餘引課額已減商力似可稍紓而困敝復如故者蓋由乾隆以來因浮費重而欠課欠課多而加價官鹽價貴私鹽乘之鹽引滯銷課從何出故及道光季年長蘆鹽務遂至不可收拾矣道光二十三年因商困日深題准長蘆鹽引減十萬道共減課銀六萬兩復將餘引盡爲裁去餘引者即順治十二年所定備用引目也原額四萬五千

（道雍正十年又定每年頒發餘引五萬道乾隆年間又續定餘引約十萬道本以備額引不敷運銷始令各商領運儘銷儘報長蘆鹽務自康雍時代額引且爲代銷乾隆時代仍沿其例鹽引滯銷不問可知又復增加餘引此何爲者斯則引制之弊矣）

道光二十八年以長蘆積弊已深商倒引懸直隸河南兩省懸岸四十餘州縣未運積引一百餘萬道未完積欠二千餘萬兩當斯時也非改絃更張無以籌整理之法於是遣員查辦澈底根究量改章程以删繁就簡爲主義就正課帑利雜欵補欠釐爲四欵歸於簡易（長蘆正課原有定額帑利積欠亦有定數此皆無可減者也惟雜款一項名目紛繁易多朦混當時查辦惟酌删雜款詳加覆減並將帑利解費攤入通綱額引與正課一律徵收酌改條目定爲正課帑利雜款補欠四項正課共徵銀四十六萬八千一百七十兩零帑利內外共銀二十八萬八千六百八十五兩零解費銀一萬八千四百五十三兩零帑利不能減核減解費五千六百六十餘兩共應徵銀三十萬一千四百六十九兩零雜款連內府租息在內共銀五十四萬九千三百七十餘兩核減十二萬五百六十餘兩共應徵銀四十二萬九千八百七十兩零補欠一項積至二千三百四十三萬一千四百餘兩嘉道間雖以加價彌補究屬有名無實因就裁去浮課酌量按引攤徵共徵銀十七萬兩統計四項共徵銀一百三十六萬九千四百四十六兩零此其分定四項徵銀之大數也）酌議減價增斤之法每鹽一斤減去制錢二文每鹽一引加鹽一百五十斤減價以敵私則私鹽化爲官銷增斤不加課則商人可受實惠蓋以便民而恤商也（乾隆時歷任鹽官每以加價爲請飾詞補救不知鹽貴則私盛徒受加價之虛名而無增課之實益雍正時加鹽未加課原以恤商乾隆時復定加課不知商欠未清雖減半徵納而各商轉

負無窮之累故道光時查辦深鑒其弊定爲減價增斤之法清會典云道光二十八年奏准長蘆鹽價每斤減去制錢二文俾商民兩有裨益至協濟補欠充公等項加價名目概行裁撤各商領運鹽引每引除原額外加鹽一百五十斤免其課俟商力稍紓即行停止按自是蘆鹽定例每引包重共五百六十八斤完引地各州縣官役相沿陋規積習已久視爲成例寬其既往嚴行裁革長蘆陋規自雍正元年裁革一次積弊如洗及乾隆時鹽商奢侈僭踰迎合官府凡督銷州縣皆有季規多則千餘金少亦數百金始則以飨緣爲見好繼則欲稍減而不能此又各區之通弊不獨長蘆然也道光二十八年查辦長蘆鹽務經鹽政崇綸呈出行鹽各州縣官役相沿陋規底冊每一州縣上下費用計數百兩至千餘兩不等皆自乾隆以來相習成例於是寬其既往將一切規費全行裁革清會典載道光二十八年刪裁長蘆鹽政衙門起至知事檢巡止並天津鎮道府同知知縣等處各費及書役號禮共銀四萬六千五百餘兩何莫非陋規也夫鹽爲利藪即爲弊窟鹽法不良而欲求弊端之清蓋其難也故陋規雖裁不旋踵而弊又生矣所懸各岸直隸二十四州縣限半年以內招商辦運河南二十州縣倣照淮北之法改行票鹽縣岸四十四處直隸新河等四處凡二十四州縣責令各州縣或招商或招販或商運民銷或有人在津認商統予限半年一律認辦如商販俱無即令各州縣自行官辦儻實有不能辦理之處仍由鹽政遴員官運河南儀封等處二十州縣改行票鹽倣照淮北先課後鹽之例無論資本多寡一經完課即給鹽票准其運往所指縣岸地方行銷但蘆商受困已深直隸縣岸雖經招商觀望不前間有稟請試辦并無永遠認充者河南改票官商捆運亦未能暢銷數年之間復値捻匪滋事引地被擾運道時梗捆運更無幾矣交課之法不分引目將正雜各項統歸一律按引均算每引納銀二兩六釐五毫有奇於春秋二關隨引完交蓋自改章以後而長蘆鹽務爲之一變無如積困既深又值軍

興運道時阻難以豁然立起固亦無可如何也長蘆引地向有綱引京引薊永引正河引懷引儀引之分正課不同雜款亦異自道光二十八年改章之後不分引目統爲一律按當時現行額引六十八萬二千四百九十七道將應徵銀兩一百三十六萬九千四百四十六兩八錢二分之課平均攤算每引該銀二兩六釐五毫零分作二季交納春運過關先交四成之一成五分其二成五分即令領運到岸出賣後派員扣回秋季作爲六成過關先交一成五分其餘同春季辦理迨至咸豐八年因天津海防經費支絀議將二文減價從新起徵以助軍需名曰鹽斤復價咸豐八年津海設防將長蘆引鹽每斤復價制錢二文分別京引外引按引徵收京引每引交銀二錢五分外引每引交銀五錢所徵銀兩解充天津海防經費並備本省練兵月餉之用斯則改章之後既行減價又復加價極疲之餘增此鉅款故長蘆鹽課終不能年清年額然是時鹽務綜於鹽政機關多則浮費重此咸豐十年所以有裁撤鹽政之議也清初各產鹽省分皆設巡鹽御史後定爲鹽政由特旨簡充嗣復因地制宜將福建甘肅四川廣東均以總督兼理浙江雲南河東均以巡撫管理惟長蘆兩淮仍各設鹽政一員兩淮鹽政裁於道光十年長蘆鹽政兼管山東鹽法舊例鹽政每年春秋兩季赴山東掣鹽例受引商陋規准商人夾帶私鹽謂之鹽斤運司以下各官又致送鹽政之包苴上下相習弊端百出道光二十八年查辦蘆東鹽務於收受陋規之鹽政運司叅革罰賠將山東鹽務改歸山東巡撫兼理而長蘆鹽政仍然設立官制不統一於茲可見至咸豐十年裁撤長蘆鹽政由是鹽政始行裁盡矣

同治初元鹽政當方裁之際長蘆鹽務改歸直隸總督管理新舊交替查知懸岸多未招商補欠一款並未册報因將懸岸各處勒限招商辦理所有積欠仍令各商按

引攤完長蘆懸岸自道光二十八年查辦後定章勒限招商僅四十四州縣當咸豐時軍務方般運道時通時阻非徒懸岸各處認運之商屢認屢退即有商各岸亦多相繼倒懸於是懸岸至有七十餘處同治元年戶部題奏查咸豐九年奏銷冊報懸岸仍未招商其間各官商捆運交完懸岸課款之處咸豐八年徵補銀八萬四千餘兩九年僅徵補銀五萬餘兩逐年遞形短少應將現在有人捆運之處係何口岸無人承辦各岸有無私運私銷查明一律趕緊招商認辦運銷之鹽即用部頒之引由運司加蓋行銷懸岸引地字樣發給以歸覈實從前懸岸招募商運向由運司給票不用部引每年行銷若干無從稽考也積欠一款自道光二十九年起每年按引攤補應完十七萬餘兩咸豐時奏銷冊內並未造報徵納與否弊難窮詰則鹽政未經裁撤以前鹽務之弊固可知矣亦於同治元年將積欠銀二千三百餘萬兩責令運司認眞查覈令各商照例按引攤完毋令積欠虛懸洎後軍務隨定引地肅清懸岸漸次招商包額試辦每年所完正課雖不如額所差無幾以視往時畧有起色同治五年因河防緊要將行銷河南引鹽每斤加制錢二文以資經費名曰河防加價後又改爲滎工加價於是河南鹽價又增加矣同治五年以河防工程緊要河南巡撫奏請將河南省行銷長蘆鹽每斤加價二文作爲河防養勇經費原議撤防即行停止及同治七年又以滎陽大工耗帑百數十萬將河防加價改爲滎工加價專款徵收解還部款永遠納交同治十一年題准每引交銀二錢八分由長蘆徵收每年以五萬兩解部遂爲定例河南引地經捻匪之後鹽價翔貴懸引各岸縱招有商辦每多借官行私加價以來官銷日滯課額益虧故汲縣等處十六口岸不能不創辦官運以爲整頓豫引各地每引加耗二十斤此查辦後河南運銷之變也當咸豐時捻匪滋擾運銷河南之鹽多不能到

岸皆囤積於道口故鹽價翔貴其後捻匪平定鹽雖通運價値長落亦復無定緣道口以南不通水路惟時河禁又嚴稍有漲溢則小販不通前河渡如常則小販雲集故鹽價因之長落無定坐地引商得以借官行私又値官鹽加價鹽引由是滯銷懸岸各地無商敢運此河南官運所由興也淸會典云同治十二年豫省行銷蘆鹽口岸創辦官運共十六州縣整頓漸有起色至光緒十一年一律歸商辦理按照捆運定數改爲認運以期規復原額又云同治十三年每包於向定斤兩之外酌加耗鹽二十斤應免加課直引滯銷京引爲最始以額引太多包課太重於同治十二年減停京引二萬道繼以引多商衆心志不齊此商賤價求售彼商即被牽掣成本虧折愈辦愈累因於同治十二年仍倣公局之例設立公櫃勾運銷賣京鹽公局始於康照二十二年凡運京之鹽皆歸公局定爲輪勾之法由衆商公保老成之商催科登記謂之總催道光三十年革去總催名色令各商按年輪流經管爲時既暫責任不專逐漸廢弛遂將公局裁撤自運自銷於是累商冀得鹽價致多賤售殷商即被牽掣虧本年復一年引滯課虧同治十二年仍做公局之例設立公櫃公櫃猶公局也公局向係衆商湊集資本公櫃則係領借官私各款衆商並未出本與公局不同凡各商運鹽到京皆進公櫃由公櫃臺賣先付現標六成緩標四成六箇月付淸春秋兩運以三勾鹽爲限每勾一萬五百包齊價便商行之有效至光緒三十二年議定公櫃餘利解交司庫故雜款項內有公櫃餘利一款同治十三年又以運本過重商力實不能支直引每包亦酌加耗鹽二十斤每斤賣價增制錢二文於是直隸鹽價亦加此又查辦後直隸運銷之變也淸會典云同治十三年題准蘆綱運年災歉運本加重傷耗過多商力實不能支除津武口岸並永平七屬均近灘坨不計外其餘直隸各引岸每包酌加二十斤彌補傷耗免其加課又商人賣鹽得錢必須易銀交課銀價增長而賣價仍係原定錢數賠累更多除津

武口岸並永平七屬向不隨同加價豫省蘆鹽前已加價一外其餘直隸各岸引鹽每斤酌加賣價制錢二文以每人日食鹽三錢計之僅多費一文零倘不至病民暫以五年爲限如商力稍紓當分別停止按鹽務之要必以商民兩便爲主加價者利於商而不便於民也然歷來加價無不曰倘不病民無不曰商力稍紓即當停止究之加價則易減價則難徒有停止之名迨及限期將屆則又以展限爲請矣直隸鹽價自同治十三年增加原以五年爲限至光緒五年題准展限五年自後遂爲定例光緒二十五年又定外引每引交銀六錢京引每引交銀三錢外名曰北引加價

及至光緒年間無所更易停引之例節次推展共行額引六十六萬二千四百九十七道長蘆引額自道光二十四年停引十萬道淨行銷額六十八萬二千四百九十七道同治十二年又停京引二萬道由是引額爲六十六萬二千四百九十七道當停引之初原議積引全消再將減停之引規復舊額光緒以來節次推展或展五年或展限三年至宣統二年題准再予展限一年蓋自道光十二年定例併引行鹽長蘆引額終未復舊則滯銷之狀況已可見矣

其後加價日多雜款亦繁例如攤還外債謂之賠款加價賠款一項有舊案新案之分舊案者甲午中東之役籌還英德俄法四國賠款蘆鹽直引每斤加制錢一文外引每引交銀三錢京引交銀一錢五分此款始於光緒二十一年新案者庚子之役籌還聯軍賠款蘆引各岸每斤加制錢四文外引每引交銀一兩四錢京引交銀七錢每年共交銀七十四萬兩此款始於光緒二十九年抵補藥稅謂之通行加價光緒三十四年題准各省鹽價普加制錢四文抵補土藥稅名曰通行加價緣是時禁煙之令方興故議增加鹽價以抵補藥稅也長蘆通綱商人先後稟請每引交銀一兩三錢五分籌辦鐵路謂之鐵路加價鐵路加價在直岸者名曰津浦鐵路加價每斤加制錢四文作爲津浦鐵路股本無論京引外引每引交銀一兩二錢在豫岸者名曰洛潼鐵路加價每斤加制錢四文由商人自向鐵路公司交納每引交銀一兩三錢有奇此款定於光緒末年至宣統元年始行交納其豫省加價各款又

有豫引加價及一文復價之目光緒二十一年河南因豫銷枯竭題准豫岸引鹽每斤加制錢十二文每引交銀六錢五分每年交銀十二萬兩是爲豫引加價二十六年豫省蘆鹽又准加制錢二文旋即停止嗣於三十二年規復一文每引交銀三錢二分五釐每年交銀六萬兩是爲豫省一文復價此皆加價之名色也至於雜款各項曰初次平價光緒三十年題准平價平秤分爲六等按引核收平價每引約銀一兩一錢有奇每年約收平價銀六十餘萬兩以八成充陸軍餉款以二成作爲緝私巡費及撥抵滯課是爲初次平價曰二次平價光緒三十二年因平毀硝池題准照平價平秤案再行分等按引核收平價每引約銀七分五釐有奇每年約收平價銀二十六七萬兩撥解工藝局經費及廣興實業之用是爲二次平價緣是時錢價漲落靡常鹽價不一由官核定錢盤爲之平價此平價之例所以立也曰滷硝稅光緒三十一年商人請包辦天津鹽山甯河靜海等處滷硝蝦油醬蝦各稅每年約收銀二萬八千四百餘兩充津郡小學堂經費謂之滷硝稅曰魚鹽課光緒三十一年因沿海漁戶出口捕魚例帶泥鹽有礙官銷題准令買官鹽由津武青靜薊六等處商人請領懸引築包後改護票築運每包交銀一兩三錢每年約銀五千餘兩充天津師範學堂經費謂之魚鹽課曰輪駁運脚光緒三十一年因豐財蘆臺兩場配運生鹽脚價太重各商購備輪駁每運生鹽一包攤交運脚三錢三分每年收銀約六萬兩官運局認交二萬商人包交四萬以作學堂經費及輪駁薪工並歸還船本之用謂之輪駁運脚曰津武報効宣統元年津武口岸商人稟請每年呈交餘利銀四萬兩作爲商捐充育嬰堂及各學堂等公益之用謂之津武岸報効曰歲修官道光緒十一年因籌修天津城內石道由蘆商按引攤捐以濟工需每引交銀三釐每年約銀一千六百兩謂之修歲官道曰公櫃餘利光緒三十二年題准京引公櫃銷鹽餘利每年約銀六七萬兩解司備用曰官運餘利光緒三十一年開辦直隸公債題准永七官運局每年認交餘利銀十五萬兩曰豫省歸公光緒十四年題准南引由豫商攤交河南鹽法道辦公銀二千八百二十兩每引交

銀三分十八年每引改交一分八釐謂之豫省歸公此又雜款之名色也雜款之外又有商捐商用各款若緝費道光二十八年定例緝費由商人按引攤交銀四分零咸豐五年添交歸補緝費北告商人每引交銀二分東告商人每引交銀四分南告商人每引交銀五分六釐若巡費同治元年因山東海豐縣屬大河海口添設巡船巡卡由南告商人按引派捐每引交銀一分每年約銀六百餘兩惟文安保定霸州滄州等處二十六州縣完納由青靜滄鹽引商具領支用若汛工咸豐四年定例天津口岸有保護通綱坨鹽及海河護運之費由商人按引捐款每引交銀九釐每年約銀四千七八百兩內惟房山良鄉淶水易州新城容城定興固安雄縣等處每引交銀六釐皆係咸同時相沿舊例若平價緝私光緒三十年於平價平秤案內飭商隨引攤交緝私經費每引交銀二錢每年約銀十二萬六七千兩若灘鹽公所經費光緒三十二年蘆商買鹽議定與灶戶直接交易設立公所所需經費由商人引按攤捐每引交銀三分每年約銀二萬八九千兩則係光緒時所定新例凡此之類總曰商捐商捐一曰雜捐蓋即雜款之附屬也由此成本日重鹽價愈貴較之咸同年間情形又異矣當初長蘆鹽引名目各殊至光緒時行直隸者謂之直引行河南者謂之豫引惟京引之名仍存其舊二十六年直引每包加耗鹽二十斤二十八年豫引每包亦加耗鹽二十斤均按斤加課所有帑利隨課交納光緒三十一年定例加鹽按斤納課直引每引交銀二分四釐零豫引每引交銀二分三釐名曰加鹽正課帑利一款隨課完納直豫兩岸每引均交銀一分五釐零名曰加鹽帑利並將從前正課帑利改為隨引徵完道光二十八年定章徵收正課仍倣乾隆時運使盧見曾所定舊例分為恭寬信敏惠五綱甲年領引丙年交課光

（緒二十九年改爲先課後鹽隨引交納每引交銀六錢八分五釐零帑利原由衆商攤交二十九年亦改爲隨引交納每引交銀四分二釐零）自是直引每
引包重五百八十七斤七兩豫引每引包重五百九十二斤七兩京引每引包重四
百一十七斤七兩歷康雍嘉道迭次加鹽加耗至是而止每引運本亦至是而重蓋
以正課帑利外加價雜款仍復層見疊出此則查辦後閱五十有餘年長蘆鹽務又
一變矣（長蘆鹽務自道光二十八年查辦後删去冗雜名目歸於簡易每鹽一引課款共銀二兩有奇及光緒時鹽價屢加雜款日增惟領告雜費直引交銀四錢豫引交銀四錢二分零平飯每引交銀二分五釐欽天監生息每引交銀四釐尙沿舊例此外課款逐漸改變有隨引徵收者如正課帑利加價緝費領告雜費各項是也每引約銀六兩有奇有不隨引徵收者如鐵路加價兩次平價豫省復價滷硝稅魚鹽課輪駁運脚津武報効各項是也每引約銀三兩有奇所需運費至近之處每引銀約六錢有奇至遠之處每引約銀三兩有奇購買生鹽每引約銀七錢有奇綜計由場運至引岸成本運費少則每引十一兩九錢有奇多則每引約十三兩五錢有奇運本之重至此而極斯又查辦以後長蘆之變局也）長蘆經乾嘉之後積困已久改章以來果能實力整理
積壓未嘗不可以稍清商力未嘗不可以稍裕然咸同之間軍務倥偬而鹽價增加
光緒之時財政支絀而鹽價又增加鹽貴引滯商人觀望不前故懸岸各處始則招
商試辦試辦改爲捆運捆運改爲認運迨至光緒三十二年尙有未經包額認運者
鹽務之疲敝固可知矣（同治初招商試辦懸岸或因岸地滯銷或因資本微薄遂致有捆無認所遺懸岸未能一律招商認辦引岸久懸課額難

復光緒十年始將永清祥符等處二十五州縣捆運改爲認運包額認辦然認運者不過永清衡水杞縣洧川等處至三十二年始將未經包額認運之邢臺唐山祥符成安等處十四縣及已經包額而尚未辦運之郾城鄢陵廣平三縣飭各商迅速認運以歸一律

其永平口岸自道光時無商承運由各州縣自辦每年出入相權得不償失於光緒二十九年改爲設局官辦直隸官運實以永七開其先例

永平七屬爲長蘆通綱要地蘆引南路以滄鹽汎岸爲門戶而津武次之東路以永七汎岸爲門戶而薊六次之永七濱海臨關私鹽充斥較之滄鹽尤難整理乾嘉以來由商承辦一旋充一旋退無商敢接斷縣日久道光二十六年改歸地方官辦理每年應交課款銀一萬一千餘兩應領緝費銀一萬六千餘兩添設巡卡二百餘處巡丁一千五百六十二名緝私經費約二萬兩出入相權得不償失未及數年廢弛如故致薊六引岸亦受私鹽之害同治五年議定試行官運是時軍務方殷不遑開辦仍由地方官照舊兼理延及光緒末季已有五十餘年私鹽日盛幾累全綱光緒二十九年以永七鹽務關係緊要改設官運局委員督辦在石碑場地方設局收買場鹽發給灘價設卡巡查緝禁販私並於盧龍撫寧遷安昌黎等處七州縣城內各設分局承運濟銷官收灘鹽按筐給本定例每筐二百斤謂之灘稱及運至轉運局並赴灘自運之各分局則以每斤十六兩計謂之平秤每筐以二百斤爲正鹽申出餘斤即備滷耗之用石碑場之坨後老灘姜石溝老米灘四灘收鹽以二五申秤團林一局收鹽以三五申秤惟濟民場專售魚鹽色劣滷重則以二六申秤所申之鹽謂之餘鹽各局收鹽分別正餘登記復於發售之時將餘鹽加入平秤除彌補坨虧厰虧船虧及食鹽等項外撥歸正鹽官局售鹽祇能整售每袋二百斤並准舊日商販向局領鹽散賣以保其生計所有鹽課餘利由長蘆運司按年於商課奏銷冊內造報查光緒二十九年三十年共報收銀十一萬兩自三十一年起每年以餘利十五萬兩撥抵直隸公債則官運收入已漸加矣惟是永七官運事屬創舉於積弊之後設法整理開辦之初規制未完密迨至宣統二年經督辦鹽政處派員查明情形變通辦法因倣淮南之例於石碑場

（設立永平官鹽總棧以原有之大清河專司發運局改設而以洋河口偏涼汀兩轉運局屬焉彙轄團林發運局濟民魚鹽局專司收發鹽斤事宜除發售魚鹽及近灘食鹽外概不銷售又於灤州設立永平督銷官鹽總局以原有之鹽務總局改設而以各縣分局屬焉專司銷售鹽斤事宜隨時向總棧或指定之轉運局領運不得徑向灘戶收買立法之意蓋以分別辦理則棧局各有責成冀絕弊端然機關多而開支重矣）各商辦之岸改爲官運者則以新河平鄉二縣爲最先（新河平鄉二縣自道光末年商倒引懸亦在懸岸之列同光年間雖經招商認運然屢認屢退至光緒三十年改歸官辦由運司委員前往官運官銷是則商辦之處改行官運者蓋莫先於此至津武口岸亦嘗改歸官辦然成效無多及宣統元年又歸商人認辦矣）及宣統三年復因累商虧欠外債經運司息借大清銀行款七百萬兩直隸銀行款六十萬兩代爲償還欠款將該商引岸六十三廳州縣收歸官辦設總局於運署設分局二十處委員運銷並將新河平鄉及永平七屬統由官運總局辦理於是長蘆引岸歸官辦者至有七十餘廳州縣此又一變也（長蘆商人經庚子兵燹之後綱情愈敝元氣未復時有借貸外款以辦課運雖係商借商還然積欠過鉅無力償還或啓交涉之累至宣統三年督辦鹽政處查明蘆商積欠中外各銀行款項共有八百餘萬兩飭由運司訂借大清銀行銀七百萬兩直隸銀行銀六十萬兩代爲墊還將該商等承辦引岸六十三廳州縣營收歸官辦設立官運總局另設分局二十餘處並將新平官運及永七官運統由總局經理即以所得餘利陸續彌補欠項分爲十四年歸償籌備正式還款七項一官辦引岸每年餘利約銀五十萬兩一通行加價留歸直省外支項下約可移出十五萬兩一初次二次平價下約可移出十二萬兩一新增加價官辦引岸約應得銀四萬兩一津武口岸餘利四萬兩一歸補緝費三萬兩一豫岸加價餘款二萬兩以上七項每年約得銀九十萬兩十四年期

共應得銀一千二百六十萬兩按長年七釐行息之借款除還本息外有增無減又籌備補助正式還款二項一高綫鐵路餘利每年約銀十五萬兩自宣統四年起按十四年期核算約應得銀二百一十萬兩高綫鐵路者原係蘆商李寶恆王賢寶二商合辦因欠款而扣收歸官者也一備還直隸公債初次平價項下銀三十五萬兩永平官運餘利銀十五萬兩共五十萬兩應至宣統八年此項公債完竣自九年起提作備補還款按八年期核算約應得銀四百萬兩以上二項共應得銀六百一十萬兩則擬作為補助正式還款之用者也查當時虧欠累商凡四十家分為二等以欠款多寡為差計一等欠商共十家合欠六百五十餘萬兩二等欠商三十家合欠一百七十餘萬兩官家既代該商墊還鉅款自應將該商等承運引岸收歸官有計直岸引地大興宛平順屬冀州津武等處四十三州縣及舊州一營豫岸引地汲輝陽溫陳杞太商禹長等處十九州縣共引十四萬九千五百七十七道永七新平官運之引不在此內自是長蘆引岸官辦之處至有七十餘廳州縣先是豫岸當道光末年查辦之後汲輝等處改岸改行票鹽始有票商至是官家代還商欠因將鹽票取消一律改引故長蘆現今無票斯實清代長蘆鹽務之終局也

長蘆行鹽當光緒以前多係商運商銷光緒以後始有官運官銷之處又值京奉京漢京張津浦路線告成運鹽多由鐵路轉輸之便無若蘆岸則運道至此亦為之變長蘆運道其在光緒以前水則船運陸則車運有水運少而陸運多者例如永平河間各屬及承德遵化等處是也有僅陸運而無水運者例如天津府屬之滄州靜海青縣鹽山慶雲南皮六州縣及豐潤一縣是也水陸相較船運為便蘆鹽水運向分五路一曰北河即北運河皆自津坨起運運赴之岸為大興宛平順義通州昌平東安武清延慶香河及舊州采育二營沿河州縣就近落廠餘皆至張灣落廠再轉陸運所謂北告也一曰淀河即上西河皆自津坨起運運赴之岸為房山良鄉固安永清涿州霸州文安保定清苑滿城安肅定興新城唐縣容城博野蠡縣完縣望都雄縣祁州安州高陽新安淶水易州獻縣任邱行唐新樂定州曲陽沿河州縣就近落廠餘至保定縣

張靑口及淸苑縣落廠再轉陸運亦北告也一曰西河即子牙河皆自津坨起運亦有由滄坨起運者運赴之岸爲大城東鹿河間蕭寧正定獲鹿井陘欒城靈壽元氏贊皇平山晉州無極藁城冀州新河武邑衡水趙州柏鄉隆平高邑臨城寧晉深州武强饒陽安平深澤邢臺沙河南河平鄉鉅鹿唐山內邱任縣永年曲周肥鄉邯鄲成安磁州沿河州縣就近落廠餘至衡水縣之小範任縣之邢家灣寧晉縣之丁曹及邯鄲等處落廠再轉陸運亦北告也一曰東河即薊運河皆自蘆臺場起運運赴之岸爲三河平谷密雲懷柔薊州遵化玉田寶坻甯河沿河州縣就近落廠餘至玉田縣之新安鎮洛沽鎮及寶坻縣之馬營落廠再轉陸運所謂東告也一曰御河即南運河皆自津滄兩坨起運亦有由海豐嚴鎮兩場起運者運赴之岸爲景州吳橋寧津故城交河阜城東光南宮棗强廣宗廣平威縣清河大名元城南樂清豐東明開州長垣沿河州縣就近落廠餘至大名之龍王廟白水潭二處落廠再轉陸運津滄兩坨之鹽運於景州等處屬於北告海豐嚴鎮場鹽運於交河阜城寧津吳橋棗强東光各處所謂南告也至於河南各岸皆自御河轉運或由大名縣白水潭分運如祥符陳留尉氏洧川鄢陵中牟鄭州滎澤汜水禹州密縣新鄭淮寧項城沈邱扶溝許州臨潁郾城商水西華長葛武陟原武濬縣滑縣封邱舞陽等處或由大名縣龍王廟分運如杞縣儀封蘭陽通許太康湯陰河內濟源修武孟縣溫縣汲縣新鄉獲嘉淇縣輝縣延津等處其安陽臨漳林縣內黃則由御河直運惟武安涉縣則由西河運至衛水縣轉運凡行銷河南者均係津坨北告之鹽故三告之中以北告運數爲最多蓋津坨居北河西河淀河御河之間也自光緒以後路線告成交通日便京奉京漢京張津浦四線皆跨蘆鹽口岸凡與鐵路鄰近之處皆改由鐵路運截沿路各屬就近落廠其非沿鐵路之處再行分運今昔運道情形迥異從前船運掣放之期名爲春秋兩關其實隨時驗放不拘春秋但以開河封河爲度鐵路通行卽嚴冬亦不停運此又蘆鹽之變也

從前舊例先鹽後課光緒二十九年改爲先課後鹽則納課之法亦爲之變

長蘆當淸初時先發引而後納課順治十七年因商欠甚多改爲先納課後給引至康熙六年仍爲先給引後納課定例交課年內三分年外七分於每

年五月內奏銷至乾隆三十四年以商力之裕全在銷鹽十一年盛銷之時惟藉六月之普鹽九月之茱鹽題准鹽課於每年普茱兩鹽時各完十一分之五於十一月奏銷至道光時查辦後又改爲五月奏銷蓋自康熙以來先鹽後課相沿已久迨及光緒末年商欠益鉅致有日就疲竭之勢光緒二十九年因將累商舊欠酌核奏請豁免釋其逋累改爲先課後鹽之法應完課款隨引交納商無積壓之困國無虧課之虞於是長蘆奏銷得以年清年款矣

然其時幣制複雜銀價昂貴直豫各岸鹽價不平非僅民食攸關而商本之虧折較前更甚故光緒三十年及三十二年有兩次平價之法由是蘆鹽引岸直省每斤鹽價至少之數爲三十餘文至多之數爲四十餘文豫省每斤至少之數爲四十餘文至多之數爲五十文鹽價平均商業得以補救則平價爲之也光緒年間銅元盛與銀價日貴荒僻之區銅元既未通行多用制錢通商各埠則又多用銀元各處市錢類皆扣底有九二九四九六九七九八九九之分甚至一縣之內彼此不同其不扣底者名曰滿錢幣制紛雜於斯爲極商人售鹽收錢納課交銀直豫兩省銀錢兌價漲落靡常每當收入鹽價各處錢盤乘時高漲鹽價因之不平商人以錢易銀尤多虧折光緒三十年乃爲平價之法初定平價每銀一兩兌錢一千二百餘文每銀幣一元作銀七錢兌錢八百四十餘文自是逐年按照現市錢盤核定平價由是直豫兩省鹽價無大參差皆兩次平價爲之也所有平價餘利按各商領引數目於春秋兩關結卯之期核明該商每引應收平價若干由運司按庫平化寶以現市錢盤核合時價令商納交春關於六月底交清秋關於十二月底交清蓋自兩次平價而後鹽價平均則便於民商少虧折則便於商國家亦有贏餘之收入則利於國其裨益於鹽務固甚大矣

又以坨務廢弛設坨務局加以整頓並於鹽坨上增設緝私兵隊長蘆舊制分司雖有巡查灘坨之責大都有名無實以致透私之弊成爲習慣光緒

三十一年始設灘鹽公所由商董經理凡運商購鹽照價交清公所付給灘照赴坨築運由坨務局給發鹽斤此坨務局所由立也坨務局爲整頓坨務而設專司收發鹽斤然從前鹽坨每多透私故於鹽坨上增設緝私兵隊自是坨務始加清理矣

硝私日盛有礙官鹽設官硝局收售硝斤以期化私爲官平毀硝池設興利局以爲代籌生計

直豫兩省有鹻土硝土皆可成鹽俗謂小鹽亦曰土鹽而以硝鹽爲最多故有硝私之名乾隆九年鹽臣曾請定設禁例經部覆准只許自行食用不許公行煎販貨賣定例由地方官具結幷無私煎私販送部查覈蓋以硝鹻之地本爲斥鹵若加嚴禁於貧民生計有關故許其自行食用斯亦權宜之法矣然硝私由是日盛一日光緒三十二三年間因籌化私爲官之法於是設官硝局收售硝斤又以欲絕硝私當治其源於是平毀硝池於冀州內黃等處設善後興利局爲之代籌生計此於不禁之中寓取締之法倘能由此而擴充之直豫硝鹽當日形減少矣

自是長蘆鹽務漸見起色淮南山西且有借運之舉

借運蘆鹽之例始於山東及光緒三十四年淮南借運蘆鹽十萬引每引斤重八百斤宣統二年山西借運一萬引亦照淮南八百斤爲一引蘆鹽產旺於茲可見而產缺之區求過於供至以借運爲名則引界之弊也故借運者實爲破除引界之張本

及宣統季年長蘆正雜各款歲入五百二十三萬六千八百餘兩較之光緒前增加數倍茲非整理之效乎

長蘆課款當順治初止有引課一十九萬一千二百餘兩其後竈課及雜款日漸增加據清會典載嘉慶時正雜課銀爲六十八萬一千三百餘兩外餘引贏餘銀七萬六千三百餘兩光緒十七年奏銷冊正雜課銀爲一百零二萬五千八百餘兩然據宣統三年歲入豫算正雜各款已及五百餘萬兩較之從前增加數倍非光緒末年整理之效曷克臻此

通觀清代蘆鹽之弊始於順治之末年極於乾隆之中葉鹽引日滯課額日虧故自

道光以前行代銷之法道光以後行併引之法皆爲融銷滯引計也道光以前行帶徵之法道光以後行攤徵之法皆爲徵補欠課計也商力困絀則增鹽價以調劑之商運疲敝則改官運以變通之日事補救之策而蘆鹽積弊終不能除雖由乾隆時代受病過深毋亦苟且補苴未能實力整理耳及至光緒末年平均鹽價整頓場坨長蘆鹽務日起有功夫以長蘆塲地之整齊鹽質之優美工本之簡易運輸之便利倘能剷除弊制改革自易鹽政刷新且將於長蘆始矣

直隸東濱渤海西阻太行南襟河濟北屆蒙旗凡府十有一州有六長蘆鹽區屬於直隸行銷之處爲九府曰順天曰保定曰河間曰天津曰正定曰順德曰大名曰廣平曰永平九府之外又有六州曰遵化州曰易州曰冀州曰深州曰趙州曰定州共一百三十一州縣皆銷蘆鹽者也惟宣化一府在直隸之西北承德一府在直隸之東北毗連蒙旗俱食蒙鹽者也然宣化所屬則有蘆鹽包課承德所屬亦有蘆鹽雜銷固皆與長蘆有關因附列而論之

宣化本明宣府鎮也清康熙三十二年始改爲府凡領州三縣七雍正年間增設

口外三廳其蔚州赤城萬全龍門懷安五州縣及張家口獨石口多倫諾爾各廳向無引額俱食蒙鹽易州屬之廣昌一縣毗連宣化向食蒙鹽亦無引額延慶保安二州及宣化西寗懷來三縣舊銷蘆鹽康熙三十二年始將額引裁去改食蒙鹽包納蘆課額引共五千七百道其課銀共二千五百九十四兩有奇令於民佃地內包納蒙鹽畧分二種一曰青鹽產於烏珠穆沁按烏珠穆沁鹽池在右旗境與浩齊特左旗接界名曰單木淖鹽池蒙人就池撈鹽以牛車運載至多倫喇嘛廟及張家口外十八爾臺一帶銷售一曰白鹽產於蘇尼特按蘇尼特鹽池在右旗境內額尼蔭地方名曰古水土鹽泊至張家口外察哈爾左右翼各牧廠等處亦多有鹽泊要以青鹽為大宗白鹽出產較少向由蒙人售與內地商民販運進口銷賣約計每年進口青白鹽共有一千四五萬斤蒙人向例以鹽易米均黍稷之例故蒙鹽價目每隨米價為漲落約計每鹽一斗易米二斗買賣自由並無稅課光緒二十八年察哈爾都統奏辦檐捐抽收鹽觔每斤收制錢四文二十九年直隸總督奏請在張家口設立蒙鹽督銷局並在口外設廠收鹽招商承辦運銷名為官督商辦實則商包之例也按張家口設局收買蒙鹽其初承辦者為商人王乃節由運司派為督銷局總董令其籌集資本收買鹽斤分運濟銷並酌發官本以資補助設立收鹽廠三處一為張家口廳之十八爾臺一為獨石口廳之單巴諸爾一為多倫廳外之才得木定例每鹽千斤包納課銀二兩每年包課三萬兩除察哈爾都統所收鹽釐照舊抽收其餘各州縣規費概行裁革先是察哈爾都統抽收鹽釐即係王商包辦弊竇多端

至是設立督銷局仍由王商包辦範圍較廣弊端更甚則其中飽者多矣至宣統元年將收鹽之廠改爲蒙鹽公司自王商承辦蒙鹽雖設廠收鹽然祇抽收鹽課並不買鹽所有青白鹽均由鹽店收買鹽以車論不以斤計大都以貨易鹽高抬貨價蒙人受虧來鹽遂少商賈之價任意增漲非惟斤兩不足且有攙和之弊內地食戶深受其害故宣統元年遂有公司之設二年又將公司裁撤改設官棧各廳州縣改爲蒙鹽引岸按照蘆綱辦法責成商人領引行鹽按引繳課每年包引二萬道由鹽政處發給護票代作引目徵收科則定爲正課鹽釐加價緝費四項共徵銀十五萬七千兩自是宣屬及口外鹽務遂與內地一律然經理未善則官棧有類於壟斷督銷適足以擾民此達木分棧所以有搶鹽之事也宣統二年督辦鹽政處因宣化十屬及口外三廳均係直隸轄境與長蘆引岸毗連奏請按照蘆綱辦法將向食蒙鹽各處一律改爲蒙鹽引岸設立官棧收買運銷招商認辦每年包認二萬引責令按引繳課不用引目由鹽政處給票代引每引交納正課銀四兩二錢五分解交運庫又每引交納鹽釐銀一兩七錢五分由運庫經收撥解察哈爾都統備用又做通行加價四文之例按照長蘆定章每引交銀一兩三錢五分以二文解部其餘二文直隸係銷鹽省分應留一文察哈爾比照產鹽省分應解一文又以張家口另設緝私督銷局每引交納緝費銀五錢總計正課鹽釐加價緝費四項每年按二萬引徵收共銀十五萬七千兩所有一切統歸長蘆運司經管自是張家口蒙鹽辦法遂與蘆鹽相同矣

承德一府蓋蒙古喀喇沁翁牛特土默特敖漢巴林喀爾喀諸部地也清康熙間

各蒙旗共獻牧地用開靈囿謂之圍場於康熙四十二年建築避暑山莊於熱河以爲巡幸駐蹕之所雍正元年因設熱河廳十一年改熱河廳爲承德州乾隆四十三年改設承德府屬直隸省此熱河之名所由稱也（按乾隆七年罷承德州仍設熱河廳至四十二年始改設爲府）凡領州一曰平泉州（原爲八溝廳地）領縣五曰灤平（原爲喀喇河屯廳地）曰豐寧（原爲四旗廳地）曰赤峰（原爲哈達廳地）曰建昌（原爲塔子溝廳地）曰朝陽（原爲三座塔廳地）向無引目不食蘆鹽及光緒年間將圍場及各蒙旗呈報牧地開放招墾增設綏東隆化林西開魯圍場建平阜新等縣皆隸於熱河都統而承德各屬亦改隸焉於是熱河鹽務遂爲入款大宗熱河行銷之鹽畧有三種一曰蒙鹽爲烏珠穆沁所產銷路極廣幾遍全境（蒙鹽銷路例如赤峯圍場豐寧綏東隆化銷蒙鹽者十之七八林西開魯全銷蒙鹽朝陽建平建昌阜新之西北境承德平泉灤平之北境亦間銷蒙鹽者也）一曰奉鹽爲奉天錦州廣寧鹽灘所產銷路次於蒙鹽（奉鹽由錦州輸入銷於熱河之東北境例如朝陽阜新建平建昌四屬之東南所銷爲最多其赤峯圍場綏東隆化各屬亦間銷焉）一曰永鹽卽長蘆石碑場所產者也銷路爲最少（永鹽亦稱碑鹽銷於熱河之東南境例如承德平泉灤平三屬之南境所銷爲多當永七官運未設以前銷數尚旺每年約在八百萬斤左右自官運既設以後取締灘戶不准與商販直接交易販商遂多改運奉鹽奉鹽銷額因之推廣而永鹽銷數日少及至宣統年間永鹽行銷不過二百萬斤奉鹽行銷已有一千餘萬斤至於

蒙鹽極旺之年可銷二千萬斤極少之年亦銷一千三四百萬斤論其斤重永鹽以引計每引五百四十八斤七兩奉鹽以石計每石六百斤蒙鹽亦以石計每石重至千斤論其成本永鹽每引買價約計一十一兩有奇每千斤運費約計二十二兩奉鹽每石買價小洋一十九元折合銀一十一兩有奇運費約計十一兩蒙鹽每石買價約計一十三兩而運費爲最輕論其稅則則永鹽有課奉鹽有釐惟蒙鹽向無稅項自光緒二十九年方收鹽捐每鹽一斤徵錢五文是爲蒙鹽收稅之始三十三年設立督銷局每鹽百斤徵課銀四錢是爲蒙鹽納課之始三十四年又倣內地通行加價之例每斤加錢四文是爲蒙鹽加價之始及宣統三年歲入共六萬三千三百餘兩此又熱河鹽務之大概也光緒三十三年始設熱河蒙鹽督銷局駐於赤峯惟烏丹城另設分局在赤峯北二百里此外均由鹽店銷售督銷局售鹽係以斗量每斗重一百二十斤十斗爲一石作爲一千斤名曰加二秤其收鹽之量每斗約重一百四十斤所餘之鹽名曰長秤然辦理不善弊竇多端與張家口督銷局大致相同蒙人往往不願賣鹽於官局而願私售於商民查光緒三十三年設局之始收蒙鹽五百餘萬斤三十四年收至七百餘萬斤宣統元年僅收一百八九十萬斤收鹽銳減私售可知於是復籌補救之策將課銀減收於光緒三十四年減收一成宣統元年又減五分每百斤原定課銀四錢至是止收二錢五分重以機關不備辦理紛歧局員恣意中飽督銷之設固亦有名無實也

綜而言之張家口與熱河均係直隸邊境向爲蒙鹽運銷之地且與蘆岸毗連若任其侵灌腹地實於長蘆大有關礙官局既立自應通盤籌畫切實整理非徒於長蘆鹽務有所維持而國家稅源亦可增益矣

敬啟

『專題史』叢書，乃民國時期出版的著名學者、專家在某一專題領域的學術成果。所收圖書絕大部分著作權已進入公有領域，但仍有極少圖書著作權還在保護期內，需按相關要求支付著作權人或繼承人報酬。因未能全部聯系到相關著作權人，請見到此説明者及時與河南人民出版社聯系。

聯系人　楊光
聯系電話　0371-65788063

2016年3月28日